打造中国经济升级版
——新一届中央政府简政放权改革纪实

陈二厚　齐中熙　韩　洁◎编著

中国言实出版社

图书在版编目(CIP)数据

　　打造中国经济升级版：新一届中央政府简政放权改革纪
实/陈二厚，齐中熙，韩洁编著．—北京：中国言实
出版社，2015.5
　　ISBN 978-7-5171-1175-7

　　Ⅰ．①打… Ⅱ．①陈… ②齐… ③韩… Ⅲ．①中国经
济—产业结构升级—研究 Ⅳ．① F121.3

　　中国版本图书馆 CIP 数据核字（2015）第 049033 号

责任编辑：王丹誉　　唐　伟

出版发行　中国言实出版社
　　　　　　地　　址：北京市朝阳区北苑路 180 号加利大厦 5 号楼 105 室
　　　　　　邮　　编：100101
　　　　　　编辑部：北京市西城区百万庄大街甲 16 号五层
　　　　　　邮　　编：100037
　　　　　　电　　话：64924853（总编室）64924716（发行部）
　　　　　　网　　址：www.zgyscbs.cn
　　　　　　E-mail：zgyscbs@263.net

经　　销　新华书店
印　　刷　三河市祥达印刷包装有限公司
版　　次　2015 年 5 月第 1 版　　2015 年 5 月第 1 次印刷
规　　格　710 毫米 ×1000 毫米　1/16　16 印张
字　　数　244 千字
定　　价　45.00 元　　ISBN 978-7-5171-1175-7

引　言

东方欲晓，莫道君行早。

改革开放 30 多年后，已成为世界第二大经济体的中国再一次踏入历史的关节点，迎接重要战略机遇期的考验。

2012 年 11 月 14 日，全世界的目光聚焦北京。党的十八大闭幕，以习近平同志为总书记的新一届中央领导集体诞生，吹响了实现中华民族伟大复兴"中国梦"的奋进号角。

"改革不停顿，开放不止步。"从当选总书记首次离京重走 23 年前邓小平视察南方之路释放坚定不移的改革信号，到十八届三中全会就全面深化改革作出战略部署，从一次次中央全面深化改革领导小组会议到一项项重大改革接连推出，两年多来，面对全面建成小康社会的艰巨任务，以习近平同志为总书记的党中央攻坚克难，开启了中国新一轮改革开放的大幕。

面对国内外复杂严峻的经济形势和国内经济下行压力，新一届中央政府组成后，以经济体制改革为重点全面深化改革，将转变政府职能作为本届政府开门要办的第一件大事，简政放权成为深化改革的"马前卒"和宏观调控的"当头炮"，以真刀实枪的改革理顺政府和市场的关系，冲开一切阻碍发展、束缚经济活力的藩篱，释放出民间巨大的创新活力，努力提高发展的质量和效益，为中国经济注入新的增长动力。

目　录

第一章 历史方位篇：破解新时期发展难题的重大改革

2013 年 3 月 15 日，57 岁的李克强就任新中国第七位总理。此时的中国，早已是全球第二大经济体。全世界都在瞩目，新一届中央政府将如何施政，克服全球金融危机影响，再次激发改革开放的强大动力和蕴藏在民间的巨大活力，引领中国经济这艘巨轮劈波斩浪，不断前行。

作为新一届政府总理，李克强在 2013 年两会后会见中外记者时表示，政府职能转变是"把错装在政府身上的手换成市场的手"，这一自我革命"会很痛，甚至有割腕的感觉"，但改革是发展的需要，是人民的愿望。

面对改革挑战，他的回答掷地有声："我们要有壮士断腕的决心，言出必行，说到做到，决不明放暗不放、避重就轻，更不能搞变相游戏。"

开弓没有回头箭。一天之后，新一届国务院的第一次常务会议，就把议题集中在《国务院机构改革和职能转变方案》上，将《方案》内容分解细化为 72 项任务，逐项明确了责任部门和完成时限，向全社会交出一份明明白白的改革时间表和任务书。

转变政府职能、简政放权，缘何成为新一届政府开门要办的第一件大事？这一改革在党中央、国务院部署的全面深化改革宏伟蓝图中处于什么位置？对于走过 30 多年改革开放历程、如今处在转型关键期的中国来说，又意味着什么？

追随新一届中央政府两年来的改革足迹，在寻找问题答案的过程中，打造中国经济升级版的宏伟目标正变得越来越清晰。

一、"三期叠加"——新时代面临新考验

"这是希望之春，这是失望之冬。"两百年前英国作家狄更斯的话语仿佛更适合当下的中国——成就和变化举世瞩目，矛盾和困难极具挑战。

简政放权，是新时期新起点上中国对新一轮全面改革的宣誓。其背后，是中国对新阶段发展大势的清醒认识。

（一）"中等收入陷阱"的考验

改革开放 30 多年来，中国走过了经济发展的"急行军"，持续的高速增长创造了世界发展史上的奇迹。2014 年中国的国内生产总值（GDP）首次超过 60 万亿元，比去年同期增长 7.4%，稳居世界经济第二位。尽管 GDP 总量仍低于美国，但与 1978 年相比已经增长了 168 倍之多，年均增长超过 9%。

同时，中国的人均国内生产总值从 1978 年的 381 元到 2014 年超过 4.6 万元，增加 120 倍。按照世界银行标准，中国的人均国内生产总值已经超过 6000 美元，其中 8 个省、自治区、直辖市超过 1 万美元，已跻身中等收入国家行列。

从新中国刚成立时的一贫如洗，到不断脱贫致富，特别是改革开放后迈入中等收入国家行列，中国经济社会发展取得的成就全球有目共睹，但同时也意味着新的挑战——国际经验表明，人均国内生产总值在 3000 美元至 10000 美元的阶段，既是中等收入国家向中等发达国家迈进的机遇期，也是经济社会矛盾加剧、爬坡过坎的风险期。

如果顺利迈过这一时期，则可升级跨入高收入国家行列，而一旦"闯关"失败，则可能陷入长期的"中等收入陷阱"，既无法在工资方面与低收入国家竞争，又无法在尖端技术研制方面与富裕国家竞争。

"中等收入陷阱"，一个由经济学家创造的术语，从学术概念到政策概念，近年来已经深入到世界经济的决策语汇中，并常常与发展中国家挂上钩。世界银行曾在《东亚经济发展报告（2006）》提出了"中等收入陷阱"的概念，基本涵义是指：鲜有中等收入的经济体成功跻身为高收

入国家。

纵观历史，从"贫困陷阱"跌入"中等收入陷阱"的国家并不少。1960 年被世界银行列为中等收入国家的 101 个经济体中，到 2008 年只有 13 个步入高收入国家行列。巴西、阿根廷、墨西哥等国，在 20 世纪 70 年代曾先后进入中等收入国家行列，但如今，这些国家仍然在为跻身高收入国家行列而艰难前行。

放眼望去，中国周边多个亚洲国家，如马来西亚、泰国、菲律宾等也正经历着"陷阱困境"。亚洲开发银行在题为《2050 年的亚洲：了解亚洲世纪》的报告中曾警示："发展中的亚洲正处在十字路口：要么爬上'亚洲世纪'的高地，要么滑入'中等收入陷阱'的低谷。"

翻开中国圆梦的时间表，距离全面建成小康社会只有不到 10 年，距离建成社会主义现代化国家也只有 30 多年。

对于经济体量大的中国而言，未来的发展是"黄金期"还是"迷失期"？能否跨过"中等收入陷阱"至关重要。

"实现我们确定的到 2020 年国内生产总值和城乡居民人均收入比 2010 年翻一番的目标，只要 7% 的增速就够了"；"对中国而言，'中等收入陷阱'过是肯定要过去的，关键是什么时候迈过去、迈过去以后如何更好向前发展"；"我们有信心在改革发展稳定之间，以及稳增长、调结构、惠民生、促改革之间找到平衡点，使中国经济行稳致远"……习近平总书记的讲话为我们指明了攻坚的方向。

在李克强总理看来，在 13 亿人口的大国实现现代化，人类历史上没有先例，需要付出长期艰苦的努力。尽管面临国际竞争加剧、资源环境约束等诸多挑战，但广大人民群众的勤劳智慧和对美好生活的向往、成长中的庞大内需市场、"新四化"进程的不断推进，也为中国经济发展提供了巨大潜力和回旋空间。

"我们完全有条件、有能力在过去 30 多年快速增长的基础上，跨越'中等收入陷阱'，继续保持较长时期的中高速增长。"李克强说。

（二）认清"三期叠加"的新形势

要想成功越过"中等收入陷阱"，关键要准确把握好中国的发展大势，清醒认识当前发展的"隐忧",并提早做好政策应对。

不可忽视的是,当前国内外环境相当复杂,不稳定不确定因素依然较多,经济发展仍面临较大挑战,特别是出现了一些可能引发经济下行和风险增大的边际变化,保持经济平稳发展需要付出更多努力。

从外部环境看,国际金融危机爆发6年来,世界经济总体仍呈低迷态势。发达经济体的增长形势日益两极化,美国和英国随着劳动力市场康复和货币政策继续维持极度宽松,经济活动势头逐步加快;但欧元区和日本经济复苏始终乏力,欧元区的低通胀有陷入长期的危险。

一些发展中国家经济增速也在放缓,并面临人口增速放慢,青年劳动力资源短缺等问题,给生产率造成压力;同时,地缘政治的持续恶化导致俄罗斯经济动荡加剧,以石油为主的国际能源价格持续下跌,可能会使全球经济陷入低利率、低通胀、低增长三者相互叠加的恶性循环。全球经济再现不确定,下行风险对中国经济的影响不容忽视。

从内部挑战看,困扰中国经济的产能过剩问题依然严重,一些重化工业比重较大的地方面临增速下滑挑战;房地产业的阶段性调整加大地方政府性债务风险隐忧;实体经济发展依然乏力,企业融资难融资贵问题依然突出,经济下行压力仍然存在。

增长减速、产能过剩、地方债务激增、环境资源压力凸显……如果用一个词来形象概括当前中国经济的阶段性特征,那就是"三期叠加",意为当下处于"增长速度进入换挡期、结构调整面临阵痛期、前期刺激政策消化期"叠加的状态。

增速的换挡期,是经济发展的客观规律所决定的,也是已经成为世界第二大经济体的中国必须面对的。纵观中国,过去30多年近10%的经济高速增长阶段已经结束,正进入潜在增长率下降的"换挡期"。但适度的调整有利于中国经济持续健康成长。

结构调整的阵痛期,是中国加快经济发展方式转变的主动选择。"唯GDP论英雄"的时代已经过去,如今的中国,不仅重视速度,也重视质量;既要金山银山,也要绿水青山。结构调整就要面临"阵痛",必须痛下决心,相信市场的力量,解决当下的问题。

前期刺激政策消化期,这是化解多年来积累的深层次矛盾的必经阶段。这一时期是指 2008 年国际金融危机之后，非常时期的非常政策，在产生红利的同时，政策的副作用现在正在消化。消化就意味着要付出代价，就要淘汰破产，就要市场出新。

"三期叠加"的背后，潜藏着可能将中国拉入"中等收入陷阱"的风险因素。从国外看，一国遭遇"中等收入陷阱"，最初的诱因便是经济增速放缓，即高速的经济发展难以为继，原有的增长机制一定程度上失灵。

而当下中国发展的难题恰恰在于：传统发展模式已难以为继，经济潜在增长率放缓，经济结构调整远未到位。一些地方还习惯于用政策刺激上项目，一些企业还是靠廉价资源能源扩张规模，使得经济内生动力不足，新的核心竞争力亟待形成。

警惕"人口红利"逐渐消退、成本比较优势逐渐弱化。"招工难，一年比一年难；用工贵，一年比一年贵"，这是全国饰品生产龙头企业浙江新光控股集团董事长周晓光近年来的担忧。2009 年初，沿海企业出现一波农民工"回流潮"，公司为了留人，将工资一次性提高 10%。周晓光说，那是她第一次清楚意识到"劳动力成本拐点"真的到来了。随后的几年里，尽管每年工人薪资涨幅基本都在 10% 左右，直至薪资成本占到整个企业成本的三成，但用工的窟窿仿佛永远也堵不上。"我们的劳动力成本上涨太快，工人劳动技能也没有明显长进，一些外资企业迁厂至东南亚也就不难理解了。"

中国的"人口红利"是否正经历"刘易斯拐点"，中国是否已"未富先老"？对此，李克强总理 2013 年 9 月在夏季达沃斯论坛上与外资企业座谈时曾指出，中国在未来相当长时间里，都还会有人口红利。但他也坦言，中国面临的就业问题不仅有总量压力，还存在结构性矛盾。"通俗地说，就是有岗位找不到合适的人，也有人找不到合适的岗位。这种结构性矛盾随着中国经济结构的调整优化可能还会更加突出。"

警惕增长驱动依然过度依赖投资，居民消费率无法提高。跨过"中等收入陷阱"的国家都有一个共同特点，即中等收入群体较大，最终消费率较高。但对我国而言，社会财富"蛋糕"分配不公，贫富差距拉人，居民扩大消费仍面临很大挑战。如果不能推进收入分配制度改革，不能进一步释放城乡居民消费潜力，则很难顺利跨过"中等收入陷阱"。

警惕粗放增长难以扭转，资源环境成本激增。近两年，挥之不去的雾霾肆扰中国。对处在转型关口的中国来说，雾霾绝非仅是环境的灾害，更是对中国高能耗增长模式的严重警示。

10多年来，中国屡屡加大淘汰落后产能的力度，但却陷入"产能越去越多"的怪圈。工信部数据显示，中国有200多个工业产品产量世界第一，不仅重工业产能过剩，就连光伏、风电等战略性新兴产业也严重产能过剩。

化解产能过剩之难，折射出中国经济转型之艰。产能过剩的背后，是一些地方政府盲目竞争上项目，造成重复建设"遍地开花"。

2013年6月，李克强总理深入河北邯郸、邢台、石家庄考察调研。之所以选择河北，在于治霾压力之下该地区经济转型已越来越迫切。

数据面前，河北成了大气污染的重灾区。环保部发布的十大空气质量相对较差城市中，河北省的唐山、保定、邢台、邯郸、衡水、石家庄、廊坊等七城市常常榜上有名。

而环境的恶化，实际是由不合理的工业结构造成的。外界曾有这样一句戏言："世界钢铁看中国，中国钢铁看河北"。这里生产着超过全国1/4的粗钢，随处可见的钢厂、水泥厂、化工厂、建材厂、玻璃厂等"两高"产业近乎成了河北工业结构的真实写照。

"要切实加强污染防治，决不能以牺牲生态环境为代价追求经济增长。"在河北召开的环渤海省份经济工作座谈会上，李克强总理强调，当前经济运行中错综复杂的因素在增加，要严密监测经济形势变化，未雨绸缪，科学把握走势。着力提高增长的质量和效益，促进经济持续健康发展。

"大势难居，不可不慎。"处在十字路口的中国经济将走向何方？

2013年9月，渤海之滨大连，李克强首次以总理身份出席夏季达沃斯论坛。

中国经济增速放缓，是否会出现"硬着陆"？是否对世界经济带来影响？达沃斯的国际舞台上；全世界将目光聚焦中国。

"我想告诉大家，中国正处在转型升级的关键阶段，当前经济发展的基本面是好的，经济运行总体是平稳的。"李克强总理在演讲中给予了明确的回答。

发展中遇到的问题，要靠新的发展来化解老的问题，要用新的进步来实现新的任务。

一年以后，在天津举行的2014年夏季达沃斯论坛上，李克强总理在开幕致辞中进一步阐明了中国经济的未来走向。

"着眼未来，我们要进一步加快转变经济发展方式，以结构性改革促进结构调整，用好创新这把'金钥匙'，使中国经济保持中高速增长、迈向中高端水平，打造中国经济升级版。"他在演讲中说。

而在2015年1月21日瑞士达沃斯举行的世界经济论坛2015年年会全会上，李克强总理发表题为《维护和平稳定，推动结构改革，培育发展新动能》的特别致辞，更是回应了外界质疑，并阐明了新常态下的中国经济改革路径。

面对外界担忧受到中国经济增速放缓的拖累，担忧受到中国经济转型的冲击，李克强介绍，当前，中国经济发展进入新常态，经济由高速增长转为中高速增长，发展必须由中低端水平迈向中高端水平，为此要坚定不移地推动结构性改革。

而对于中国经济增速有所放缓，他解释说，背后既有世界经济深度调整的大背景，也是内在的经济规律。现在，中国经济规模已居世界第二，基数增大，即使是7%的增长，年度现价增量也达到8000多亿美元，比5年前增长10%的数量还要大。经济运行处在合理区间，不一味追求速度了，紧绷的供求关系变得舒缓，重荷的资源环境得以减负，可以腾出手来推进结构性改革，向形态更高级、分工更复杂、结构更合理的发展阶段演进。这样，中国经济的"列车"不仅不会掉挡失速，反而会跑得更稳健有力，带来新机遇，形成新动能。

面对2015年依然存在的经济下行压力，李克强指出，中国经济要长期保持中高速增长，迈向中高端水平，要对传统思维"说不"，为创新体制"叫好"，关键要推进结构性改革，创新宏观调控，优化产业结构，扩大内需，增加消费，改善收入分配和民生福祉。中国发展潜力巨大，会给世界带来新机遇。

站在新的起点上，新一届中央政府已经深刻认识到，要破解当下的发展难题，必须审时度势，全面把握和准确判断国内国际经济形势变化，坚持底线思维，统筹施策、精准发力、谋划长远，以改革为动力，引领中国经济创造新的奇迹。

二、新常态——保持战略上的平常心态

挑战和机遇，就像一枚硬币的两面。"中等收入陷阱"的挑战背后，同样蕴藏着新的发展机遇。

"中国是一只刚刚破茧的蝴蝶，但因为翅膀还是湿的，还要经历抖动、晾干以后再起飞的阶段。"世界著名未来学家奈斯比特这样比喻中国。

历经30多年改革开放，尽管发展中积累了一些经济和社会领域的弊病，但应该看到，中国的综合实力大大增强，家底日益殷实，抵御外界风险的能力也在增强。

面对来自国际、国内对中国经济的质疑、唱衰，以习近平同志为总书记的党中央深刻洞察国内外大势，准确把握经济发展大局。战略上，保持定力；战术上，沉稳应对。以经济工作的"新思维"应对各种风险挑战。

对于中国经济发展呈现的阶段性特征，2014年中央高层反复提及的新常态一词，成为国内外观察家洞悉中国经济的关键词。

（一）认识新常态、适应新常态、引领新常态

新常态出自经济词汇，最早由美国太平洋投资管理公司首席执行官埃尔—埃里安等投资家使用。可概括为"一低两高"，即低增长、高失业和高债务。无论美国，还是欧洲和日本，概莫能外。

经过20世纪80年代后期以来欧美经济持续20多年相对稳定繁荣的"大稳定"，2008年发端于美国的全球金融危机使西方思想界深刻反思。世界经济的新常态正是反思结果之一，国际货币基金组织总裁拉加德甚至用"新平庸"来评价当下的国际经济形势。

在拉加德看来，世界经济面临"新平庸"风险，其特征是一种持续的低经济增长和高失业率状态，影响包括发达国家在内的很多经济体，而且"新平庸"还受到来自地缘政治因素以及各国央行不同步的货币政策

的威胁，全球政策制定者还面临金融危机遗留下来的高债务和高失业率等难题。

中国经济的新常态与世界经济的新常态在内涵上显然不同。

2014年5月，习近平总书记在河南考察工作时第一次提及新常态一词——"我国发展仍处于重要战略机遇期，我们要增强信心，从当前我国经济发展的阶段性特征出发，适应新常态，保持战略上的平常心态。"

2014年7月底，在党外人士座谈会上，习近平总书记重申，正确认识我国经济发展的阶段性特征，进一步增强信心，适应新常态。

2014年11月9日，北京举行的亚太经合组织工商领导人峰会上，习近平总书记首次系统阐述了新常态三大特点，勾勒出中国经济发展的新愿景，给世界经济吃了"定心丸"。

——新常态下，中国经济从高速增长转为中高速增长；

——新常态下，中国经济结构不断优化升级，第三产业、消费需求逐步成为主体，城乡区域差距逐步缩小，居民收入占比上升，发展成果惠及更广大民众；

——新常态下，中国经济从要素驱动、投资驱动转向创新驱动。

面对三大特征，习近平自信地指出，新常态将给中国带来新的发展机遇：

第一，新常态下，中国经济增速虽然放缓，实际增量依然可观；第二，新常态下，中国经济增长更趋平稳，增长动力更为多元；第三，新常态下，中国经济结构优化升级，发展前景更加稳定；第四，新常态下，中国政府大力简政放权，市场活力进一步释放。

2014年12月举行的中央经济工作会议，又首次对中国经济新常态进行全面系统阐述，从九个方面推出了新常态下中国经济的趋势性变化，为中国经济走向公平可持续发展指明了方向。

——从消费需求看，过去我国消费具有明显的模仿型排浪式特征，现在模仿型排浪式消费阶段基本结束，个性化、多样化消费渐成主流，保证产品质量安全、通过创新供给激活需求的重要性显著上升，必须采取正确的消费政策，释放消费潜力，使消费继续在推动经济发展中发挥基础作用。

——从投资需求看，经历了30多年高强度大规模开发建设后，传统产业相对饱和，但基础设施互联互通和一些新技术、新产品、新业态、新商业模式的投资机会大量涌现，对创新投融资方式提出了新要求，必须善于把握投资方向，消除投资障碍，使投资继续对经济发展发挥关键作用。

——从出口和国际收支看，国际金融危机发生前国际市场空间扩张很快，出口成为拉动我国经济快速发展的重要动能，现在全球总需求不振，我国低成本比较优势也发生了转化，同时我国出口竞争优势依然存在，高水平引进来、大规模走出去正在同步发生，必须加紧培育新的比较优势，使出口继续对经济发展发挥支撑作用。

——从生产能力和产业组织方式看，过去供给不足是长期困扰我们的一个主要矛盾，现在传统产业供给能力大幅超出需求，产业结构必须优化升级，企业兼并重组、生产相对集中不可避免，新兴产业、服务业、小微企业作用更加凸显，生产小型化、智能化、专业化将成为产业组织新特征。

——从生产要素相对优势看，过去劳动力成本低是最大优势，引进技术和管理就能迅速变成生产力，现在人口老龄化日趋发展，农业富余劳动力减少，要素的规模驱动力减弱，经济增长将更多依靠人力资本质量和技术进步，必须让创新成为驱动发展新引擎。

——从市场竞争特点看，过去主要是数量扩张和价格竞争，现在正逐步转向质量型、差异化为主的竞争，统一全国市场、提高资源配置效率是经济发展的内生性要求，必须深化改革开放，加快形成统一透明、有序规范的市场环境。

——从资源环境约束看，过去能源资源和生态环境空间相对较大，现在环境承载能力已经达到或接近上限，必须顺应人民群众对良好生态环境的期待，推动形成绿色低碳循环发展新方式。

——从经济风险积累和化解看，伴随着经济增速下调，各类隐性风险逐步显性化，风险总体可控，但化解以高杠杆和泡沫化为主要特征的各类风险将持续一段时间，必须标本兼治、对症下药，建立健全化解各类风险的体制机制。

——从资源配置模式和宏观调控方式看，全面刺激政策的边际效果明显递减，既要全面化解产能过剩，也要通过发挥市场机制作用探索未来产业发展方向，必须全面把握总供求关系新变化，科学进行宏观调控。

新常态是一个具有历史穿透力的战略概念。简单地说就是要告别过去的"速度情结"，把过去的经济增长模式转到创新，转到技术进步，要用改革作为根本的动力，来推动整个经济工作。

以新常态来判断当前中国经济的特征，并将之上升到战略高度，表明中央对当前中国经济增长阶段变化规律的认识更加深刻，正在对宏观政策的选择、行业企业的转型升级产生方向性、决定性的重大影响。

新常态的九大特征，清晰表明我国发展仍处于重要战略机遇期。我国经济正在向形态更高级、分工更复杂、结构更合理的阶段演化，经济发展进入新常态，正从高速增长转向中高速增长，经济发展方式正从规模速度型粗放增长转向质量效率型集约增长，经济结构正从增量扩能为主转向调整存量、做优增量并存的深度调整，经济发展动力正从传统增长点转向新的增长点。

认识新常态，适应新常态，引领新常态，是当前和今后一个时期我国经济发展的大逻辑。

主动适应经济发展新常态，"要更加注重满足人民群众需要，更加注重市场和消费心理分析，更加注重引导社会预期，更加注重加强产权和知识产权保护，更加注重发挥企业家才能，更加注重加强教育和提升人力资本素质，更加注重建设生态文明，更加注重科技进步和全面创新"——中央经济工作会议提出的"八个注重"的新要求，成为有效引领新常态，实施创新驱动，实现我国经济提质增效升级目标的"指南针"。

（二）"打造中国经济升级版"

在经济发展的重大关口，如何遵循经济发展规律，深刻认识新趋势，主动适应新变化，积极抓住新机遇，在稳增长、调结构中寻找发展平衡点，选准改革突破口、牢牢把握主动权，实现新常态下长期持续稳定的经济增长，尤为重要。

2013年3月，新一届中央政府亮相之初提出了"打造中国经济升级版"的发展目标。

"要持续发展经济，做到稳增长、防通胀、控风险，促进经济转型，切实提高增长质量和效益，打造中国经济的升级版。"3月20日，新一届国务院的第一次全体会议上，李克强总理作出了具体部署。

他同时强调，当下转变政府职能的任务更加艰巨，是新一届政府开门要办的第一件事。这对促进民间投资、扩大就业、提高企业竞争力、激发经济社会活力等都是一剂"良药"。

打造中国经济升级版，无疑是着眼长远的决策。升级版意味着，经济增长要有质量和效益的支撑，是能够保证就业和提供收入的增长，是能源资源环境可以匹配的增长。

打造中国经济升级版，需要激发企业的创新活力。大多数创业者都会有一个深刻的体会，那就是创业艰难，尤其是"草根一族"，在创业过程中会遇到许许多多预料不到的问题。其中，融资难、融资贵的资金问题最为严重。即便是拥有核心技术的创新型企业，也免不了面对"一分钱难倒英雄汉"的窘境。

在李克强总理的畅想中，借改革创新的"东风"，在960万平方公里土地上掀起一个"大众创业"、"草根创业"的新浪潮，中国人民勤劳智慧的"自然禀赋"就会充分发挥，中国经济持续发展的"发动机"就会更新换代升级。

过去两年，他多次深入基层调研，所到之处总是把小微企业牵挂心头。

——2013年7月，李克强总理来到广西北海考察冠德公司，并在钦州召开了小微企业座谈会。他说，小微企业"铺天盖地"，是就业的最大吸纳器，政府会继续从政策上给予支持，创造良好环境。千千万万的小微企业发展好了，就会为增长和转型装上更多"助推器"，打开更广阔的就业大门。

——2013年8月，李克强总理来到甘肃兰州华宇公司，一家吸纳130多名下岗职工和农民工就业的民营小企业考察。在详细询问了员工收入、社保等情况，以及企业税负和经营情况后，他说："小微企业是吸纳就业的主力军，国家出台扶持政策，就是要支持你们多增加就业岗位，多创造社会财富。各级政府要多为小微企业雪中送炭，营造良好发展环境。"

——2014年9月，李克强总理来到"一间房就是一家企业"的天津

【链接】国务院常务会议力挺"小微企业"

2014年，全面深化改革元年，李克强总理共主持召开42次国务院常务会议，其中十余次提到小微企业。

——3月25日的国务院常务会议，部署进一步促进资本市场健康发展，健全多层次资本市场体系的系列举措，旨在拓宽企业和居民投融资渠道、促进实体经济发展。其中明确提出，要培育私募市场，对依法合规的私募发行不设行政审批，鼓励和引导创业投资基金支持中小微企业，创新科技金融产品和服务，促进战略性新兴产业发展。

——4月2日的国务院常务会议，研究进一步减轻税负、助力小微企业成长的措施，提出将小微企业减半征收企业所得税优惠政策实施范围的上限，由年应纳税所得额6万元进一步较大幅度提高，并将政策截止期限延长至2016年底。"小微企业是就业最大的容纳器，税收工作一定要做好衔接，确保政策尽快落地。"李克强总理说。

——4月16日的国务院常务会议，分析研究一季度经济形势，部署落实2014年深化经济体制改革重点任务，决定将2013年底到期的支持和促进重点群体创业就业税收政策，延长至2016年12月31日，并加以完善。

——4月30日的国务院常务会议，部署支持外贸稳定增长和优化结构系列举措，包括提高贸易便利化水平、改善融资服务、加快出口退税进度、增强企业竞争力等，其中明确提出要加强出口信用保险支持，扩大出口信用保险规模和覆盖面，加大对品牌产品、小微企业等的支持力度。

——5月21日的国务院常务会议，提出改革政府投入方式，更好发挥中央财政引导资金"四两拨千斤"作用，决定成倍扩大中央财政新兴产业创投引导资金规模，加快设立国家新兴产业创业投资引导基金，完善市场化运行长效机制，实现引导资金有效回收和滚动使用，破解创新型中小企业融资难题。

——5月30日的国务院常务会议，确定进一步减少和规范涉企收费、减轻企业负担，部署落实和加大金融对实体经济的支持，决定对国务院已出台政策措施落实情况开展全面督查。其中包括要正税清费，把暂免小微企业管理类、登记类、证照类行政事业性收费改为长期措施。

——6月4日的国务院常务会议，确定进一步简政放权措施促进创业就业。包括取消和下放新一批共52项行政审批事项，其中"享受小微企业所得税优惠核准"，"对吸纳下岗失业人员达到规定条件的服务型、商贸企业和对下岗失业人员从事个体经营减免税审批"等关系投资创业的34项审批事项，有利于减少中间不必要环节，让优惠政策落地，释放市场活力。

——7月16日的国务院常务会议，听取国务院出台政策措施推进情况督查汇报并部署狠抓落实与整改。会议提出，要加快金融支持实体经济特别是小微企业和"三农"有关政策落实，在缓解企业融资难、融资贵问题上尽快见到实效。

——7月23日的国务院常务会议，部署缓解企业融资成本高问题的十项举措。"作为一家商业银行，大生意要做，小生意也要做，这样才能立于不败之地。有些银行只做大生意，对成长期的中小企业，不肯给一点阳光雨露，但对大企业，明明人家不需要'雨伞'，却还一直送上。这样的经营方式，最后肯定发展不起来！"李克强总理在会上引用著名小说家阿瑟·黑利《钱商》的故事，强调小微企业"是支撑中国未来经济发展的'金矿'"，商业银行要想办法为小微企业、特别是新创业的科技型小微企业服务。

——9月17日的国务院常务会议，在强调继续实施好现有小微企业支持政策的同时，部署进一步扶持小微企业发展推动大众创业万众创新的举措。"小微企业生生死死是正常现象，但我们要想方设法让他们活得更长一些，让后续的创业大军能源源不断进来"，李克强总理说，"我们引燃了创业'火种'，要使它越烧越旺。不仅要让企业'生出来'，还要让他们'活下去'、'活得好'！"

——11月5日的国务院常务会议，决定削减前置审批、推行投资项目网上核准，释放投资潜力、发展活力。其中明确提出，要促进专利、版权、商标、植物新品种等的创造和运用，向社会特别是创新者免费或低成本提供知识产权基础信息，降低中小微企业知识产权申请和维持费用。

——11月15日的国务院常务会议，部署加快推进价格改革，更大程度让市场定价；决定实施普遍性降费，进一步为企业特别是小微企业减负添力，降低大众创业成本，加快万众创新步伐。包括自2015年1月1日起，取消或暂停征收企业、个体工商户注册登记费等12项收费，以及对小微企业免征组织机构代码证书费等42项行政事业性收费。

——11月19日的国务院常务会议，决定在7月23日政策措施基础上，进一步采取有力措施、缓解企业融资成本高问题，提出了缓解"融资难、融资贵"的新十项举措。强调必须坚持改革创新，完善差异化信贷政策，健全多层次资本市场体系，进一步有针对性地缓解融资成本高问题，以促进创新创业、带动群众收入提高。

——12月12日的国务院常务会议，确定了新一批简政放权放管结合措施，部署推广上海自贸区试点经验，加快负面清单建设，并提出再取消和下放108项主要涉及投资、经营、就业等的审批事项，为创业兴业开路、为企业发展松绑、为扩大就业助力。"德国的出口贸易一直居于世界前列，但对他们贸易额贡献最大的，不是那几个特大企业，而是千千万万的中小企业。"李克强总理说，"我们需要推动中国高铁、中国装备、中国核电'走出去'，但同时也需要千千万万的中小企业与之相配套，协同'走出去'。"

——12月31日的国务院常务会议，审议通过《中华人民共和国政府采购法实施条例（草案）》。实施条例强化政府采购的政策功能，其中突出了节能环保、扶持不发达地区和少数民族地区、促进小微企业发展等取向。

融科大厦，那里聚集了 70 家小微企业，新兴经济特征十分明显。了解了几家公司研发、融资情况后，他说，这座楼宇汇集着人才和智慧的宝藏，凝聚着创业的热情。未来属于有创新精神、诚信理念的创业者。

"我们将进一步降低小微企业税费负担，各级政府都要帮助草根创业者解决融资难、融资贵和开拓市场等'成长中的烦恼'，让小微企业展示大作为、实现大发展，带动更多人创业就业。千千万万成长型小微企业活跃起来，更多'亿元楼宇'矗立起来，新兴经济兴旺起来，国家这个大经济体就能充满活力、持续健康发展。"李克强总理说。

在融科大厦，做保鲜技术的绿新低温科技公司负责人向总理"诉苦"：公司技术领先，但没钱做广告，打不开销路。李克强笑着对媒体记者说，希望你们多为这些成长型小微企业做"广告"！他随即郑重叮嘱企业负责人一定要诚信为本、保证质量。

当有创业者邀请总理"企业上市后再来"，李克强说，未来属于有创新精神、诚信理念的创业者，我期待将来在更大的办公楼、更大的厂房里看到你们有更大作为！

打造经济升级版，需要做好调结构转方式这篇"大文章"。中国经济不转型，发展将难以为继。但转型是一场硬仗，作为一个发展中大国，处理经济发展和环境保护之间的矛盾更为复杂，进比稳难度更大，更考验决策者智慧。

2013 年 6 月，发酵于银行间的"钱荒"现象，将隐藏在中国经济背后的地方债务激增、影子银行、房地产泡沫等风险问题放大，暴露出更多中国经济转型必须直面的痛处。

而这些经济领域长期存在的问题，都与一些地方政府管理职能滞后、调控智慧缺失、政绩观畸形脱不了关系。

对此，李克强总理多次强调，未来中国要保持经济长期持续健康发展必须依靠改革。经济体制改革的关键是要处理好政府和市场、社会的关系——市场能做的就让市场去做，社会可以做好的就让社会去做，政府管好自己应该管的事情，让市场发挥应有的作用，激发更大的活力，这样才能形成经济持续健康发展的内生动力。

"本届政府成立以后，开门第一件事就是改革行政审批制度。取消和下放中央政府部门管理的若干审批事项，放给市场或交给地方。"李克强总理说。

纵观国内，新常态意味着中国经济"浴火重生"。走过这个阶段，中国经济将从根本上摆脱投资驱动和出口驱动的增长方式，走上追求质量、效益和可持续发展的道路，跨越"中等收入陷阱"，实现中华民族伟大复兴。放眼全球，我们已进入一个"改革竞争期"，那些对改革的紧迫性、艰巨性及其多样化内容认识得最深刻、策略最完备、决心最大、效果最明显的国家，将会在未来的全球竞争中抢占先机。

党的十八届三中、四中全会分别通过的全面深化改革以及依法治国的决定，犹如双轮驱动，正引领中国人民开启新一轮改革，指引中国向着实现中国梦进发。

三、新变革——世界新一轮产业变革酝酿

新常态孕育着革命性转变。全球范围内，新常态意味着供应链的重组、经济结构的调整、治理体系的重塑和大国关系的再造。

能否适应新常态，跟上全球产业变革的脚步，同样关系着中国经济能否跨过"中等收入陷阱"。

（一）迎接新的产业革命浪潮

今天的中国正身处一个新技术革命和产业变革的时代。

进入 21 世纪以来，新一轮科技革命和产业变革正在孕育兴起，全球科技创新呈现出新的发展态势和特征。信息技术、生物技术、新材料技术、新能源技术广泛渗透，带动几乎所有领域发生了以绿色、智能、泛在为特征的群体性技术革命。数字制造、3D 打印、云计算、大数据、互联网等重新定义制造业。科技创新，就像撬动地球的杠杆，正在创造令人意想不到的奇迹。

全球新一轮产业变革的浪潮已然到来，当美国人在谈论"第三次工业革命"，德国人在推广"工业 4.0"战略时，同为制造业大国的中国也正加快产业转型升级，迎接新的产业变革浪潮。

一份 110 条的《中德合作行动纲要》，成为 2014 年 10 月李克强总理出访欧洲拿出的第一份大单。这是李克强 2014 年第二次访问欧洲，也是他以总理身份第二次访问德国。

这份涵盖政治、经济、文化、工业、农业、卫生、社会保障等领域的纲要，处处透露着创新，其中"工业 4.0 合作"的内容颇为引人瞩目。

在信息化浪潮中，没有人想到，中德两个世界上最主要的制造业大国依然对工业发展情有独钟。

所谓工业 4.0，是基于工业发展的不同阶段作出的划分。按照目前的共识，工业 1.0 是蒸汽机时代，工业 2.0 是电气化时代，工业 3.0 是信息化时代，工业 4.0 则是利用信息化技术促进产业变革的时代，也就是智能化时代。

这个概念最早出现在德国，是德国政府提出的一个高科技战略计划，在 2013 年 4 月的汉诺威工业博览会上被正式推出。其核心目标是通过提升制造业的智能化水平，提高德国工业的竞争力，在新一轮工业革命中占领先机。

通俗地讲，这意味着未来工业的发展将进入一个智能通道。机器不再需要人工操作，各种智能设备将被内置在从原材料到生产再到运输的各个环节当中，云技术将把所有的要素都连接起来，生成大数据，自动修正生产中出现的问题。

这对传统的制造业将是巨大的冲击。在信息化时代，曾有一种观点认为制造业已经不再重要，因为信息产业将颠覆一切。然而，德国的实践却证明，制造业依旧是一国经济增长不可或缺的动力。2009 年以来欧洲多个国家都受到欧洲债务危机的冲击，但德国经济却一枝独秀。

不仅如此，越来越多西方发达国家正在调整战略布局，积极应对并努力重塑在全球制造业领域的优势地位，以期在新一轮产业变革中占得先机。

2009 年 12 月至 2012 年 2 月，美国先后拿出《重振美国制造业框架》、《先进制造业伙伴计划》和《先进制造业国家战略计划》三个方案，鼓励制造企业重返美国。美国希望抓住"第三次工业革命"的机遇，通过加速发展人工智能、机器人和数字制造技术，沟通制造业的竞争格局。与之相对应的是，随着页岩气开发、物联网发展的不断推进，美国制造业占GDP 的比重开始回升，从 2010 年的 12% 回升至 2013 年的 15%。

与中国同处东亚的日本、韩国也开始加强对以信息技术、新能源为代表的新兴产业的扶持。IT 技术在医疗、行政等领域的应用，环保型汽车、电力汽车、太阳能发电、绿色技术等产业的发展，都得到了国家层面的支持。

"第三次工业革命"由美国学者杰里米·里夫金提出。他认为，依托新材料、新能源、工业机器人、人工智能和互联网等新技术的"第三次工业革命"将改变世界，这些技术综合应用于制造业，将实现制造业"数字化"，进而引起社会生产方式和生活方式的巨大变革。

"机器人革命"将为全球创造数万亿美元的市场。据麦肯锡咨询公司预测，到 2025 年，先进机器人在制造业、医疗和服务业等产业领域的应用可创造 1.7 万亿—4.5 万亿美元的产值。

面对西方发达国家应对制造业转型升级的筹划和布局，中国也在加快新型工业化进程。德国的实践给了中国一个很好的借鉴，那就是要加速工业化与信息化的融合，在新的工业革命中分享红利。

而早在 2013 年 5 月李克强以总理身份首次访问德国时，他就对中德合作寄予厚望。

"正在成长的'中国制造'与成熟可靠的'德国制造'有机结合，完全可以实现'珠联璧合'，还可以携手开拓第三方市场。无论是制造业和产品贸易领域，还是服务业和服务贸易领域，中德合作都有很大潜力。"2013 年 5 月 27 日，李克强在柏林出席中德工商界午餐会上的演讲中如是说。

（二）实施创新驱动发展战略

当前，世界经济进入长期结构性调整，新一轮产业变革融合与中国经济增长阶段性转换相互叠加。全球新的国际贸易和投资体系正加速形成，国内外新兴业态的蓬勃兴起和发展，都需要中国转变思路，适应变革。

产业升级与技术进步和创新，从来都是一个问题的两个方面。面对全球新技术替代旧技术、智能型技术替代劳动密集型技术的大趋势，中国以往依靠要素成本优势所驱动、大量投入资源和消耗环境的经济发展方式已经难以为继。

新机遇面前，我们需要全面增强自主创新能力，掌握新一轮全球科技竞争的战略主动。党的十八大提出实施创新驱动发展战略，正为中国经济提升核心竞争力打下坚实的基础。

2014 年 5 月下旬，习近平总书记在上海考察时强调，谁牵住了科技创新这个牛鼻子，谁走好了科技创新这步先手棋，谁就能占领先机、赢得优势。

随后在 6 月举行的两院院士大会上，习近平总书记更发出了创新启动的动员令："面对科技创新发展新趋势，世界主要国家都在寻找科技创新的突破口，抢占未来经济科技发展的先机。我们不能在这场科技创新的大赛场上落伍，必须迎头赶上、奋起直追、力争超越。"

"我们要拿出敢为天下先的勇气，锐意改革，激励创新，积极探索适合自身发展需要的新道路新模式，不断寻求新增长点和驱动力。" 2014 年 11 月，习近平主席在 APEC 工商领导人峰会开幕式上所说的话，更强调以科技支撑发展，以创新引领未来。

布好科技关键子，下好创新先手棋，把创新驱动的新引擎全速发动起来，中国产业结构就一定能够迎来具有全球竞争力的崭新格局。

打造中国经济升级版，就必须提升制造业自主创新能力，着力培育战略性新兴产业，加快企业的技术改造，打造具有国际竞争力的"中国制造"。

"你若喜爱你自己的价值，你就得给世界创造价值"——这是李克强总理 2014 年 10 月访问德国期间引用的歌德名句。

此次访德期间，有着"超级推销员"美称的李克强总理总忘不了推销高端中国制造。"我们注意到，欧洲计划投资 500 亿欧元用于交通、能源和数字网络建设，希望欧方积极采用中国有性价比优势的高铁、核电等装备。"他在一次演讲中说。

事实上，2014 年，借力总理出访的卖力推销，中国高铁的走出去之路一路高歌。高铁，正成为一张新的中国名片，获得越来越多国家和地区的关注和认可。

埃塞俄比亚、尼日利亚、安哥拉、肯尼亚、英国、美国、津巴布韦、俄罗斯、缅甸、哈萨克斯坦、塞尔维亚、泰国……总理所到之处都表达了合作建设高铁的意愿。

在所到国家中，中英高铁合作被高度期待。2014 年 6 月，李克强在英国访问期间，中英两国政府发表的联合声明表示，双方同意在彼此市场促进关于轨道交通（包括高铁）设计咨询、工程建设、装备供应和设施维护等领域的实质性合作。

中俄高铁、中泰铁路的合作协议成为铁路领域的亮点。2014 年 10 月，李克强总理向俄罗斯总理梅德韦杰夫推销了中国高铁，中俄两国签署高铁合作备忘录。根据俄政府计划，这一高铁项目全程 770 公里，总投资 178 亿美元，建成后从莫斯科到喀山的铁路通行时间将从现在的 11.5 小时缩减至 3.5 小时。中方将通过吸引商业资金、建立联合企业和在俄罗斯境内制造机车车辆，以便推广中国技术。

2014 年 5 月，李克强总理访问非洲期间，中国同尼日利亚签署的 131 亿美元铁路大单，刷新了中国对外承包工程单体合同额的最高纪录。

2014 年 5 月 5 日，国务院总理李克强考察亚的斯亚贝巴轻轨项目，埃塞俄比亚总理海尔马里亚姆陪同。看到中埃双方员工正在铺轨作业，李克强同海尔马里亚姆一起拿起扳手，拧紧螺丝。

事实上，近两年来，总理出访推销的产品并不仅限于高铁，从 4G 技术到核电、水电，产品领域越来越宽。

总理有底气推销"中国制造"的背后，是中国经济与科技实力的增强，是中国制造在全球市场越来越强的竞争力。

"过去我们的出口，一个集装箱才能换回一台彩电，现在，中国装备'走出去'的附加值，超值！"2014 年 12 月 24 日的国务院常务会议上，刚刚结束亚欧三国行，带回数百亿美元大单的李克强总理如是说。

在李克强总理看来，高铁等中国装备具有性价比高等竞争优势，推动中国装备走向国际市场是扩大开放的重要之举，对提升我国对外合作水平、优化外贸结构意义重大，这反过来又会促进国内产业转型升级。

2014 年 6 月 10 日，李克强总理在两院院士大会上作经济形势报告。他强调，保持经济中高速增长，必须推动发展向中高端水平迈进，实现经济提质增效升级，关键要靠创新驱动，突出的是要使科技创新和体制创新相互融合、相互激发。

2014 年末，国务院部署了更大范围推广中关村试点的政策，明确要加快推进国家自主创新示范区建设，进一步激励大众创业、万众创新。

李克强总理在会上强调，当前，必须加快创新驱动，以更大力度推进科技体制机制改革，在更大范围推广实施试点政策，用政府权力的"减法"换取创新创业热情的"乘法"，这有利于激发人们尤其是科研人员的主动性、积极性、创造性，加快创新成果转化，推动高新技术产业成长，打造中国经济发展新动力，促进经济向中高端水平迈进。

2015 年新年伊始，李克强总理马不停蹄来到改革开放的最前沿广东考察。

"当前我国经济发展进入新常态，面临许多新挑战。要保持经济在合理区间，必须继续坚持解放思想、实事求是，坚定不移推进改革开放。适应生产力发展要求，打破捆住群众手脚、束缚市场活力和市场创造力的不合理限制，推动牵一发动全身的重大改革，注重以结构性改革促进稳增长和调结构的平衡，使改革更有质量、发展更加协调，推动经济保持中高速增长、向中高端水平迈进，人民生活不断跃上新台阶。"2014 年 1 月 5 日，李克强在听取广东省委、省政府的工作汇报后强调。

1 月 4 日，他考察了华为公司最新技术实验室、"专利墙"及终端产品展示。华为在全球已创立 16 个研究中心，获得专利 36500 多项，公司一半以上员工持有股份。研究机构普遍认为，股权激励是华为取得成功的关键"密码"。对此，总理说，没有制度创新，科技创新就无从依附。

当天，他还在深圳考察了柴火创客空间，体验各位年轻"创客"的创意产品。总理称赞他们充分对接市场需求，创客创意无限。李克强说，你们的奇思妙想和丰富成果，充分展示了大众创业、万众创新的活力。这种活力和创造，将会成为中国经济未来增长的不熄引擎。

1 月 5 日，李克强总理考察广东电力设计研究院。该公司通过拓展海外电力工程总包市场，带动了大量国产电力设备和技术标准走出国门。李克强说，中国装备走出去不仅能转移消化国内富余优质产能，更能让中国企业到海外市场接受严苛检验，促进中国制造升级换代。

而在李克强总理的战略部署中，类似"柴火创客空间"这样互联网时代的新型创业孵化器，正成为继一系列为创业创新者减税降负举措之后，国务院又一推动大众创业、万众创新的扶持政策。

2015年1月28日，李克强总理主持召开的国务院常务会议提出，要在创客空间、创新工厂等孵化模式的基础上，大力发展市场化、专业化、集成化、网络化的"众创空间"，实现创新与创业、线上与线下、孵化与投资相结合，为小微创新企业成长和个人创业提供低成本、便利化、全要素的开放式综合服务平台。一系列新名字、新表述让人眼前一亮。

创客空间、创业咖啡、创新工厂，甚至科技媒体等，都是"众创空间"的具体表现形式，这些创新型孵化器最主要的特征是开放，消除了各种障碍，打破了各种框框，既能为创业者提供办公空间和投资人，也提供思想交流碰撞的空间，让创业创新者能充分释放活力。

事实上，这种新型模式在很多城市已经开始探索。在北京中关村创业一条街，汇聚了30多个类似的创新型孵化器，如人气很旺的车库咖啡、3W咖啡等，都聚集了众多草根创业者。比起传统咖啡馆，这里更像是创业者和学生的办公室，搭载着年轻人创业的梦想。而国务院发布的新扶持政策，则表明中国正迎来新一轮创业创新的黄金时代。

百舸争流，奋楫者先。掌握核心技术是中国发展和创新的关键，只有掌握核心技术才能掌握未来。

在世界新一轮产业变革浪潮中，中国只有抓住机遇加快产业转型升级，才能在新一轮世界经济结构调整中抢占先机。而要让创新成为中国经济升级的重要引擎，就要敢于冲破形形色色体制机制障碍的羁绊，处理好政府和市场的关系，由市场决定资源配置，打通从科技强到产业强、经济强、国家强的通道，以改革释放创新活力，让一切创新源泉充分涌流。

"如果说创新是中国发展的新引擎，那么改革就是必不可少的点火器，要采取更加有效的措施把创新引擎全速发动起来。"习近平主席2014年11月9日在北京举行的亚太经合组织工商领导人峰会开幕式上的这番讲话，为勇立潮头的中国指明了方向。

四、我国改革开放以来的历次行政审批制度改革

行政审批制度改革，是转变政府职能的突破口。

我国行政审批制度起源于计划经济体制，当时的一切资源分配权力高度集中在政府手中，这在特定的社会经济发展阶段起到了重要作用。改革开放以后，政府、社会和市场的关系不断做出调整，以充分解放生产力。特别是1992年我国正式提出建立社会主义市场经济体制以来，随着我国资源配置方式逐渐从计划配置向市场配置转化，政府直接支配社会资源的行政管理模式逐渐转变，计划经济时期形成的审批制度在很大程度上失去了生存的土壤，既有审批制度的种种弊端日益显现，越来越不适应市场经济发展的需要，甚至成为制约市场经济发展的一个制度瓶颈。

传统行政审批的病症在于事前"争位"与事后"缺位"。"事前"有利可图相互争夺审批监管权，"事后"无利可图便踢起皮球，不仅难以监管市场，反而一定程度扰乱市场。有专家指出，行政审批从经济学角度来看，就是寻租，行政审批是腐败的源头。因此，反腐败就是要清理行政审批，尽量减少审批，让审批透明，让审批受到监督。

沿着时间的脚步回顾我国改革行政审批制度的历史，推动转变政府职能，让政府在法治轨道上依法行政的改革方向和目标正变得越来越清晰。进一步深化行政审批制度改革，也成为新时期我国顺应市场经济发展、全球化发展和开放型社会发展的时代要求。

在本届政府之前，我国行政审批制度改革自2001年全面启动以来，国务院已先后六批取消和调整行政审批项目2497项，占原有总数的69.3%。

——2001年10月，国务院对全国行政审批制度改革作出全面部署。当年底，国务院全面清理部门审批项目，初步摸清审批项目底数。初步统计，各部门共清理出审批项目4000多项，其中经济管理事务和社会管理事务各约占一半。

——2002年10月，国务院决定取消第一批789项行政审批项目，其中涉及经济管理事务达560项。

——2003 年 3 月，国务院决定第二批取消 406 项行政审批项目，其中涉及经济管理事务 241 项，涉及社会管理事务 105 项，涉及行政管理及其他方面事务 60 项。另将 82 项行政审批项目作改变管理方式处理，移交行业组织或社会中介机构管理。

——2004 年 5 月，国务院第三批取消和调整 495 项审批项目。至此，三批共取消和调整部门审批事项 1795 项，占取消和调整前总数的近一半。

——2007 年 9 月，国务院召开常务会议，决定取消和调整 186 项行政审批项目，其中取消行政审批项目 128 项目，调整行政审批项目 58 项。这是国务院第四批取消和调整行政审批项目。

——2010 年 6 月，国务院召开常务会议，决定取消和下放 184 项行政审批项目，其中取消行政审批项目 113 项，下放行政审批项目 71 项。这是国务院第五批取消和调整行政审批项目。

——2012 年 10 月，国务院发布《国务院关于第六批取消和调整行政审批项目的决定》，决定再取消和调整 314 项部门行政审批项目，其中取消 184 项、下放 117 项、合并 13 项。

其中一段表述："凡公民、法人或者其他组织能够自主决定，市场竞争机制能够有效调节，行业组织或者中介机构能够自律管理的事项，政府都要退出。凡可以采用事后监管和间接管理方式的事项，一律不设前置审批。"被社会各界视为力度空前，为深化改革指明方向，也凸显改革决心。

——2013 年至今，行政审批制度改革进入啃"硬骨头"的攻坚阶段。这一年，中央政府的审批事项仍有 1000 多项，地方政府的审批事项仍有两万多项，新一届政府打响了力度空前的简政放权改革"攻坚战"。

行政审批制度改革是一场深层次的观念和体制变革，改革启动十余年来，已进入深化改革的攻坚阶段，越往下改面临的困难和阻力越大，李克强总理曾说到，推进简政放权要有"壮士断腕的决心"，向外界表明政府是拿出了要"革自己的命"的决心、智慧和勇气来完成这场改革"攻坚战"。

【链接】创新宏观调控：中国经济列车驶往更好方向

有媒体形容，2013 年的中国经济，如同一出精彩纷呈的"反转剧"。

起始的一二季度，经济增速跌至两年来最低点。"看空中国"一度成为一些国际机构和经济分析人士最为热衷的话题：一家美国财经媒体把"中国经济还会进一步恶化吗"的投票放了网站首页，另一家研究机构则在分析报告中预测，中国将经历"超级熊市"，随时会有"硬着陆"的风险。

但在几个月后，中国经济奇迹般地企稳回升。去年三季度，中国 GDP 同比增长 7.8%，全年经济增速为 7.7%。财政收入、通胀率均优于预期目标，城镇新增就业人数再创新高，同时，凭借突破 4 万亿的进出口贸易额，中国一跃成为世界第一大货物贸易国。德国《世界报》将这一成果称之为"出人意料的良好经济数据"，世界银行前行长佐利克在接受记者采访时说："中国正在以自己的方式改变经济增长模式，如果取得成功，经济增长势头有望进一步加强。"

中国银行业协会与普华永道近日的一次调查显示，对于主导这一"反转剧"的中央政府宏观调控政策，中国 76 家银行和 1604 位银行家做出的总体评价为近 5 年来最高，其中对货币政策、财政政策和产业政策的评价，均高于 2009 年以来的各年分值。

2 月 24 日，中共中央政治局研究讨论《政府工作报告》时指出：2013 年，困难比预料的多，结果比预想的好，成绩来之不易。这是以习近平同志为总书记的党中央正确领导的结果，是全党全国各族人民团结奋斗的结果。国务院和各级地方政府、各部门按照中央统一部署，创造性开展工作，做出了重要贡献。

而作为中国这艘经济巨轮的"掌舵者"，国务院总理李克强在今年初发给达沃斯世经论坛冬季年会的特别致辞中写道："在国际金融危机余波未平、世界经济尚待复苏和中国经济结构转型升级的背景下，这样一张'成绩单'来之不易。"他同时强调，中国宏观调控的创新理念和形成的经验，有助于中国经济在今后乃至今后一段时期"继续拿到好成绩"。（肖楠，2014 年 3 月 4 日）

（一）我们应坚信总理的决心

要解读 2013 年中国经济的"反转"，年中的"钱荒"事件是一个不能忽略的重要时点。2013 年 6 月 20 日，中国银行间隔夜拆借利率陡然飙高至 13.44% 的最高点，而在此之前，这一利率通常都维持在 3% 左右。受"钱荒"传言影响，沪、深股市出现暴跌，银行间交易员们开始"不计成本地向其他机构借钱"，市场一度陷入恐慌。

"银行不是真的没钱，它们就是期待政府能'松'一下。"一位政府内部人士事后评论，"当时商业银行都有预期，只要一有问题，中央政府就会给钱。就好像一群嗷嗷待哺的孩子，谁的哭声大，谁就有奶吃。"

但这一次，无论关于"钱荒"的新闻如何遍布各大媒体，无论证券市场如何受重挫、交易员如何抱怨"一天赔掉了半年收益"，政府就是不"放水"。

政府在干什么？

据多个消息佐证，6 月 20 日"钱荒"发生时，李克强正在中南海怀仁堂开会。他中途走出会议室，打电话部署相关工作。此后几天，他"每天一个批示"，安排相关领导和部门负责人，密集召开会议、商讨对策。

"总理的工作习惯是高效率的，有问题马上就处理。"中南海的一位工作人员说，"但他处理问题的方法，是从长远角度着眼的。"

这个"长远角度"，就是后来人们熟知的"顶住压力，坚决不增发货币"。一位国办工作人员事后回忆，虽然"钱荒"是突发事件，但中央政府当时"保持定力、决不放水"的举动，确实是有意为之，是反复思量的结果。

"就好像两辆车面对面开过来，谁要让路？"他说，"中央政府这一次非常明确：违规的是你，为什么我要让路？当然这需要非常强大的定力，更需要非同寻常的勇气和智慧。"

渣打银行的分析人员在事后一份报告中评论："我们曾经怀疑李总理是否会推动改革，但现在看来，我们低估了他的决心，为了推行政策，他愿意冒更大的经济下行风险。"

以今天的眼光回过头看，"保持定力"无疑是当时唯一正确的抉择。

自此之后，各商业银行开始更加重视管好自己的流动性，对货币供求状况也有了更精细的盘算。当年10月和年底又发生两次小的"钱荒"，市场的反应波澜不惊。

但在当时，这种"定力"却需承担巨大的风险及后果。兴业银行首席经济学家鲁政委曾向媒体透露，"钱荒"期间，他不断接到来自海外的电话。大家的问题高度一致："中国的银行是不是要发生危机了？"

"如果换个人，可能就真的放钱了。何必呢？央行又不是没有钱。"一位政府人士说，"但克强总理就觉得，如果'放水'，银行就会越发有依赖性，所以他始终没有过度干预市场。"

年终统计数字显示，2013年中国广义货币（M2）余额同比增长13.6%，增速为3年来最低。

事实上，应对"钱荒"并不是李克强首次展示"定力"。这位政府人士回忆，去年新一届中央政府组成之初，世界经济形势复杂，国内经济下行，三四月份中央财政收入一度出现了多年未有的负增长。

"当时就有人主张扩大赤字，说白了就是欠全国人民的钱呗。但总理坚决不同意。"他说。当时，李克强几次主持召开会议，一方面降低"三公"经费支出，要求中央机关带头压缩"三公"经费5%；另一方面"盘活存量"，用好各部门账上的存量资金。他甚至派审计署清查各部门沉淀资金，责令限期支出，"逾期将由中央财政收回"。

一位知情人士用"相当不容易"来评价这一系列政策。他说，国务院对经济工作负总责，万一坚持"不刺激"，结果经济真的出了问题，就要承担责任。"不增发货币，不过度刺激，这不仅是'定力'，也包含科学的预判和坚定的意志决心。"

有媒体引用经济学家的分析认为，中央政府坚决不"放水"的用意，是按照经济规律，以市场之手，让资金流向最该去的地方，恢复经济结构平衡。英国路透社评论称："这是迄今最明确的迹象，显示中国新领导人愿意为长远利益而忍受一时经济之痛。"

渣打银行则形象地比喻说，这是李克强对市场"严厉的爱"。

（二）让市场知道，政府的手什么时候会动，什么时候不会动

"钱荒"事件发生 20 天后，李克强公开阐述了自己的宏观调控思路。7 月 9 日，在广西举行的一场经济形势座谈会上，他说："宏观调控要立足当前、着眼长远，使经济运行处于'合理区间'。"

这并不是李克强首次提出"合理区间"的表述，但却是他第一次对"合理区间论"做出的具体阐释。他解释说，所谓"合理区间"，是指经济增长率、就业水平等不滑出"下限"，物价涨幅等不超出"上限"。只要经济运行在这样一个合理区间内，政府就不去干预刺激，而是着力调结构、促改革、惠民生，推动经济转型升级。

"合理区间论"提出的当下，正是中国经济去年最困难的时期，出口数据大幅波动，经济增速持续下行，"唱衰中国"的声音在国际舆论中此起彼伏。更令市场担忧的是，没有人知道政府会不会救市。一位国务院的工作人员回忆："当时不要说社会上，我们自己一些工作人员都坐不住了。大家都很疑惑，政府怎么还不采取措施？"

长期以来，政府部门曾追求高度灵敏的调控政策。"猪肉价格降了，我们马上补贴农民，修冷库增加储备。结果冷库还没修完，价格又上去了，根本跟不上市场。"这位工作人员说。

而"合理区间论"的意义在于，它给了市场主体一个明确稳定的预期，让他们知道，政府的手什么时候会动，什么时候不会动。"既不让市场觉得，一有困难政府肯定出手，也要让市场相信，真正遇到了困难，政府不会不管。"他说。

如同一剂"定心丸"，"合理区间论"很快获得了国际国内市场的积极回应，香港恒生指数和上证综指受此鼓舞，小幅走高。美国《华尔街日报》评论认为：李克强为经济增速划下了一条线，给中国和全球股市提振了信心。澳大利亚《悉尼先驱晨报》则认为，这是中国领导层向市场和公众发出的"明确、坚决的信息"。

"合理区间论"提出两个月后，中国经济开始表现出明显的回暖迹象，研究机构也纷纷上调对中国经济增速的预期。摩根士丹利前亚洲区主席斯蒂芬·罗奇表示，此前"唱衰中国"的论调纯属假警报；创造"金砖四

国"概念的美国经济学家吉姆·奥尼尔称:"我坚信中国 10 年平均增速 7.5% 的抱负很可能实现。"

德意志银行大中华区首席经济学家马骏事后分析,"上下限管理"和"合理区间"的说法,对提振市场信心起了很大的作用。"很多人就此认为,今后的经济不会比二季度更糟糕,应该会上去,所以我有钱就要花,有钱就要买设备、雇工人,事实上达到了激活货币存量的目的。"马骏说,"去年三季度中国经济企稳回升一个非常重要的因素,就是'合理区间论'的提出,给了市场一个稳定的预期。"

10 月 21 日,李克强在中国工会第十六次全国代表大会上作经济形势报告时,再次拓展了对"合理区间"的表述。他说:"我们要引导市场预期,确定合理区间,下限是经济增速不低于 7.5% 左右,上限是 CPI 不超过 3.5% 左右……在这个区间内,尽可能释放改革的最大红利。"

一位政府人士后来评论说,每个经济指标都有一个上下浮动的空间,但把几个指标联系在一起,制定出一个区间,这是一种"创造性发明"。"这源于克强总理深厚的经济学理论功底,也源于他多年执政地方、中央积累的实践经验。"

(三)我们能感受到,总理有很大的改革动力和决心

2013 年 3 月,李克强出任总理当天,一篇报道这样写道:"当多数国人对这位中国经济巨轮的新任掌舵人充满期待之时,熟知国内外经济形势的专家学者,却对未来的航程不无忧虑……全球经济复苏的脚步乏力,而中国正面临学界所称的'中等收入陷阱'。"

一个形象的比喻是:中国经济患上了一种"病",身体"又虚又滞",一方面需要"补",但同时又消化不良。而李克强给这种"病"开出的药方,就是改革。就任总理一个月后,他主持召开首次经济形势专家和企业负责人座谈会时说:"针对中国经济不平衡、不协调、不可持续的深层次矛盾,要对症下药……根本上讲还得靠改革,通过改革固本培元,增加经济发展的元气。"

在许多境外媒体报道中,李克强最鲜明的标签是"改革"和"市场"。十八大过后 6 天,他主持召开座谈会提出"改革是中国最大的红利",成

为当年网络最热的金句之一；而在就任总理当天的"两会"记者招待会上，他公开承诺，要用壮士断腕的决心自我革命，"把错装在政府身上的手换成市场的手"。

事实上，记者会结束后第二天，李克强便主持召开了第一次国务院常务会议，主题就是研究加快推进政府职能转变事项。会议将《国务院机构改革和职能转变方案》内容分解细化为72项任务，逐项明确责任部门和完成时限。李克强明确要求，各部门要按季度列出工作时间表，"扎实推进改革"。

一位国务院工作人员告诉记者，最近1年来，她见证了很多改革"加快推进节奏"。她说，过去各部门想改革，需要自己报方案请求批准，而现在，国务院领导会主动询问各部门，"你们有什么改革方案"？

这位工作人员透露，她所在处室正在协调24项改革研究课题，而且"研究和落地同时进行"。她和同事们的工作内容，早已从过去的"传递文件"变成了"督办改革"。

"我们能感受到，总理有很大的改革动力和决心，很想改。"这位工作人员说，"我们正在研究的一些改革进程，可能会进入国务院常务会讨论，还可能被列入政府工作计划，这些都使我们感觉到，改革在提速。"

2013年，李克强先后两次主持召开电视电话会议，部署国务院机构职能转变、地方政府职能转变和机构改革工作；他还多次主持召开国务院常务会议，出台措施严控新设行政许可、部署推进公司注册资本登记制度改革等举措。截至当年12月，国务院先后分三批取消、下放334项行政审批等事项。

而这些以"削权"为主旨的改革，换来的是市场的大大松绑和社会活力的充分释放。国家工商总局公布的数据显示，2013年，全国各类企业登记数同比增长27.63%，其中民营、个体企业增长29.98%，民间投资比重上升到63%。

一位分析人士指出，过去相当长的时间里，中国一些地方的经济实际是"市长经济"或"县长经济"，政府负责人像是那个地区的董事长或总经理。新一届中央政府改革的核心，就是要厘清市场和政府的权力边界，让市场发力。而政府致力于回归市场的改革，相当于"再造中国的经济发动机"。

改革当然会遇到阻力。一位工作人员透露，此前推进的一些改革，也曾遭遇个别部门抵制，但李克强总理的改革决心更为坚定。他在 2013 年 11 月的电视电话会议上强调："政府职能转变和机构改革是一场自我革命，要民意为先、舍利为公，有敢啃'硬骨头'的勇气，义无反顾、一抓到底。"

他同时提出，要依法行政、依法监管、"放管结合"，建设法治政府。"政府不能当'司机'，直接开车上路，但要管好服务的'路灯'和'红绿灯'，当好监管的'警察'。"

有媒体发表评论认为，2013 年，以"简政放权"为核心的行政管理体制改革源源不断释放的"红利"，是中国经济"反转"的重要驱动力。一位政府人士对此也持相同观点："简政放权本身就是宏观调控的重大措施。行政审批事项的取消下放还在一步一步推进，这对市场预期的改变非常重要。改革是一个长期见效的过程，不仅会影响当前，也会影响长远的市场信心。"

（四）中国政府正在努力让经济火车驶往一个更好的方向

2013 年 9 月 11 日，李克强在大连夏季达沃斯论坛开幕式上致辞，首次提出了"中高速增长"的概念。他说："中国经济持续 30 多年的高速增长，创造了经济发展史上的奇迹，当前，中国经济已进入中高速增长阶段，7.5 左右的增速……符合发展规律。"

一位分析人士解释，所谓"中高速增长"，就是经济增速低于过去的两位数，但与世界其他国家相比，仍然是高速增长。

也是在同一场讲话中，李克强强调："中国未来的增长必须以提高质量和效益为前提，必须以资源节约和生态环保为支撑，必须以科技创新和技术进步为动力，必须是保证就业和居民收入相应增加的增长。"

《日本经济新闻》就此评论：中国已经进入不再为增长率一时波动而或喜或忧的时期。美国《外交政策》杂志称，中国已经决意调整经济模式，在增长上舍量取质，使消费在中国经济中发挥应有作用。

2013 年，李克强主持召开多次国务院常务会议，研究出台了一系列旨在提高"经济增长质量和效益"的政策措施：加大棚户区改造力度，加强城市基础设施建设；为小微企业暂免增值税、营业税，促进贸易便利化；加快中西部和贫困地区铁路建设，推进铁路投融资体制改革；进一步扩大信贷资产证券化试点；大力发展供给短缺的养老和健康服务业，重点加强节能环保等"符合结构升级方向的产业"；发放 4G 牌照，推动信息消费、电子商务发展等。

在一次公开讲话中，李克强说："推动经济发展，不光要稳住政策、推进改革、激发市场活力，还要加大结构调整的力度、扩大内需。"

英国路透社此前发表评论称，中国第三季度的经济增速之所以得到"反转"，完全得益于政府精准的"稳增长、调结构"的政策支持。另一位政府人士分析指出，中央政府过去一年的宏观调控政策，可谓"双向发力"：既利当前，又惠长远，就像针灸一样精准点穴。他说："这是一种宏观调控理念的创新，我们不简单地追求速度，而是追求健康的发展，追求经济的提质增效升级。"

在 2013 年 10 月底的一次经济座谈会上，阿里巴巴集团董事局主席马云成为中南海的"座上宾"。马云在发言中详细介绍了淘宝即将举行的"双 11"大促，李克强赞许道："你们创造了一个消费时点。"

他说："我们对新经济要重新认识、高度重视。新经济不仅解放了老的生产力，还创造了新的生产力。中国经济要'爬坡过坎'，必须加快结构调整，大力培育新兴增长点，这样才能使中国经济提质增效、行稳致远。"他同时笃定地说，我们要用改革为新兴生产力护航。

也正是在这次座谈会上，李克强和三位经济学家再次讨论起"中高速发展"的问题。李克强说："中国经济已经到了一个新的发展阶段，经济发展放缓是必然的，但要解决困难和问题、稳定就业，就要保持经济的稳定增长，'坚持发展优先，创新宏观调控方式'。"

他说："我们要在必要和可能之间、在转型升级和保持合理增长速度之间，找到一个'黄金平衡点'。"

一位分析人士就此评论，中国经济转型升级，相当于足球队"要从'甲B'升到'甲A'玩"，这将使中国经济在国际产业分工中跃升到新的位置。"将结构调整和产业布局调整纳入宏观调控，既是对经济学理论的创新，也是从中国国情出发，把传统智慧和现代理念结合的全新思路。"

《德国之声》的评论更加言简意赅："中国政府正在努力让中国经济火车驶往一个更好的方向。"

（五）创新的理念有助于破除中国传统经济增长模式，从长期或短期看都是极好的事情

2013年10月21日，李克强在中国工会第十六次全国代表大会上做了经济形势报告。在这场被媒体评论为"经济公开课"的报告中，李克强分析阐述了中国经济形势和发展趋势，并且第一次用"保持定力、深处着力、精准发力"完整阐述了他对创新宏观调控的理念。

他用"柴薪"比喻货币政策："如果我们放松银根、多发赤字，那就像古人讲的'抱薪救火'，薪不尽，火不灭。"他同时强调，政府保持定力、稳定政策，但不能"不动"。"就像骑自行车一样，停在那里晃两圈儿，没准儿就摔下来了，所以还得动，要稳中求进、稳中有为。"

此时，中国经济已经实现了"浅U形反弹"，媒体也早已不再怀疑新一届中央领导转变经济发展方式的决心。一家美国报纸评论说："关于中国，大家都同意的旧观点是，这是一个政府为追求最快经济增长不惜一切代价的国家；而现在大家都认可的新观点是，这是一个政府可能在主动放慢增长的国家。……这意味着一个放慢的增长率，但也是一个更可持续、更和谐的增长率。"

一位政府工作人员认为，本届政府选择"创新宏观调控"的理念，是推动中国经济长远发展的唯一选择。"货币量已经太多，'放水'的副作用实在太大；另一方面，大量的民生工程构成了财政支出的刚性需求，财政赤字也没有太大空间。"他说，"可以说，政策的腾挪空间非常有限，这也倒逼政府必须要创新宏观调控方式。"

梳理以往新闻便可发现，本届政府对于"创新宏观调控方式"的最早表述，始自2013年6月8日的环渤海省份经济工作座谈会。李克强总理当时强调，做好当前的经济工作，关键要在稳定宏观经济政策中有所作为，创新宏观调控方式，激发市场活力。

他同时提出五项具体措施：深化改革、压缩行政开支、激活货币信贷

存量、抑制消化过剩产能，以及进一步采取既利当前又利长远、既稳增长又调结构的举措。显然，这与其后的"合理区间"、"黄金平衡点"等理念一脉相承。

一位国务院工作人员透露，早在李克强出任总理之前，"转型"和"创新"就是他最常提到的两个概念。这位工作人员推测，创新宏观调控的思想，或许几年前就已经在他的脑海中初步成型了。

事实上，在完整阐释这一理念之后，李克强一直在不断丰富、完善着他对创新宏观调控方式的理解。今年1月，就《政府工作报告（征求意见稿）》听取专家学者和企业界人士意见的座谈会上，北京大学副校长、经济学家刘伟的一番表述引起了李克强的关注和兴趣。

刘伟说："我国经济承受失衡的能力正在增强，根据现在的情况，经济增速稍微低一些，整个社会的失业率是可以承受的。"

李克强听得十分专注，并且不时认真记录着。整场座谈会结束后，他对刘伟说："增长率和就业率的关联。请你帮助再认真研究一下。讲增长率不能只保证新增城镇人口的就业，还要涵盖进城务工的农民工群体。"

有理由相信，引导2013年中国经济"反转剧"的创新宏观调控方式，在今后几年依旧会是中国这艘经济巨轮航行的"罗盘"。一位政府人士评论说："创新宏观调控方式不是应对危机的一时之举，而是推动经济提质增效升级的长久之策。"

美国《华尔街日报》则在此前评论表示，这一创新理念有助于破除中国传统粗放的经济增长模式，"从长期看是极好的事情"。①

---

① 肖楠，2014年3月4日。

第二章 "权力瘦身"篇：新一轮政府自我革命

进一步简政放权，于政府是一场自我革命。新一届政府以空前的力度和决心，将推进政府职能转变作为"开门要办"的第一件大事。

"我们要有壮士断腕的决心，言出必行，说到做到，绝不明放暗不放，避重就轻，更不能搞变相游戏。"2013 年 3 月 17 日，刚刚履新总理的李克强在会见两会中外记者时一番掷地有声的表态，让外界对新一届政府的机构改革和职能转变充满期待。

一、职能转变：新一届国务院工作开局的关键

2015 年 1 月 7 日，国务院 2015 年召开的第一次常务会议，再次将开年的"当头炮"轰向行政审批，直指"审批难"的沉疴，释放出继续简政放权的强烈信号。

在持续精简审批事项、突出解决"审批多"的问题后，本届政府2015 年国务院常务会议的首个议题，致力于从制度建设上破解"审批难"，无疑是政府自我革命的进一步深化。

此次会议确定了规范和改进行政审批行为的五项具体措施，包括推行"一口受理"模式，即承担行政审批职能的部门全面实行"一个窗口"对外统一受理。同时实施"限时办理"、"规范办理"、"透明办理"以及"网上办理"。这些举措对于提高行政效能，促进行政权力法治化，防止权力寻租，营造便利创业创新的营商环境，激发社会活力和创造力，具有重要意义。

而在一年前，国务院 2014 年的首次常务会议上，同样把简政放权作为改革"当头炮"。会议提出了深化行政审批制度改革的三项举措，包括

公开国务院各部门全部行政审批事项清单、清理并逐步取消各部门非行政许可审批事项、再取消和下放 70 项审批事项等，使简政放权成为持续的改革行动。

简政放权！继续简政放权！毫无疑问，简政放权成为本届政府工作的重中之重，成为全面深化改革的先手棋。

回顾过去两年来，简政放权的声音，余音绕耳，连绵不绝。

2013 年 3 月 17 日，李克强就任总理后在全国人大记者招待会上提出，本届政府要下决心把现有行政审批事项再削减 1/3 以上。

3 月 18 日国务院第一次常务会议，研究的主题就是加快推进机构改革，重点把政府职能转变的各项任务落到实处。

3 月 21 日举行的国务院第一次全体会议，也明确将转变政府职能、推进简政放权列为新一届政府开门要办的第一件事，明确提出要"把不该管的微观事项坚决放给市场、交给社会，该加强的宏观管理切实加强，做到事前审批要多放，事中事后监管问责要到位。"

此后的多次的国务院常务会议作出决定，取消和下放了一批又一批行政审批事项。尤其是作为全面深化改革开放元年的 2014 年，全年召开的 41 次国务院常务会议，有 21 次强调"简政放权"。

"简政放权是激发市场活力、调动社会创造力的利器，是减少权力寻租、铲除腐败的釜底抽薪之策。"2014 年 3 月，李克强总理在两会上会见中外记者时如是说。

早在 2001 年，国务院对全国行政审批制度改革作出全面部署后，当年底初步"摸家底"统计显示，各部门共清理出审批项目 4000 多项，其中经济管理事务和社会管理事务各约占一半。

在本届政府之前，十多年间国务院已先后六批取消和调整行政审批项目 2497 项，占原有总数的 69.3%。

2013 年 3 月，《国务院机构改革和职能转变方案》正式公布，以职能转变为核心的新一轮机构改革大幕开启。李克强总理承诺，"现在国务院各部门行政审批事项还有 1700 多项，本届政府下决心要再削减 1/3 以上"。

两年来，国务院以空前力度取消或调整行政审批项目，截至 2014 年底，已相继取消和下放九批共 798 项行政审批事项。

简政放权举措的背后，凝聚着新一届中央政府全面深化行政体制改革、推进国务院机构改革、转变政府职能的坚定决心。

【政策传真】近年第一次国务院常务会议主要内容

2015年第一次国务院常务会议

2015年1月7日，国务院总理李克强主持召开国务院常务会议，确定规范和改进行政审批的措施、提升政府公信力和执行力。

会议认为，针对群众反映较多的审批"沉疴"，着力规范和改进行政审批行为，治理"审批难"，是在不断取消和下放审批事项、解决"审批多"基础上，政府自我革命的进一步深化，是推进转变政府职能、简政放权、放管结合的关键一环，有利于提高行政效能，促进行政权力法治化，防止权力寻租，营造便利创业创新的营商环境，激发社会活力和创造力。

按照依法行政、公开公正、便民高效、严格问责的原则，会议提出了治理"审批难"的五项举措：

一是推行"一口受理"。承担行政审批职能的部门全面实行"一个窗口"对外统一受理，申请量大的要安排专门场所，对每一个审批事项都要编制服务指南，列明申请条件、基本流程、示范文本等，不让地方、企业和群众摸不清门、跑累了腿。

二是实行"限时办理"。建立受理单制度和办理时限承诺制，各部门受理申请要出具受理单，依法依规明确办结时限，不得以任何理由自行延长审批时限，防止审批事项久拖不决。探索对多部门审批事项实行一个部门牵头、其他部门协同的"一条龙"审批或并联审批，让审批提速。

三是严格"规范办理"。各部门要对承担的每项审批事项制定工作细则，明确审查内容、要点和标准等，严禁擅自抬高或降低审批门槛，避免随意裁量。

四是坚持"透明办理"。除涉及国家秘密、商业秘密或个人隐私外，所有审批的受理、进展、结果等信息都要公开。各部门要切实履行对申请人的告知义务，及时提供咨询服务。强化内部督查和社会监督，建立申请人评议制度。杜绝暗箱操作，给群众一个"明白"。

五是推进"网上办理"。各部门要积极推行网上预受理、预审查，加强国务院部门间、中央和地方间信息资源共享，尽可能让地方、企业减少为审批奔波，切实方便群众。用便捷、高效、透明的行政审批打造政府服务品牌。

点评：2015年第一次国务院常务会议的第一个议题，便是在持续精简审批事项、突出解决"审批多"问题后，提出五项举措，致力于从制度建设上破解"审批难"。

"你有再大的关系、再大的'实力'，也要和其他人一样，决不能绕过法律规定，破坏法治。"李克强总理在会议上说，好像多拖几天不办，就显得自己权力很大，其实没必要贪恋这个权力。"审批的过程完全可以加快，也应该加快。否则政府就跟不上时代的步伐，更称不上是现代政府。"

2014年第一次国务院常务会议

2014年1月8日，国务院总理李克强主持召开国务院常务会议，决定推出进一步深化行政审批制度改革三项措施。

会议指出，今年按照全面深化改革的要求，做好政府各项工作，要继续把简政放权作为"当头炮"，在公开透明上下功夫，在持续推进中增实效。

会议决定推出深化行政审批制度改革三项措施。

一是公开国务院各部门全部行政审批事项清单，推进进一步取消和下放，促进规范管理，接受社会监督，切实防止边减边增、明减暗增。除公开的事项外，各部门不得擅自新设行政审批事项。向审批事项的"负面清单"管理方向迈进，逐步做到审批清单之外的事项，均由市场主体依法自行决定。

二是清理并逐步取消各部门非行政许可审批事项。对面向公民、法人或其他组织的非行政许可审批事项原则上予以取消，确需保留的要通过法定程序调整为行政许可，其余一律废止。堵住"偏门"，消除审批管理中的"灰色地带"。今后也不得在法律法规之外设立面向社会公众的审批事项。同时，要改变管理方式，加强事中事后监管，切实做到"放"、"管"结合。

三是在去年分三批取消和下放行政审批事项的基础上，重点围绕生产经营领域，再取消和下放包括省际普通货物水路运输许可、基础电信和跨地区增值电信业务经营许可证备案核准、利用网络实施远程高等学历教育的网校审批、保险从业人员资格核准和会计从业资格认定等70项审批事项，使简政放权成为持续的改革行动。

点评：此次行政审批制度改革，是继2013年分三批取消和下放行政审批事项后，中央对简政放权的进一步推进。在打造服务型政府的过程中，简政放权始终是先锋军，它既意味着政府权力职能的回归，也是促使社会治理朝着良性方向努力的保障。

国务院的新年"第一炮"让所有人感受到了中央改革攻坚的决心，相信在释放系列改革红利的激发之下，市场和社会活力必将助推中国经济成功实现转型升级。

2013年第一次国务院常务会议

2013年3月18日，国务院总理李克强主持召开新一届国务院第一次常务会议，研究加快推进机构改革，重点是抓紧把政府职能转变的各项任务落到实处。

根据十二届全国人大一次会议批准的《国务院机构改革和职能转变方案》，会议讨论通过国务院直属机构和单位的设置；批准组建国家食品药品监督管理总局、国家新闻出版广电总局、国家铁路局，重新组建国家海洋局、国家能源局。

会议研究确定实施《国务院机构改革和职能转变方案》的任务分工，将《方案》内容分解细化为72项任务，逐项明确了责任部门和完成时限。

根据会议，2013 年要扎实推进一系列简政放权改革，包括：

减少和下放一批投资审批事项，对确需审批、核准、备案的项目，要简化程序，限时办结。发布新修订的政府核准投资项目目录；

取消和下放一批生产经营活动和产品物品的许可事项，取消一批对各类机构及其活动的认定等非许可审批事项，取消一批资质资格许可事项；

除法律、行政法规或国务院有明确规定的外，取消达标、评比、评估和相关检查活动；

减少、合并一批财政专项转移支付项目，下放一批适合地方管理的专项转移支付项目；

提出将注册资本实缴登记制改为认缴登记制等放宽工商登记条件的方案；

取消一批行政事业性收费和政府性基金项目等。

会议强调，政府职能转变是深化行政体制改革的核心，也是发展市场经济、法治经济的保障。要把职能转变作为新一届国务院工作开局的关键，把减少行政审批作为职能转变的突破口。大幅减少和下放行政审批事项，真正向市场放权，发挥社会力量作用，减少对微观事务的干预，激发经济社会发展活力，从根本上遏制行政审批边减边增问题，严格事中事后监管，管住管好政府该管的事。同时，改善和加强宏观管理，把更多精力集中到事关长远和全局的重大事项上来，提高政府管理科学化水平。

二、新一轮国务院机构改革

2013 年 3 月 17 日早晨，路过北京复兴路 10 号原铁道部的人们发现，"中国铁路总公司"的牌子已悄然换上。挂了 64 年的"中华人民共和国铁道部"的牌子将被送入中国铁道博物馆。

同一天，在北京市西城区西直门外南路 1 号，悬挂多年的"卫生部"牌子也被摘下，取而代之的新牌子上写着"国家卫生和计划生育委员会"。

其他涉及机构改革的部门也将陆续挂出新牌。

牌子更换的背后，是中国在全面深化改革大背景下推进的新一轮政府机构改革。这一轮机构的更替，更加凸显了新形势下政府职能的转变。

2013 年 3 月 14 日，十二届全国人大一次会议经过表决，批准了《国务院机构改革和职能转变方案》。这是自 1982 年以来第七次国务院机构改革方案，也开启了新一轮"大部制"改革的大幕。

与历次机构改革相比，这次国务院机构改革方案的标题中加了"职能转变"四个字，更加突出职能转变正是此轮改革的重点和亮点。

此次改革以职能转变为核心，分为推进机构改革和转变政府职能两部分，通过完善制度机制，提高行政效能，加快完善社会主义市场经济体制，为全面建成小康社会提供制度保障。

党的十八大提出要加快完善社会主义市场经济体制，党的十七届二中全会提出到 2020 年建立起比较完善的中国特色社会主义行政管理体制。面对改革重任，必须站在全局高度，以更大的政治勇气和智慧，凝聚力量，攻坚克难，不失时机地推进国务院机构改革和职能转变。

（一）新一轮"大部制"改革拉开大幕

1. 推进"大部门制"改革

《国务院机构改革和职能转变方案》最引人关注的是新一轮政府机构改革。

此次国务院机构改革，重点围绕转变职能和理顺职责关系，稳步推进大部门制改革，实行铁路政企分开，整合加强卫生和计划生育、食品药品、新闻出版和广播电影电视、海洋、能源管理机构。

——实行铁路政企分开。将铁道部拟订铁路发展规划和政策的行政职责划入交通运输部；组建国家铁路局，由交通运输部管理，承担铁道部的其他行政职责；组建中国铁路总公司，承担铁道部的企业职责；不再保留铁道部。

——组建国家卫生和计划生育委员会。将国家人口和计划生育委员会的研究拟订人口发展战略、规划及人口政策职责划入国家发展和改革委员会；国家中医药管理局由国家卫生和计划生育委员会管理；不再保留卫生部、国家人口和计划生育委员会。

——组建国家食品药品监督管理总局。保留国务院食品安全委员会，具体工作由国家食品药品监督管理总局承担；不再保留国家食品药品监督管理局和单设的国务院食品安全委员会办公室。

——组建国家新闻出版广播电影电视总局。不再保留国家广播电影电视总局、国家新闻出版总署。

——重新组建国家海洋局。国家海洋局以中国海警局名义开展海上维权执法，接受公安部业务指导；设立高层次议事协调机构国家海洋委员会，国家海洋委员会的具体工作由国家海洋局承担。

——重新组建国家能源局。将现国家能源局、国家电力监管委员会的职责整合，重新组建国家能源局，由国家发展和改革委员会管理；不再保留国家电力监管委员会。

经此改革，国务院正部级机构减少4个，其中组成部门减少2个，副部级机构增减相抵数量不变。改革后，除国务院办公厅外，国务院设置组成部门25个：中华人民共和国外交部、中华人民共和国国防部、中华人民共和国国家发展和改革委员会、中华人民共和国教育部、中华人民共和国科学技术部、中华人民共和国工业和信息化部、中华人民共和国国家民族事务委员会、中华人民共和国公安部、中华人民共和国国家安全部、中华人民共和国监察部、中华人民共和国民政部、中华人民共和国司法部、中华人民共和国财政部、中华人民共和国人力资源和社会保障部、中华人民共和国国土资源部、中华人民共和国环境保护部、中华人民共和国住房和城乡建设部、中华人民共和国交通运输部、中华人民共和国水利部、中华人民共和国农业部、中华人民共和国商务部、中华人民共和国文化部、中华人民共和国国家卫生和计划生育委员会、中国人民银行、中华人民共和国审计署。

2.政府职能转变——深化行政体制改革的核心

机构是职能的载体，如果职能不转变，仅仅调整机构，达不到改革所希望的效果。

转变国务院机构职能，必须处理好政府与市场、政府与社会、中央与地方的关系，深化行政审批制度改革，减少微观事务管理，以充分发挥市场在资源配置中的决定性作用、更好发挥社会力量在管理社会事务中的作用、充分发挥中央和地方两个积极性。

《国务院机构改革和职能转变方案》，提出了十项加快转变政府职能的改革举措。

一是减少和下放投资审批事项；二是减少和下放生产经营活动审批事项；三是减少资质资格许可和认定；四是减少专项转移支付和收费；五是减少部门职责交叉和分散；六是改革工商登记制度；七是改革社会组织管理制度；八是改善和加强宏观管理；九是加强基础性制度建设；十是加强依法行政。

这十项举措背后，针对国务院机构职能存在的突出问题，从六个方面明确了职能转变的方向、原则和重点。

一是充分发挥市场在资源配置中的基础性作用，通过减少投资项目审批、减少生产经营活动审批事项、减少资质资格许可、减少行政事业性收费、逐步改革工商登记制度等，从体制机制上最大限度地给各类市场主体松绑，激发企业和个人创业的积极性。

二是更好发挥社会力量在管理社会事务中的作用，通过逐步推进行业协会商会与行政机关脱钩，重点培育、优先发展行业协会商会类、科技类、公益慈善类、城乡社区服务类社会组织，建立健全统一登记、各司其职、协调配合、分级负责、依法监管的社会组织管理体制等措施，加快形成政社分开、权责明确、依法自治的现代社会组织体制。

三是充分发挥中央和地方两个积极性，通过下放投资审批事项、下放生产经营活动审批事项、减少专项转移支付等措施，更好地发挥地方政府贴近基层、就近管理的优势。

四是优化职能配置，提出三个方面的整合重点，包括整合房屋登记、林地登记、草原登记、土地登记的职责，整合城镇职工基本医疗保险、城镇居民基本医疗保险、新型农村合作医疗的职责等，分别由一个部门承担；整合业务相同或相近的检验、检测、认证机构；整合建立统一规范的公共资源交易平台、信用信息平台等。

五是改善和加强宏观管理，包括强化发展规划制订、经济发展趋势研判、制度机制设计、全局性事项统筹管理、体制改革统筹协调等职能；加强社会管理能力建设，创新社会管理方式；国务院各部门加强自身改革，大力推进本系统改革。

六是加强制度建设和依法行政。其中，通过建立不动产统一登记制度、建立以公民身份证号码和组织机构代码为基础的统一社会信用代码制度等措施，加强基础性制度建设；通过完善依法行政的制度、健全科学民主依法决策机制、建立决策评估和纠错制度、严格依照法定权限和程序履行职责、建立健全各项监督制度等措施，加强依法行政。

（二）"壮士断腕"般的"自我革命"

政府职能转变是我国行政管理体制改革的核心任务，贯穿于改革开放和现代化建设的全过程。而转变职能，就是要明确政府的定位，处理好政府与市场、社会的关系，把该放的权坚决放开，把该管的事管住管好。在这一过程中，简政放权是重要前提。

自 2001 年全面启动行政审批制度改革以来，国务院已先后推出六轮行政审批制度改革，共取消和下放 2497 项审批项目，在政府简政放权上迈出重要一步。

但总体看，政府对微观经济活动直接干预仍显过多，投资体制和财税体制改革之后，行政审批事项仍然较多，一些领域的审批事项程序繁琐、办事效率低下，还存在变相设置审批事项的现象。

新一届政府成立以来，国务院分期分批取消多项审批审核，一个个时间关节点背后，犹如"风暴"般的简政放权改革举措，彰显新一届政府的改革决心。

——2013 年 3 月 14 日，十二届全国人大一次会议经过表决，批准了《国务院机构改革和职能转变方案》，提出了转变政府职能的十项举措。

——2013 年 3 月 18 日，国务院总理李克强主持召开新一届国务院第一次常务会议，研究加快推进机构改革，提出了减少和下放一批投资审批事项、发布新修订的政府核准投资项目目录等一系列简政放权改革举措。

——2013 年 3 月 21 日举行的国务院第一次全体会议，明确将转变政府职能、推进简政放权列为新一届政府开门要办的第一件事，明确提出要"把不该管的微观事项坚决放给市场、交给社会，该加强的宏观管理切实加强，做到事前审批要多放，事中事后监管问责要到位。"

——2013 年 4 月 24 日，国务院召开常务会议，决定取消和下放 71 项行政审批事项。

——2013 年 5 月 6 日，国务院常务会议，决定取消和下放 62 项行政审批事项。

——2013 年 5 月 15 日，国务院发布《国务院关于取消和下放一批行政审批项目等事项的决定》，决定取消和下放行政审批项目 117 项，其中取消行政审批项目 71 项，下放管理层级行政审批项目 20 项，取消评比达标表彰项目 10 项，取消行政事业性收费项目 3 项，取消或下放管理层级的机关内部事项和涉密事项 13 项。另有 16 项拟取消或下放的行政审批项目，是依照有关法律设立的，国务院将依照法定程序提请全国人大常委会修订有关法律规定。这是本届政府第一批取消和下放行政审批等事项。

——2013 年 7 月，国务院公布《国务院关于取消和下放 50 项行政审批项目等事项的决定》。

——2013 年 11 月，国务院公布《国务院关于取消和下放一批行政审批项目的决定》。

——2013 年 12 月，国务院决定再取消和下放 68 项行政审批项目，并公布 82 项取消和下放管理层级的行政审批项目目录，包括此前涉及法律的 16 项行政审批项目。被取消的行政审批项目包括煤炭生产许可证核发、设立煤炭经营企业审批、民办学校聘任校长核准等。另外建议取消和下放 7 项依照有关法律设立的行政审批项目，将依照法定程序提请全国人大常委会修订有关法律。

——2014 年 1 月 8 日，国务院 2014 年首次常务会议上，提出了深化行政审批制度改革的三项举措，包括公开国务院各部门全部行政审批事项清单、清理并逐步取消各部门非行政许可审批事项、再取消和下放 70 项审批事项等，使简政放权成为持续的改革行动。

——2014 年 2 月，国务院印发《国务院关于取消和下放一批行政审批项目的决定》，再次取消和下放 64 项行政审批事项和 18 个子项。此次取消和下放的行政审批事项共涉及 24 个部门，其中涉及项目较多的有工业和信息化部、国土资源部和民航局等部门。下放项目突出生产经营领域，并进一步扩大受益面，如把企业主体设立、生产许可、经营范围、资本和资产处置等与企业发展息息相关的审批事项作为取消和下放的重点。此外，国务院建议取消和下放 6 项依照有关法律设立的行政审批项目，将依照法定程序提请全国人大常委会修订有关法律。

——2014 年 8 月，国务院再次印发《关于取消和调整一批行政审批项目等事项的决定》，再次取消和下放 45 项行政审批事项，取消 11 项职业资格许可和认定事项，将 31 项工商登记前置审批事项改为后置审批。此次取消和下放的行政审批事项中，关系投资创业创新就业等经济社会发展的约 30 项，占 2/3，如"享受小型微利企业所得税优惠的核准"、"跨省、自治区、直辖市销售的矿泉水的注册登记"等。涉及社会组织、事业单位业务活动的约 10 项，占 20%，如"高等学校博士学科点专项科研基金审批"等。涉及企业资质的约 5 项，占 10%，如"设立互联网域名注册服务机构审批"、"无线电设备发射特性核准检测机构认定"等。

——2014 年 11 月，国务院再次印发《关于取消和调整一批行政审批项目等事项的决定》，决定取消和下放 58 项行政审批项目，取消 67 项职业资格许可和认定事项，取消 19 项评比达标表彰项目，将 82 项工商登记前置审批事项调整或明确为后置审批。另建议取消和下放 32 项依据有关法律设立的行政审批和职业资格许可认定事项，将 7 项依据有关法律设立的工商登记前置审批事项改为后置审批，国务院将依照法定程序提请全国人大常委会修订相关法律规定。

三、上下联动，做好政府改革这篇大文章

（一）做好政府改革整篇文章

如果说中央政府改革是上篇，地方政府改革就是下篇，需要整体构思、通盘考虑、上下贯通，把政府改革的整篇文章做好。

我国地域辽阔，地区之间经济社会发展不平衡，国务院主管得过多过

细，既管不了管不好，又不利于地方因地制宜主动开展工作。

《国务院机构改革和职能转变方案》强调，改革要充分发挥中央和地方两个积极性：

——下放投资审批事项，对已列入国家有关规划需要审批的项目，除特定情况和需要总量控制的外，在按行政审批制度改革原则减少审批后，一律由地方政府审批；对国家扶持地方的一些项目，国务院部门只确定投资方向、原则和标准，具体由地方政府安排。地方也要大幅度减少投资项目审批，进一步优化投资环境。

——下放生产经营活动审批事项。凡直接面向基层、量大面广或由地方实施更方便有效的生产经营活动审批，一律下放地方。

——减少专项转移支付，大幅度减少、合并中央对地方专项转移支付项目，增加一般性转移支付规模和比例，将适合地方管理的专项转移支付项目审批和资金分配工作下放地方，为地方政府更好地履行职能提供财力保障。

"要调动中央和地方两个积极性，发挥地方政府贴近基层的优势，把由地方实施更有效的审批事项，坚决下放给地方。"2013年5月13日，李克强总理在国务院机构职能转变动员电视电话会议上说，改革不仅要取消和下放权力，还要创新和改善政府管理，管住管好该管的事。"放和管两者齐头并进。"

相对于中央层面的改革，地方政府改革无疑是整个政府改革中的大头。地方政府直接与企业接触，直接联系人民群众，市场主体和人民群众的权益也主要通过地方政府去实现、维护和发展。我国90%以上的公务员、85%左右的财政最终支出在地方。尤其是基层政府，属于我们通常讲的"最后一公里"。

地方政府职能转变如何重点抓好"接、放、管"？地方机构改革如何重点搞好"控、调、改"？如何避免出现"一放就乱、一管就死"的怪圈？

针对这些改革的难点和挑战，2013年8月27日召开的中共中央政治局会议审议通过了《关于地方政府职能转变和机构改革的意见》。随后于2013年11月召开的地方政府职能转变和机构改革工作电视电话会议上，李克强总理又对地方改革进行了全面部署。

许多企业家认为，中央政府下放了许多权力，下一步还要看地方，如果地方政府改革不及时跟进，简政放权的效果就会大打折扣。对此，李克强总理说："中央政府下了决心，真正做到位，树立起标杆，地方政府就一定会按中央的要求去做。"

"在当前情况下，要稳增长，简政放权是一个极为重要的手段。"李克强总理说，如果上动下不动，头转身不转，政府职能转变和机构改革就可能变成"假改"、"虚晃一枪"。

事实上，尽管一段时间以来各地新一轮简政放权取得积极成效，但受地方和部门利益影响，也出现了一些"错放、空放、乱放"等现象。有的只下放复杂的、管理责任大的，"含金量"较高的仍然留在手中；有的放权有水分，动辄上百项，但"干货"不多。

"上下同欲者胜。"李克强指出，国务院的改革方案把"职能转变"放进了标题，此次地方政府改革意见又把"职能转变"放到"机构改革"前面，就是为了突出强调职能转变。

他表示，政府改革的核心是职能转变，职能不转变，机构改革也达不到目的。地方政府职能转变要重点抓好"接、放、管"。

接，就是把中央放给市场的权力接转放开，把中央下放给地方的职能接好管好。中央明令取消的审批事项，要不折不扣地放给市场、放给社会，地方不能变相保留。

放，就是把本该放的权力切实放下去、放到位。要最大限度地取消地方行政审批事项。省级政府对现有的审批事项要严格清理，该取消和下放的坚决取消下放。而且不光要看数量，还要看质量。

管，就是把地方该管的事情管起来、管到位。要加强地方政府管理服务职能。放和管是两个轮子，只有同时转起来，政府改革才能顺利推进。

"善政必简"。对于地方政府机构改革，李克强也提出了"控、调、改"的要求。

控，就是严格控制机构编制总量。改革要把握住两条硬杠杠：一是对地方政府机构设置实行总额限制，控制政府规模。二是确保财政供养人员只减不增。

"这是本届政府向全社会的承诺，难度虽大，但我们要言必信、行必果。"李克强说，现在机构编制总量已经很大，叠床架屋，效率低下，甚至滋生腐败，影响政府形象，也影响努力工作的公务人员的积极性，最终损害的是人民群众利益。

调，就是调整优化机构编制结构。现在机构编制不是总量不够，而是结构不合理，机构编制资源没有配置好。一方面，需要加强的重点领域和关键环节，有的人手不够，该管的甚至没人管；另一方面，已经弱化的领域，机构编制没有及时减下来，造成人浮于事。

"在严控总量的情况下，调整优化机关和事业单位机构编制结构，潜力很大。"李克强说，现在有些机关上面很大、下面很细，成了鸵鸟。各地要下决心，该加强的加强，该弱化的弱化，特别要加强基层、加强一线，把上级机关"瘦身"与基层一线"强身"统筹考虑，把编制结构调整好。

改，就是通过深化改革推动机构编制释放潜力。严控机构编制总量、调整结构，根本上还是要靠深化改革、创新管理。

"从多年经验看，不改革、不创新，就很难跳出'精简—膨胀—再精简—再膨胀'的怪圈。"李克强说，近年来一些地方在推进机构改革上进行了积极有效的探索。各地要继续大胆探索，及时总结经验加以推广。中央各部门不得以任何形式干预地方机构设置和编制调整。

"地方政府改革是一场自我革命，涉及面广、触及利益深。"李克强表示，各地要按照中央的统一部署，把这项改革作为一项重要工作。要民意为先、舍利为公，敢啃"硬骨头"，义无反顾、一抓到底。

（二）国务院督查背后的施政新风

再好的政策，如果不能及时落地，无异于"放空炮"。

在大刀阔斧出台一系列改革措施的同时，新一届政府更是下定决心要树立言必信、行必果的施政新风，兑现新一届政府向人民作出的"说到做到，不放空炮"的庄严承诺。

2014 年 6 月 7 日，《国务院关于对稳增长促改革调结构惠民生政策措施落实情况开展全面督查的通知》，以国发明电〔2014〕1 号发布，国务院决定派出督查组，围绕"稳增长、促改革、调结构、惠民生"政策措施落实情况，以"取消和下放行政审批事项"等19个热点议题为重点，开展全面督查。这是新一届政府成立以来，国务院对所作决策部署和出台政策措施落实情况开展的第一次全面督查。

"对国务院作出的决定要不折不扣地执行，政府要说到做到，不然就不说，说了就要做，做就必须到位，不能'放空炮'。"这是国务院总理李克强多次作出的重要批示，对于"抓落实"，总理的态度鲜明而坚决！

从6月25日至7月5日，10天时间，国务院派出八路督查组马不停蹄深入27个中央部委和16个地方省市督查。规模之大空前，规格之高空前，没有人敢掉以轻心。

国务院督查组并非史无前例。针对不同主题，国务院每年都会从相关部委抽调人员组成督查组赴各地调研。可较之以往，此次督查无论从规模、主题范围还是组成人员级别，均为近年来罕见。

此次督查的8个组，前4组由4名国务院副秘书长任组长，负责督查国务院有关部门和单位；后4组由4名正部级干部任组长，负责督查部分省区市。

第一督查组由国务院副秘书长丁向阳担任组长，负责督查国家发改委、财政部、国土资源部、环境保护部、住房城乡建设部和国家税务总局；

第二督查组由国务院副秘书长肖亚庆担任组长，负责督查工信部、交通运输部、人民银行、国资委、银监会、中国铁路总公司和国家开发银行；

第三督查组由国务院副秘书长江小涓担任组长，负责督查教育部、科技部、民政部、人力资源社会保障部、文化部、卫生计生委和保监会；

第四督查组由国务院副秘书长毕井泉担任组长，负责督查水利部、农业部、商务部、海关总署、工商总局、质检总局和国务院扶贫办；

第五督查组由国家发改委主任徐绍史和国土资源部部长姜大明分别担任组长，负责督查上海、江苏、浙江和山东；

第六督查组由交通运输部部长杨传堂担任组长，负责督查北京、河北、辽宁和黑龙江；

第七督查组由水利部部长陈雷担任组长，负责督查河南、湖北、湖南和陕西；

第八督查组由审计署审计长刘家义担任组长，负责督查广东、广西、重庆和四川。

各督查组主要成员还包括一名副部级副组长，以及从国务院有关部门抽调的司局级干部。

同时，由中央编办副主任何建中牵头，组成行政审批制度改革专项督查小组，随同国务院督查组开展专项督查。

与以往的专项督查不同，这次督查除了各部门各地的"自查与实地检查"，还首次引入了第三方评估和社会评价，中央主要媒体的宣传和舆论监督也成为一项重要的督查方式。

发现问题，推动整改，是此次督查的核心目标。无论在中央部委还是地方县市，督查组的提问都力求以问题导向切入，提问一针见血。

"土地审批时限30天，为何有2010年申报的项目还没有通过审批，是不是审批进度太慢了？"

"创业就业税收政策实施了三年，究竟有多少人受益？减了多少税？"

"今年8000亿元铁路固定资产投资计划已经完成了多少？项目进展如何？"

……

深化改革离不开狠抓落实。在督查中，各方面围绕改革提出的有效建议，也引发督查组共鸣，为更好深化改革寻找良策。

督查期间，不少企业反映，前置审批环节太多、程序繁琐影响了项目进展。国家发改委投资司副司长张明伦在与督查组座谈时说，企业在向项目核准机关申请核准前，必须按照规定先向有关部门申请办理的前置条件共涉及9个方面、30多项。

"以西气东输二线管道工程为例，沿线14个省区市及所辖70多个地级市、196个县的各类前置审批文件多达1000多件，历时4年完成。以相对情况简单的火电项目为例，各类前置审批涉及的各级行政管理部门数十个，审批时间一般需要2年左右。"他说。

环保部人事司副司长任勇则建议改革的突破口应盯在理顺各政府职能

分工上。

"环保局不下海，海洋局不上岸。"任勇说，与生态环保相关的53项政府职能中，属于环保部的职能只有21项，60%以上在其他部门。深化改革，必须从根本上理顺体制，将职能划分清楚，这也是改革最难解决的问题。

督查对部门和地方加快改革形成倒逼力量。针对督查组反映的简政放权问题，7月13日，住建部党组专门召开会议研究，决定将所有涉及人员资格的审批项目，全部转由行业协会自律管理。

针对企业反映的部门间不够协调，当前行政审批路径长、节点多、耗时久等问题，第一督查组提出要抓紧建立政府审批信息平台，变"多头受理、串联审批、封闭运行"为"一口准入、并联审批、阳光运行"，争取今明两年取得实质性进展。

对此，国家发改委已经推出了境外投资网上报备系统，同时正在选取9个司局作为示范，推进网上审批及权力运行监督系统建设，积极探索审批电子化阳光化。2014年底，国家发改委政务服务大厅投入运行，作为我国行政审批权最集中的部门之一，国家发改委也开始有了对社会公众开放的办事窗口。

针对精简政府管理事务问题，比如在价格管理领域，督查组建议应当取消一批，下放一批，调整一批价格管理事项。

国家发改委随后也发出通知，决定放开15项专业服务收费标准，实行市场调节价，政府不再直接管理价格。这是其继2014年陆续放开全部电信资费，淮池铁路货运价格，医保目录内的低价药品，非公立医院医疗服务价格等后，推出的又一举措。

此次国务院督查还有一人亮点是首次引入第三方评估。这是政府管理方式的重大创新，体现了政府更加开放、乐于接受监督的胸怀。让专业部门评估政府工作，用群众的眼睛监督政府，有助于避免政府在自我评价体系中既当运动员又当裁判员。

从6月到8月中旬，受邀的四家机构——全国工商联、国务院发展研究中心、国家行政学院、中国科学院深入中央部门和各地展开了调研评估。

在过去 10 年已取消下放 2000 多项行政审批事项后，国家行政学院报告形容此轮改革从一开始就进入深水区："这就像跳高，到了一定高度后，再增加一厘米，跨越难度都成倍增加，突破价值也越大。"剖析报告中的各种问题，有的是政府部门出于自身利益难以提出的，有的是政府碍于种种关系不好意思说出的，还有的是上下执行中各部门或各地方自身难以解决的……

抓铁务必有痕。国务院常务会议强调，对发现的问题，相关部门要落实责任，抓紧整改，使政策落实成为一场"接力赛"，确保"抵达终点"，让群众得到更多实惠。而对第三方评估本身，要建立长效机制还需要多方面摸索实践，积累经验。

督查作为一种推动政策措施落实的有效手段，并不只是昙花一现，国务院常务会议明确提出，未来要在建立督查长效机制上用心下力。

事实上，第一次全面督查之后，中央督查组密集奔赴部委和地方的行动显示全面督查正成为一种常态。

2014 年 10 月下旬至 11 月上旬期间，国办派出 4 个回访督促调研组，对河北、辽宁等 8 省份，国家发改委、财政部等 10 部委进行回访；

2014 年 11 月 28 日至 12 月 5 日，中办、国办联合派出 8 个督查组分赴全国 16 个省份，就十八大以来党中央、国务院重大决策部署贯彻落实情况进行督查调研。

2015 年 1 月 5 日，中办、国办联合督查调研动员会在京召开，决定对 2014 年贯彻执行中央八项规定精神情况开展一次全面督查调研。中办、国办联合派出 12 个督查调研组赴 16 个省区市、6 个中央和国家机关、6 个中央企业和中管金融企业开展督查调研，这也是 2015 年中央首次全面大督查。

国家行政学院教授汪玉凯表示，通过反复督查能够不断发现政策执行中的问题，以矫正政策落实中的不当行为，并使地方认识到发展中的问题，进行修正以促进经济发展。同时，也有利于高层切实掌握信息，了解政策出台后的成效与问题，进一步完善政策。

当前，全面深化改革已到啃"硬骨头"的攻坚期和深水区，透过一次次中央全面大督查，全国上下深化改革的共识得到进一步凝聚，对阻碍政策落实的体制机制障碍有更清楚的认识,也有助于全国上下凝聚一心共下一盘棋,在深化改革开局之年实现开门红。

【链接】李克强斥繁琐审批:
上面"多头多脑",下面就会"昏头昏脑"

"我到地方调研时感到,现在有些审批,上面'多头多脑',下面就会'昏头昏脑'。地方的同志根本不知道为什么这些部门也来审批,都被搞'晕'了!"6日的国务院常务会议上,李克强说。

当天的常务会议,部署改革政府投资管理方式和转变职能,便利投资创业、规范市场秩序。李克强说,建立部门和地方协同联动的投资项目审批监管制度,是推进简政放权、放管结合的重要举措,可使政府管理更加规范和高效。

他说:"改革最关键的,就是通过不断完善体制机制,把政府和市场关系真正理顺。"

多交点钱就走"绿色通道",就能保证符合标准了?这是权力寻租啊

今年1月5日,李克强在广东自贸区南沙片区考察时,当地负责人向总理展示了一张长达4米、全流程耗时近800天的投资项目审批流程图。

"那个流程图,我看得都头疼啊!不光中央政府的前置审批,市一级、县一级也都有很多前置审批,而且没有时间限制。"在6日的常务会议上,李克强重提这张"万里审批图"时说,"广东通过简政放权改革,已经让审批时间缩短了80%,但其中有几个项目仍然审批时间太长,甚至有的要近一年。"

李克强说,到基层调研时,各方反映问题突出的,是日前在投资创业过程中,前置审批太多、时间太长。"想加快速度?也行,走'绿色通道'!但要打通'私人关系',或者干脆要加钱!"讲到这里,李克强明显加重了语气，"我就不明白，多交点钱走'绿色通道'，就能保证符合标准了？这是权力寻租啊！"

他强调，改革政府投资管理方式和转变职能，需要建立一个协同监管的"机制"，不仅要保证各项前置审批合理、合法，更要确保监管到位，不产生漏洞。

投资项目要抓紧时间按类别划分清楚，没关系的部门就别"掺和"了

李克强突出强调，要在文件中加上"审批限时办结"的相关规定。

"我前几天听说，一个项目压在某个部门没批下来，可这个部门跟这个项目压根没多大关系！"总理说，"投资项目要抓紧时间按类别划分清楚，没关系的部门就别'掺和'了！一会儿说时间不够、人手不够，一会儿又什么事都要'掺和'，没关系也要进，这些问题都要一清到底！"

李克强强调，当前，各部门首先要把自己的事办好，守好自己的一亩三分地。他说："我到地方调研时感到，现在有些审批，上面'多头多脑'，下面就会'昏头昏脑'。地方同志根本不知道为什么这些部门也要审批，都被搞'晕'了！"

他要求，要实施项目审批限时办结、建设进度信息在线备案、监管结果年度报告制度。

"什么项目需要多长时间都要列清楚，使之成为各地规章的'硬性要求'！"总理说，"不符合规定就打回去，符合规定就抓紧通过，别拖着。要让市场主体清楚自己的成本预期！"

李克强说，文件"写"得不错，但怎么"做"更关键。便利投资创业、规范市场秩序，既简化流程，又激发市场活力；既稳当前，更利长远。

他说："改革最关键的，就是通过完善体制机制，把政府和市场的关系真正理顺。"（肖楠，2015年2月6日）

四、来自地方行政审批改革一线的报告

过去两年来，面对中央一次次取消和下放 200 多项行政审批事项的改革部署，全国各地简政放权成为各级政府转变政府职能、深化行政体制改革的"重头戏"，一系列为企业创业松绑的改革探索，有效激发了社会投资创业热情，各地市场主体登记量均呈"井喷"增长态势。

2014 年 12 月 1 日 10 时许，在辽宁省沈阳市铁西区政务服务中心，省政府副秘书长郭富春将全省首张"三证合一"执照交到沈阳地铁兴华地下商业街开发有限公司负责人宋林林手中，标志着辽宁省领先全国开展的"三证合一"登记制度正式拉开序幕。

"三证合一"，意味着企业办理执照只需要申报一套材料，在一个窗口办理，为企业简化了手续，节省了时间，降低了办理成本。这是继 2014 年初辽宁在全国率先启动工商登记制度改革后，又一改革创新之举。

在工业大省河北，继 2014 年 8 月将 31 项工商登记前置审批事项改为后置审批后，从 12 月起又将 82 项工商登记前置审批事项调整或明确为后置审批，涉及经济、文化、卫生等诸多领域，至此该省大部分企业工商登记前置审批已取消。

东部沿海江苏省，2014 年下半年提出了"建立 5 张清单，1 个平台，7 项相关改革"为主要内容的简政放权一揽子改革，目前该省行政审批事项已由改革初期的 889 项，减少到 375 项，削减量已占原审批事项总量近六成。

从 2014 年 12 月 10 日起，江苏省政府 56 个部门的责任清单也正式公布，其中明确规定了政府部门必须承担哪些责任，必须做哪些事情，划清每个部门的"职责边界"。江苏也成为继浙江、安徽后第三个建立责任清单的省份。

"省政府各部门不再保留'非行政许可审批'这一类别，堵住了'偏门'，消除了审批管理中的'灰色地带'。"江苏省编办副主任周家新说。

政府部门掌握的审批权限过大，容易导致违法违纪腐败现象。陕西省渭南市住建局原科级干部侯福才利用职权向企业索贿五千多万元，"小官

大贪"现象引发广泛关注。从 2014 年 7 月起，渭南市向社会公布了市级部门的行政审批事项目录。

"以前局里到底有多少项行政审批项目，我们也很难说清。一些业务虽然有时限要求，但实际效率低下、经常拖沓，甚至存在干部'吃拿卡要'现象，群众意见非常大。"渭南市住建局局长简录民坦言，建立"权力清单"，将权力放进了"透明玻璃瓶"中，让群众看得见、摸得着、监督得了，消除了权力的寻租空间。

全面深化改革，简政放权转变政府职能，对各级政府是一场"大考"。面对改革重任，各地正在不断创新探索，但要啃下这块硬骨头，政府真正能"革自己的命"勇于自我削权，尚需拿出更大的改革力度和决心，进一步提升政府治理能力，发挥全社会的智慧，从而更多释放改革红利，推动中国经济行稳致远。

【链接】109 枚公章进了国家博物馆

2014 年 11 月 15 日，109 枚公章被国家博物馆收藏，成为中国当代改革开放史上，政府简政放权的历史见证。

从出生到死亡，从入学到入伍……公章在公众的生活中无处不在。作为权力和审批的象征，公章已经成为公权力深入掌控社会、经济领域的符号。

2014年11月15日下午，一辆黑色轿车，从天津市滨海新区行政审批局的办公楼出发，载着109枚已经废弃的公章，驶入了天安门东侧的中国国家博物馆。

"这些公章是政府简政放权的生动见证，也是中国当代改革开放史的重要文物。"国家博物馆党委书记、副馆长黄振春专程赶到天津接收这些公章。

这109枚公章从外形上看并无特别之处，很多已使用多年。它们都被封存在一个长方形的透明玻璃箱子里，上面贴着一张白色的封条。

为这些公章贴上封条的人是滨海新区行政审批局局长张铁军，而见证这一封章过程的人，则是国务院总理李克强。

时间回到2个月前，那天是9月11日，李克强赴天津考察调研，其中一站正是滨海新区行政审批局的办事大厅。

2014年5月，滨海新区成立了全国首个"行政审批局"，将分散在18个不同单位的216项审批职责归并到一个部门，由1枚公章取代了109枚公章。

在服务大厅里，李克强走到这些被摆放在透明箱子里的旧公章前，仔细向滨海新区行政审批局局长张铁军询问了这项改革到底有哪些效果，能为老百姓减少多少办事成本。

看到简政放权后1枚公章取代过去109枚公章的权限，李克强拿起1枚作废公章说，这章做得多结实啊，不知曾经束缚了多少人！在他的见证下，109枚公章被永久封存。总理特别叮嘱，这些公章一旦封存绝不能再打开，要让它们彻底成为历史。

李克强赴滨海新区行政审批局的行程，再一次彰显出他大力削减审批权力换取改革红利的决心。在见证封章的前一天，他出席在天津举办的第八届夏季达沃斯论坛，向多国元首和政府首脑承诺，中国要继续深化行政管理体制改革，力争用更短的时间完成取消和下放行政审批事项的5年任务。

李克强总理离开后不久,天津市滨海新区行政审批局办公室主任匡令凡便接到国家博物馆的一个电话。对方提出想要收藏他们"革命"掉的109枚废弃公章,并表示,有意将这些公章纳入国家博物馆的"复兴之路"展览。

将废弃的审批公章从政府机关"革"进国家博物馆,并没有花费太大的周章,但拿掉政府部门冗余的审批权力,却绝非这么简单。

近些年来,企业、百姓被"一枚公章"所困的事例时时发生。很多时候,不是不能办,而是不愿办——公章的橡皮里边,有些油水、更能养人。

审批体制改革就是要打破——"公章四面围城、审批长途旅行"。2014年5月20日,天津探索在滨海新区成立我国首个行政审批局,原先分散于所属18个部门的216项审批权连同部分工作人员一并剥离划入,"109个审批章"被聚合为"一颗公章"。

滨海新区行政审批局办公室负责人卢少伟说,相对于各地普遍建立的一站式行政审批大厅,"一颗公章管审批"有力解决了审批权分散、部门职能交叉、多环节多层次重复审批等流程繁琐问题。

"不仅时间极大缩短,而且也不用像过去每去一个部门都要重复提交一些材料,非常高效便利。"滨海新区祥恒瑞金属制品销售有限公司负责人张露说。

在推进行政审批制度改革同时,天津将简政放权和加强监管同步推进,创新事中事后监管的体制机制,建立了审批部门与监管部门信息互通机制、重点审批事项会商机制、专家审查员机制、监管部门观察员机制等一系列审管协调联动机制。

为确保政府行政许可权力"瘦身"后不再反弹,天津规定超过150项审批事项在要件齐全前提下可在1个工作日完成,最快仅需1个小时。同时,通过实行全程录音录像、审批进展全程公示、效能与廉政全程监察,最大限度消除"灰色地带"。

天津滨海新区区委书记宗国英说,事前审批由审批局完成,事中事后的监管需要原先负责审批的相关部门履行职能，更为专注和专业，有效解决重复审批、多头审批、效率不高等问题。

天津在压减审批事项的同时，又推行"一份清单管边界"制度——向社会公布《天津市行政许可事项目录》，凡是清单之外的都要放权、放开或取消。

天津市行政审批管理办公室主任李连庆说，行政许可事项目录实行年度版本制，每年将依据法律法规调整变化和国务院下放事项的要求修订一次并向社会公布。

从权力"瘦身割肉"，到公布"权力清单"，划定了政府行政许可边界，明确了政府"许可家底"，企业和群众办事涉及的所有事项一目了然。将法治政府建设作为改革突破口，天津又推出基层执法"一支队伍管全部"等创新举措。

一系列改革也表明现存于政府部门之中的很多审批权力，尚有较大的压缩空间。必须看到，天津的109枚公章已成为历史，但不少地方政府仍存在"公章围城"现象，印章封存不能成为绝响。各地政府应当让公权力顺利回归本位，让市场最大限度地迸发活力，将那些附着在无用审批程序上的印章永远封存。

【链接】释放改革红利上海自贸区打造"改革试验田"

2014年12月12日，国务院常务会议决定将上海自贸区的部分开放措施辐射到浦东新区。此外，广东、天津、福建特定区域将再设三个自由贸易园区。

当月28日，全国人大常委会第十二次会议传出信息，扩展上海自贸试验区区域范围，将陆家嘴金融片区、金桥开发区片区和张江高科技片区纳入其中。

　　上海自贸区一年多的改革探索，正释放出巨大的新能量。改革的红利首先体现在入驻企业及境外投资项目上。

　　截至去年11月底，上海自贸区内投资企业累计2.2万多家，其中自贸区挂牌后新设企业近1.4万家，超过前23年的总数；新设外资企业2114家，同比增长10.4倍，占全市的43%。境外投资加速发展，已办结160个境外投资项目，中方对外投资额累计近38亿美元。

　　"这是负面清单管理模式等制度创新逐步释放出的改革红利。"上海市政府副秘书长、自贸区管委会常务副主任陈寅表示。

　　简政放权、放管结合的制度创新，是上海自贸区建设的核心，其中最大的亮点就是探索负面清单管理模式，形成更加开放透明的投资管理制度。负面清单之外领域外商投资无需审批，只需备案，这一"法无禁止皆可为"的探索对接的是国际通行规则，却是对我国现行政府事前审批监管模式的颠覆。

　　改革创新成果的可复制可推广，一直是上海自贸区的核心之一。

　　国务院把这次推广上海自贸区改革试点经验的意义，提到了"全面深化改革的重要举措"的高度，并为每一条复制推广的改革事项，都列出了落实的时间节点。按照国务院分工，此次复制推广的28条要在2015年6月30日之前落实。

　　具体而言，全国范围内复制推广的改革事项包括：

　　——投资管理领域：外商投资广告企业项目备案制、涉税事项网上审批备案、税务登记号码网上自动赋码、网上自主办税、纳税信用管理的网上信用评级、组织机构代码实时赋码、企业标准备案管理制度创新、取消生产许可证委托加工备案、企业设立实行"单一窗口"等。

　　——贸易便利化领域：全球维修产业检验检疫监管、中转货物产地来源证管理、检验检疫通关无纸化、第三方检验结果采信、出入境生物材料制品风险管理等。

　　——金融领域：个人其他经常项下人民币结算业务、外商投资企业外汇资本金意愿结汇、银行办理大宗商品衍生品柜台交易涉及的结售汇业务、直接投资项下外汇登记及变更登记下放银行办理等。

　　——服务业开放领域：允许融资租赁公司兼营与主营业务有关的商业保理业务、允许设立外商投资资信调查公司、允许设立股份制外资投资性公司、融资租赁公司设立子公司不设最低注册资本限制、允许内外资企业从事游戏游艺设备生产和销售等。

　　——事中事后监管措施：社会信用体系、信息共享和综合执法制度、企业年度报告公示和经营异常名录制度、社会力量参与市场监督制度，以及各部门的专业监管制度。

　　事实上，早在上海自贸区成立一周年时，已经有21项上海自贸区制度创新成果在全国复制推广，包括6项投资管理成果，9项贸易监管成果，以及6项金融创新成果，当时官方就曾表示，正对另一批已经比较成熟的30多项创新进行总结评估。

　　此次在全国范围内推广的改革事项，不仅仅包括了投资管理领域和贸易便利化领域，还有金融和服务业开放领域，以及多条事中事后监管措施。例如，在投资管理领域，允许网上自主办税，企业无需再跑到税务机关，经历提交多项材料等复杂手续。

　　在服务业开放领域，自贸区内的游戏机产销禁令也被推广到了全国，这意味着微软和索尼以后可以在上海自贸区以外的地方建立游戏机工厂。

　　在全国范围内复制推广的不仅仅是具体的开放措施，还涉及到政府行政职能转变，包括事中事后监管措施等，例如社会信用体系、信息共享和综合执法制度等。

　　美国微软作为自贸区内第一批"吃螃蟹"的外商，切实感受到自贸区的服务效能。微软 Xbox 事业部中国区总经理谢恩伟坦言："与中方合资推进在自贸区的 Xbox 内地业务，比我们在任何其他国家和地区的筹备效率都要高，可以说，在上海自贸区，我们实现了微软的'最快项目'"。

五、改革开放以来的六次行政管理体制改革

建一个科研楼，前前后后要盖 200 多个章；项目投资，从获得土地到办完手续要过 30 多项审批关卡，盖上百个章——全国各地接连出现的"行政审批长征图"、"审批流程万里长征图"，背后都揭示出行政审批制度改革的攻坚难题。

在党的十八届三中全会勾勒的全面深化改革蓝图中，深化行政管理体制改革，转变政府职能是全面深化改革的有机组成部分，也是下一步全面深化改革的重头戏。这是因为中国新一轮改革的主要内容是完善社会主义市场经济体系，而完善社会主义市场经济体系的核心就是处理好政府与市场的关系，减少政府对市场不必要的干预。

同时，全面深化改革进入深水区、攻坚期，经济、政治、社会、文化、生态和党的建设等诸多领域的重大改革举措和要求，都直接或间接涉及政府的管理体制、管理职能、管理方式，甚至包括一些机构和人员编制的调整，这些都属于行政体制改革的重要内容。只有进一步行政体制改革，才能为其他关键领域改革铺路。

改革开放以来，我国先后于 1982 年、1988 年、1993 年、1998 年、2003 年和 2008 年进行了六轮集中的行政管理体制改革，形成了基本适应社会主义市场经济体制的组织框架和职能体系。

目前，新一届中央政府 2013 年启动的第七轮行政管理体制改革，正在紧锣密鼓推进中。回顾过去六轮改革，对于进一步坚定改革信心、坚持正确的改革方向、把握并运用好改革规律、推动改革不断深入具有重要意义。

第一轮改革——1982 年。这次改革主要是突出干部"四化"，即革命化、知识化、专业化、年轻化，提高政府工作效率。1978 年 12 月召开的党的十一届三中全会，把全党工作的重点转移到以经济建设为中心。这时，政府机构与工作重点转移不相适应的问题相当突出，主要表现在机构和人员过多，领导干部"四化"程度不高，部门职责不清、运转不灵、工作效率低下。邓小平同志 1980 年 8 月批评这种状况"都已达到令人无法

容忍的地步"。

1982年1月，中央政治局召开会议讨论中央机构精简问题。邓小平同志在会上指出，精简机构是一场革命，是对体制的革命。随后召开的五届全国人大常委会第22次会议审议通过了《关于国务院机构改革的决议》，改革开放后的第一次行政管理体制改革拉开序幕。

这次国务院机构改革的重点是：适应工作重点转移，提高政府工作效率。

首先，减少副总理人数，设置了国务委员职位，由总理、副总理、国务委员和秘书长组成国务院常务会议。

其次，精简调整机构，国务院部门从100个减少到61个，同时撤销了大量临时性机构。重组了国家经济体制改革委员会，负责经济体制改革的总体研究和设计。

再次，精简领导班子，紧缩编制。按照干部"四化"方针，减少部分副职，推进新老干部更替，人员编制从5.1万人减少到3万人。

最后，废除实际存在的领导干部职务终身制，实行干部离退休制度。国务院部门机构改革完成后，接着进行了地方政府机构改革。

第二轮改革——1988年。这次改革第一次提出"转变政府职能"的概念。1982年改革形成的新的行政管理体制运行5年后，1987年10月召开的党的十三大提出了政府机构改革新的任务。1988年，中央政治局讨论通过了《关于党中央、国务院机构改革方案的报告》。同年3月，七届全国人大一次会议审议通过了《国务院机构改革方案》，提出改革的任务是进一步转变职能，理顺关系，精简机构和人员，提高行政效率，逐步建立符合现代化管理要求的具有中国特色的功能齐全、结构合理、运转协调、灵活高效的行政管理体制。

这次改革首次提出必须抓住转变职能这个关键，紧密地与经济体制改革相结合，按照经济体制改革和政企分开的要求，合并裁减专业管理部门和综合部门内设专业机构，适当加强决策咨询和调节、监督、审计、信息部门，提高政府对宏观经济活动的调控能力。

改革中，撤销或整合涉及的国务院机构包括计委、经委、机械委、电子部、航天部、航空部、石油部、煤炭部、水电部、核工业部、城建部、劳动人事部等 12 个部委。改革后，国务院部委由原来的 45 个减为 41 个，直属机构从 22 个减少到 19 个，部委归口管理的国家局 15 个，设置办事机构 7 个，非常设机构从 75 个减到 44 个，66 个部委局编制减少 9700 人。

在人员上，此次改革主要是分流 1982 年改革遗留下来的机关超编人员。改革中第一次实行定职能、定机构、定编制的"三定"工作。此后，经国务院批准，1989 年确定了河北和哈尔滨、武汉、青岛、深圳等地市作为省和计划单列市机构改革的试点。

第三轮改革——1993 年。改革主要是围绕政府构架如何适应市场经济发展要求。1992 年 10 月召开的党的十四大明确提出了建立社会主义市场经济体制的目标，要求建立适应社会主义市场经济需要的组织机构。围绕这一目标，1993 年 3 月十四届二中全会讨论通过了机构改革方案。随后，八届人大一次会议审议通过了《国务院机构改革方案》。改革的主要内容：

一是转变职能，坚持政企分开。要求把属于企业的权力下放给企业，把应该由企业解决的问题交给企业自己去解决，减少具体审批事务和对企业的直接管理，做到宏观管好，微观放开。

二是理顺关系。要求理顺国务院部门之间，尤其是综合经济部门之间以及综合经济部门与专业经济部门之间的关系，合理划分职责权限，避免交叉重复。

三是精简机构编制。对专业经济部门，一类改为经济实体，不再承担政府行政管理职能；一类改为行业总会，作为国务院的直属事业单位，保留行业管理职能；还有一类是保留或新设的行政部门，这些部门的机构也要精简。

经过改革，国务院组成部门、直属机构从 86 个减少到 59 个，其中组成部门 41 个（含国务院办公厅），直属机构 13 个，办事机构 5 个。另设置非常设机构 26 个。

四是规范机构类别。明确原由部委归口管理的 15 个国家局不再作为国务院直属机构，而是部委管理的国家局，作为一个机构类别，并进一步规范了国家局与主管部委的关系。同时，设立国务院台办和新闻办。

从 1993 年开始，地方政府机构改革在全国展开。地方政府机构改革以转变政府职能为关键，加强宏观管理职能，弱化微观管理职能；坚持政企分开，切实落实企业的经营自主权，促进企业经营机制的转换；较大幅度地精简了机构和人员，特别是大幅度精简专业经济管理部门。

第四轮改革——1998 年。这是改革开放以来机构变动最大、人员精简最多、改革力度最大的一次机构改革。这次"大刀阔斧"的改革主要使政府组织框架更适合于市场经济发展。随着经济体制改革不断深入，市场配置资源的基础性作用日益增强。1997 年 9 月召开的党的十五大，再次提出了进行机构改革的要求。十五届二中全会审议通过的《国务院机构改革方案》认为，过去虽然进行过多次机构改革，取得了一定进展，但由于历史条件限制和宏观环境制约，很多问题未能得到根本性的解决，机构设置同社会主义市场经济发展需要之间的矛盾日益突出，改革势在必行，不改革没有出路。

九届全国人大一次会议审议批准了《国务院机构改革方案》，提出建立办事高效、运转协调、行为规范的行政管理体系，完善国家公务员制度，建设高素质的专业化行政管理队伍，逐步建立适应社会主义市场经济体制的有中国特色的行政管理体制。改革的主要内容：

一是转变职能。明确政府宏观调控部门的主要职能是保持经济总量平衡，抑制通货膨胀，优化经济结构，实现经济持续快速健康发展；专业经济管理部门的主要职能是制定行业规划和政策，进行行业管理，引导本行业产品结构的调整，维护行业平等竞争秩序。

二是调整部门分工。按照权责一致的原则，在部门之间划转了 100 多项职能，相同或相近的职能尽可能交给一个部门承担，过去长期存在而没有解决的职能交叉、多头管理、政出多门、权责不清等问题有了很大改进。

三是精简机构编制。主要是大力精简工业经济部门，将煤炭、冶金、机械等 9 个工业部先改成国家经贸委管理的国家局，2000 年底全部撤销。同时将电子部和邮电部合并组成信息产业部，将广播电影电视部改组为广播电影电视总局、国家体委改组为国家体育总局，列为国务院直属机构。

经过改革，国务院组成部门由 40 个减少到 29 个，直属机构 17 个，办事机构设置 5 个，加上国务院办公厅，共计 52 个。此外，设有部委管

理的国家局 19 个。与此同时，对各部门的内设机构和人员编制都做了较大幅度的调整和精简。1999 年以后，省级党委和政府的机构改革分别展开；2000 年底，市县乡机构改革开始启动。

第五轮改革——2003 年。这是一次微调的改革，主要强化了政府的宏观调控能力和公共服务。2002 年 11 月召开的党的十六大提出了深化行政管理体制改革的任务，2003 年 2 月召开的党的十六届二中全会审议通过了《关于深化行政管理体制改革和机构改革的意见》，随后十届全国人大一次会议审议通过了《国务院机构改革方案》。这次改革重在解决行政体制改革中存在的一些突出矛盾和问题，为促进改革开放和现代化建设提供组织保障。此次调整后，国务院组成部门由 29 个减到 28 个。改革的主要内容：

一是深化国有资产管理体制改革，将国家经贸委指导国有企业改革和管理的职能、中央企业工委的职能以及财政部有关国有资产管理的部分职能等整合起来，设立了国务院国有资产监督管理委员，作为国务院直属特设机构，由国务院授权代表国家履行出资人职责。

二是完善宏观调控体系，将国家发展计划委员会改组为国家发展和改革委员会，将国务院体改办的职能和国家经贸委的部分职能并入发展和改革委。

三是健全金融监管体制，设立中国银行业监督管理委员会，负责拟定银行业监管的政策法规，负责市场准入和运行监督，依法查处违法违规行为等。

四是继续推进流通管理体制改革，组建商务部，主管国内外贸易和国际经济合作等。

五是加强食品安全和安全生产监管体制建设，在国家药品监督管理局的基础上，组建国家食品药品监督管理局，作为国务院直属机构，将原国家经贸委管理的国家安全生产监督管理局改为国务院直属机构。

六是为加强人口发展战略研究，推动人口与计划生育工作的综合协调，将国家计划生育委员会更名为国家人口和计划生育委员会。

这次改革继续强调要进一步转变政府职能，要求按照政企分开原则，结合国有资产管理体制改革，政府部门不再承担直接管理国有企业的职能；按照权责一致原则，进一步理顺部门职责关系，根据责任赋予相应的权力；继续推进行政审批制度改革，明确审批范围，减少审批事项，规范审批行为；规范中央和地方的职能权限，正确处理中央垂直管理部门和地方政府的关系；探索完善综合行政执法工作，加强行政执法队伍组织建设；按照发挥行业自律机制作用和完善社会自我管理的要求，规范和发展行业协会、咨询组织、鉴定机构等社会中介组织和专业服务组织；按照依法行政的要求，进一步改进政府管理方式，规范行政行为，推进电子政务，提高行政效率。国务院机构改革完成后，进行了地方政府机构改革。

第六轮改革——2008 年。此次改革首次采用大部制改革理念。经过30 年改革开放和快速发展，我国已进入全面建设小康社会新的发展阶段。面对新形势、新任务，2007 年 10 月召开的党的十七大明确提出了要加快推进行政管理体制改革、抓紧制定行政管理体制改革总体方案的要求。2008 年 2 月召开的党的十七届二中全会讨论通过了《关于深化行政管理体制改革的意见》和《国务院机构改革方案》。

十一届全国人大一次会议审议通过的《国务院机构改革方案》明确提出：这次国务院机构改革的主要任务是，围绕转变政府职能和理顺部门职责关系，探索实行职能有机统一的大部门体制，合理配置宏观调控部门职能，加强能源环境管理机构，整合完善工业和信息化、交通运输行业管理体制，以改善民生为重点加强与整合社会管理和公共服务部门。改革的主要内容：

一是合理配置国家发改委、财政部、中国人民银行等宏观调控部门职能，建立健全协调配合机制，形成科学权威高效的宏观调控体系。

二是设立高层次的议事协调机构国家能源委员会、负责研究拟订国家能源发展战略，审议能源安全和能源发展中的重大问题。同时，为加强能源行业管理，组建国家能源局，负责拟订并组织实施能源行业规划、产业政策和标准，发展新能源，促进能源节约等。国家能源委员会办公室的工作由国家能源局承担。

三是组建工业和信息化部，负责拟订并组织实施工业行业规划、产业政策和标准，检测工业行业日常运行，推动重大技术装备发展和自主创新，管理通信业，指导推进信息化建设，协调维护国家信息安全等，同时组建国家国防科技工业局，由工业和信息化部管理。

四是组建交通运输部，承担涉及综合运输体系的规划协调工作，促进各种运输方式相互衔接等。同时，组建国家民用航空局，由交通运输部管理。国家邮政局改由交通运输部管理。

五是组建人力资源和社会保障部，将人事部、劳动和社会保障部的职责整合划入该部。同时组建国家公务员局，由人力资源和社会保障部管理。

六是组建环境保护部，拟订并组织实施环境保护规划、政策和标准，协调解决重大环境问题等。

七是组建住房和城乡建设部，加快建立住房保障体系，加强城乡建设统筹。

八是国家食品药品监督管理局改由卫生部管理，明确卫生部承担食品安全综合协调、组织查处食品安全重大事故的责任。理顺食品药品监管体制。

经过改革，除国务院办公厅外，国务院组成部门27个，直属特设机构1个，直属机构16个，办事机构4个，直属事业单位14个。此次国务院机构改革是在以往改革基础上的继续和深化，突出了三个重点：加强和改善宏观调控，促进科学发展；着眼于保障和改善民生，加强社会管理和公共服务；按照探索职能有机统一的大部门体制要求，对一些职能相同或相近的部门进行整合，实行综合设置，理顺部门职责关系。

六次集中的行政管理体制改革，使我国基本形成了适应经济社会发展需要的行政管理体制和框架。但是，作为经济社会重要保障和支撑的行政管理体制，不可能固定不变，需要随着经济社会的发展不断创新和调整，与经济社会的发展相适应。

党的十八大提出，行政体制改革是推动上层建筑适应经济基础的必然要求。要按照建立中国特色社会主义行政体制目标，深入推进政企分开、政资分开、政事分开、政社分开，建设职能科学、结构优化、廉洁高效、人民满意的服务型政府。

新一轮深化行政体制改革，是在过去六次，特别是2008年大部制改革基础上的延续和深化。2013年，十二届全国人大一次会议通过的改革方案，重点围绕转变职能、理顺职责关系，稳步推进大部制改革。改革后，国务院正部级机构减少4个，其中组成部门减少2个，除国务院办公厅外，国务院设置组成部门25个。

新一轮改革主要以问题为导向切入，提出阶段性改革目标，也给未来改革留下空间。全面深化改革的"动员令"发出后，从中央到地方，从东部到西部，各级政府以前所未有的力度采取多项措施，推进行政体制改革、积极转变政府职能，彰显出打造服务型政府的决心和勇气。

【链接】国务院机构改革和职能转变方案

根据党的十八大和十八届二中全会精神，深化国务院机构改革和职能转变，要高举中国特色社会主义伟大旗帜，以邓小平理论、"三个代表"重要思想、科学发展观为指导，按照建立中国特色社会主义行政体制目标的要求，以职能转变为核心，继续简政放权、推进机构改革、完善制度机制、提高行政效能，加快完善社会主义市场经济体制，为全面建成小康社会提供制度保障。

关于国务院机构改革

这次国务院机构改革，重点围绕转变职能和理顺职责关系，稳步推进大部门制改革，实行铁路政企分开，整合加强卫生和计划生育、食品药品、新闻出版和广播电影电视、海洋、能源管理机构。

（一）实行铁路政企分开。为推动铁路建设和运营健康可持续发展，保障铁路运营秩序和安全，促进各种交通运输方式相互衔接，实行铁路政企分开，完善综合交通运输体系。将铁道部拟订铁路发展规划和政策的行政职责划入交通运输部。交通运输部统筹规划铁路、公路、水路、民航发展，加快推进综合交通运输体系建设。组建国家铁路局，由交通运输部管理，承担铁道部的其他行政职责，负责拟订铁路技术标准，监督管理铁路安全生产、运输服务质量和铁路工程质量等。组建中国铁路总公司，承担铁道部的企业职责，负责铁路运输统一调度指挥，经营铁路客货运输业务，承担专运、特运任务，负责铁路建设，承担铁路安全生产主体责任等。

国家继续支持铁路建设发展，加快推进铁路投融资体制改革和运价改革，建立健全规范的公益性线路和运输补贴机制，继续深化铁路企业改革。

不再保留铁道部。

（二）组建国家卫生和计划生育委员会。为更好地坚持计划生育的基本国策，加强医疗卫生工作，深化医药卫生体制改革，优化配置医疗卫生和计划生育服务资源，提高出生人口素质和人民健康水平，将卫生部的职责、国家人口和计划生育委员会的计划生育管理和服务职责整合，组建国家卫生和计划生育委员会。主要职责是，统筹规划医疗卫生和计划生育服务资源配置，组织制定国家基本药物制度，拟订计划生育政策，监督管理公共卫生和医疗服务，负责计划生育管理和服务工作等。

将国家人口和计划生育委员会的研究拟订人口发展战略、规划及人口政策职责划入国家发展和改革委员会。

国家中医药管理局由国家卫生和计划生育委员会管理。

不再保留卫生部、国家人口和计划生育委员会。

（三）组建国家食品药品监督管理总局。为加强食品药品监督管理，提高食品药品安全质量水平，将国务院食品安全委员会办公室的职责、国家食品药品监督管理局的职责、国家质量监督检验检疫总局的生产环节食品安全监督管理职责、国家工商行政管理总局的流通环节食品安全监督管理职责整合，组建国家食品药品监督管理总局。主要职责是，对生产、流通、消费环节的食品安全和药品的安全性、有效性实施统一监督管理等。将工商行政管理、质量技术监督部门相应的食品安全监督管理队伍和检验检测机构划转食品药品监督管理部门。

保留国务院食品安全委员会，具体工作由国家食品药品监督管理总局承担。国家食品药品监督管理总局加挂国务院食品安全委员会办公室牌子。

新组建的国家卫生和计划生育委员会负责食品安全风险评估和食品安全标准制定。农业部负责农产品质量安全监督管理。将商务部的生猪定点屠宰监督管理职责划入农业部。

不再保留国家食品药品监督管理局和单设的国务院食品安全委员会办公室。

（四）组建国家新闻出版广播电影电视总局。为进一步推进文化体制改革，统筹新闻出版广播影视资源，将国家新闻出版总署、国家广播电影电视总局的职责整合，组建国家新闻出版广播电影电视总局。主要职责是，统筹规划新闻出版广播电影电视事业产业发展，监督管理新闻出版广播影视机构和业务以及出版物、广播影视节目的内容和质量，负责著作权管理等。国家新闻出版广播电影电视总局加挂国家版权局牌子。

不再保留国家广播电影电视总局、国家新闻出版总署。

（五）重新组建国家海洋局。为推进海上统一执法，提高执法效能，将现国家海洋局及其中国海监、公安部边防海警、农业部中国渔政、海关总署海上缉私警察的队伍和职责整合，重新组建国家海洋局，由国土资源部管理。主要职责是，拟订海洋发展规划，实施海上维权执法，监督管理海域使用、海洋环境保护等。国家海洋局以中国海警局名义开展海上维权执法，接受公安部业务指导。

为加强海洋事务的统筹规划和综合协调，设立高层次议事协调机构国家海洋委员会，负责研究制定国家海洋发展战略，统筹协调海洋重大事项。国家海洋委员会的具体工作由国家海洋局承担。

（六）重新组建国家能源局。为统筹推进能源发展和改革，加强能源监督管理，将现国家能源局、国家电力监管委员会的职责整合，重新组建国家能源局，由国家发展和改革委员会管理。主要职责是，拟订并组织实施能源发展战略、规划和政策，研究提出能源体制改革建议，负责能源监督管理等。

不再保留国家电力监管委员会。

关于国务院机构职能转变

政府职能转变是深化行政体制改革的核心。转变国务院机构职能，必须处理好政府与市场、政府与社会、中央与地方的关系，深化行政审批制度改革，减少微观事务管理，该取消的取消、该下放的下放、该整合的整合，以充分发挥市场在资源配置中的基础性作用、更好发挥社会力量在管理社会事务中的作用、充分发挥中央和地方两个积极性，同时该加强的加强，改善和加强宏观管理，注重完善制度机制，加快形成权界清晰、分工合理、权责一致、运转高效、法治保障的国务院机构职能体系，真正做到该管的管住管好，不该管的不管不干预，切实提高政府管理科学化水平。

（一）减少和下放投资审批事项。除涉及国家安全、公共安全等重大项目外，按照"谁投资、谁决策、谁收益、谁承担风险"的原则，最大限度地缩小审批、核准、备案范围，切实落实企业和个人投资自主权。抓紧修订政府核准投资项目目录。对确需审批、核准、备案的项目，要简化程序、限时办结。

对已列入国家有关规划需要审批的项目，除涉及其他地区、需要全国统筹安排或需要总量控制的项目以及需要实行国家安全审查的外资项目外，在按行政审批制度改革原则减少审批后，一律由地方政府审批。对国家采用补助、贴息等方式扶持地方的点多、面广、量大、单项资金少的项目，国务院部门确定投资方向、原则和标准，具体由地方政府安排，相应加强对地方政府使用扶持资金的监督检查。

加强对投资活动的土地使用、能源消耗、污染排放等管理，发挥法律法规、发展规划、产业政策的约束和引导作用。

（二）减少和下放生产经营活动审批事项。按照市场主体能够自主决定、市场机制能够有效调节、行业组织能够自律管理、行政机关采用事后监督能够解决的事项不设立审批的原则，最大限度地减少对生产经营活动和产品物品的许可，最大限度地减少对各类机构及其活动的认定等非许可审批。

依法需要实施的生产经营活动审批，凡直接面向基层、量大面广或由地方实施更方便有效的，一律下放地方。

（三）减少资质资格许可和认定。除依照行政许可法要求具备特殊信誉、特殊条件或特殊技能的职业、行业需要设立的资质资格许可以外，其他资质资格许可一律予以取消。按规定需要对企业事业单位和个人进行水平评价的，国务院部门依法制定职业标准或评价规范，由有关行业协会、学会具体认定。

除法律、行政法规或国务院有明确规定的外，其他达标、评比、评估和相关检查活动一律予以取消。

（四）减少专项转移支付和收费。完善财政转移支付制度，大幅度减少、合并中央对地方专项转移支付项目，增加一般性转移支付规模和比例。将适合地方管理的专项转移支付项目审批和资金分配工作下放地方政府，相应加强财政、审计监督。

取消不合法不合理的行政事业性收费和政府性基金项目，降低收费标准。建立健全政府非税收入管理制度。

（五）减少部门职责交叉和分散。最大限度地整合分散在国务院不同部门相同或相似的职责，理顺部门职责关系。房屋登记、林地登记、草原登记、土地登记的职责，城镇职工基本医疗保险、城镇居民基本医疗保险、新型农村合作医疗的职责等，分别整合由一个部门承担。

整合工程建设项目招标投标、土地使用权和矿业权出让、国有产权交易、政府采购等平台，建立统一规范的公共资源交易平台，有关部门在职责范围内加强监督管理。整合业务相同或相近的检验、检测、认证机构。推动建立统一的信用信息平台，逐步纳入金融、工商登记、税收缴纳、社保缴费、交通违章等信用信息。

（六）改革工商登记制度。对按照法律、行政法规和国务院决定需要取得前置许可的事项，除涉及国家安全、公民生命财产安全等外，不再实行先主管部门审批、再工商登记的制度，商事主体向工商部门申请登记，取得营业执照后即可从事一般生产经营活动；对从事需要许可的生产经营活动，持营业执照和有关材料向主管部门申请许可。将注册资本实缴登记制改为认缴登记制，并放宽工商登记其他条件。

推进商务诚信建设，加强对市场主体、市场活动监督管理，落实监管责任，切实维护市场秩序。

（七）改革社会组织管理制度。加快形成政社分开、权责明确、依法自治的现代社会组织体制。逐步推进行业协会商会与行政机关脱钩，强化行业自律，使其真正成为提供服务、反映诉求、规范行为的主体。探索一业多会，引入竞争机制。

重点培育、优先发展行业协会商会类、科技类、公益慈善类、城乡社区服务类社会组织。成立这些社会组织，直接向民政部门依法申请登记，不再需要业务主管单位审查同意。民政部门要依法加强登记审查和监督管理，切实履行责任。

坚持积极引导发展、严格依法管理的原则，促进社会组织健康有序发展。完善相关法律法规，建立健全统一登记、各司其职、协调配合、分级负责、依法监管的社会组织管理体制，健全社会组织管理制度，推动社会组织完善内部治理结构。

（八）改善和加强宏观管理。强化发展规划制订、经济发展趋势研判、制度机制设计、全局性事项统筹管理、体制改革统筹协调等职能。完善宏观调控体系，强化宏观调控措施的权威性和有效性，维护法制统一、政令畅通。消除地区封锁，打破行业垄断，维护全国市场的统一开放、公平诚信、竞争有序。加强社会管理能力建设，创新社会管理方式。公平对待社会力量提供医疗卫生、教育、文化、群众健身、社区服务等公共服务，加大政府购买服务力度。国务院各部门必须加强自身改革，大力推进本系统改革。

（九）加强基础性制度建设。推进国务院组织机构、职能配置、运行方式法治化。加强政务诚信制度建设。建立以公民身份证号码和组织机构代码为基础的统一社会信用代码制度。建立不动产统一登记制度。加强技术标准体系建设。完善信息网络、金融账户等实名登记制度和现金管理制度。完善各类国有资产管理制度和体制。

（十）加强依法行政。加快法治政府建设。完善依法行政的制度，提高制度质量。健全科学民主依法决策机制，建立决策后评估和纠错制度。严格依照法定权限和程序履行职责，确保法律、行政法规有效执行。深化政务公开，推进行政权力行使依据、过程、结果公开。建立健全各项监督制度，让人民监督权力。强化行政问责，严格责任追究。

宪法和法律是政府工作的根本准则。国务院和国务院各部门都要带头维护宪法法律权威，发挥法律的引导和推动作用，用法治思维和法治方式深化改革、推动发展、化解矛盾、维护稳定。以政府带头守法、严格执法，引导、教育、督促公民、法人和其他组织依法经营依法办事。

【链接】国务院办公厅关于实施《国务院机构改革和职能转变方案》任务分工的通知

国办发〔2013〕22号

国务院各部委、各直属机构：

党的十八届二中全会和十二届全国人大一次会议审议通过了《国务院机构改革和职能转变方案》（以下简称《方案》），要求各地区、各部门统一思想，精心组织，认真抓好改革实施。国务院机构改革和职能转变事关重大，任务艰巨，需要统一部署、突出重点、分批实施、逐步推进，通过坚持不懈的努力，用3至5年时间完成《方案》提出的各项任务，加快建设职能科学、结构优化、廉洁高效、人民满意的服务型政府。经国务院同意，现就实施《方案》任务分工和有关要求通知如下：

一、2013年完成的任务（共29项）

（一）组建中国铁路总公司。（2013年3月14日已完成企业注册登记）

（二）制定印发国家食品药品监督管理总局、国家铁路局"三定"规定和地方改革完善食品药品监管体制的指导意见。（中央编办、食品药品监督管理总局分别负责，征求财政部等有关部门意见。2013年3月底前完成）

（三）制定印发国家卫生和计划生育委员会、国家海洋局、国家能源局"三定"规定。（中央编办负责，征求财政部等有关部门意见。2013年4月底前完成）

（四）整合房屋登记、林地登记、草原登记、土地登记的职责等。（中央编办负责。2013年4月底前完成）

（五）严格控制新设行政审批项目，防止边减边增，今后一般不新设许可，因特殊需要确需新设的，必须严格遵守行政许可法的规定，加强合法性、必要性和合理性审查论证。（法制办会同中央编办负责。2013年4月底前提出并执行严格控制新设行政许可的具体措施）

（六）制定印发国家新闻出版广电总局"三定"规定。（中央编办负责，征求财政部等有关部门意见。2013年5月底前完成）

（七）制定印发机构改革中涉及发展改革委、公安部、民政部、工业和信息化部、交通运输部、农业部、商务部、海关总署、工商总局、质检总局等部门的职责调整通知。（中央编办负责。2013年6月底前完成）

（八）减少和下放一批投资审批事项。列明取消审批的投资项目（含按照行政审批制度改革原则取消的国家规划内需要审批的项目），下放地方审批的投资项目（含下放地方的国家规划内需要审批的项目），列明国务院投资主管部门保留审批的涉及其他地区、需要全国统筹安排或需要总量控制的项目以及需要实行国家安全审查的外资项目。加强对投资活动的土地使用、能源消耗、污染排放等管理，发挥法律法规和发展规划、产业政策的约束和引导作用。对确需审批、核准、备案的项目，要简化程序、限时办结。（发展改革委会同工业和信息化部、交通运输部、水利部、农业部、商务部以及国土资源部、环境保护部等有关部门负责。2013年6月底前发布新修订的政府核准

投资项目目录，修改出台投资项目审批、核准、备案管理办法）

（九）下放一批国家采用补助、贴息等方式扶持地方的项目。国务院部门确定投资方向、原则和标准，具体由地方政府安排，相应加强对地方政府使用扶持资金的监督检查。（发展改革委会同财政部、工业和信息化部等有关部门负责。2013年6月底前完成）

（十）按照行政许可法的规定，取消和下放一批生产经营活动和产品物品的许可事项，取消一批对各类机构及其活动的认定等非许可审批事项，取消一批资质资格许可事项，相应加强监督管理。（中央编办会同发展改革委、财政部、人力资源社会保障部、监察部、法制办等有关部门负责。2013年6月底前完成）

（十一）除法律、行政法规或国务院有明确规定的外，取消达标、评比、评估和相关检查活动。（人力资源社会保障部会同工业和信息化部、监察部、民政部、财政部、住房城乡建设部等有关部门负责。2013年6月底前完成）

（十二）减少、合并一批财政专项转移支付项目，下放一批适合地方管理的专项转移支付项目。相应加强财政、审计监督。（财政部会同有关部门负责。2013年6月底前完成）

（十三）整合城镇职工基本医疗保险、城镇居民基本医疗保险、新型农村合作医疗的职责等。（中央编办负责。2013年6月底前完成）

（十四）提出将注册资本实缴登记制改为认缴登记制等放宽工商登记条件、实行"宽进严管"的方案，提出修改相关法律、行政法规和国务院决定的建议。（工商总局会同有关部门负责。2013年6月底前完成）

（十五）取消一批不合法不合理的行政事业性收费和政府性基金项目，降低收费标准。（财政部、发展改革委分别会同有关部门负责。2013年9月底前完成）

（十六）减少一批重要领域和关键环节的部门职责交叉和分散。（中央编办负责。2013年9月底前完成）

（十七）清理工商登记前置审批项目，提出拟取消的前置审批项目和改为后置审批的项目以及加强监督管理的措施，提出修改相关法律、行政法规和国务院决定的建议。（中央编办、工商总局会同有关部门负责。2013年9月底前完成）

（十八）逐步推进行业协会商会与行政机关脱钩，强化行业自律，使行业协会商会真正成为提供服务、反映诉求、规范行为的主体。（发展改革委、民政部会同国资委等有关部门负责。2013年9月底前提出脱钩方案，确定一批行业协会商会进行试点，同时试点一业多会）

（十九）提出一批实施《方案》涉及的有关法律和行政法规的修订建议。（法制办负责。根据《方案》实施情况同步提出建议，2013年9月底前完成）

（二十）国务院各部门加强自身改革，大力推进本系统改革。（各部门分别负责。2013年9月底前按照《方案》精神和职能转变要求，提出加强自身改革和推进本系统改革的具体措施）

（二十一）规范非许可审批项目的设定和实施。（中央编办负责。2013年12月底前出台具体办法并组织实施）

（二十二）整合一批业务相同或相近的检验、检测、认证机构。（中央编办会同质检总局等有关部门负责。2013年12月底前完成）

（二十三）对行业协会商会类、科技类、公益慈善类、城乡社区服务类社会组织实行民政部门直接登记制度，依法加强登记审查和监督管理。健全社会组织管理制度，推动社会组织完善内部治理结构。（民政部会同法制办负责。2013年12月底前完成《社会团体登记管理条例》等相关行政法规修订工作，民政部门按新制度加强监督管理，促进社会组织健康有序发展）

（二十四）完善宏观调控体系，强化宏观调控措施的权威性和有效性，维护法制统一、政令畅通。（发展改革委会同财政部、人民银行、监察部、商务部、银监会等有关部门负责。2013年12月底前提出完善宏观调控体系的意见）

（二十五）消除地区封锁，打破行业垄断，维护全国市场的统一开放、公平诚信、竞争有序。（商务部、税务总局会同发展改革委、工商总局、银监会、证监会、保监会等有关部门负责。有关部门在职责范围内严格执行有关规定，完善政策措施。2013年12月底前商务部牵头解决一批突出问题）

（二十六）加强社会管理能力建设，创新社会管理方式。（发展改革委、民政部会同公安部、司法部、人力资源社会保障部、教育部、卫生和计划生育委员会等有关部门负责。2013年12月底前在职责范围内提出加强和创新社会管理的具体措施）

（二十七）公平对待社会力量提供医疗卫生、教育、文化、群众健身、社区服务等公共服务，加大政府购买服务力度。（财政部、发展改革委会同卫生和计划生育委员会、教育部、文化部、民政部、农业部、人力资源社会保障部等有关部门负责。2013年12月底前提出具体政策）

（二十八）推进国务院组织机构、职能配置、运行方式法治化。（中央编办会同法制办负责。2013年12月底前推进部门组织条例有关试点工作）

（二十九）加强技术标准体系建设。（质检总局会同有关部门负责。2013年12月底前提出改革完善强制性标准管理的方案，并组织修订一批急需的强制性标准）

二、2014年完成的任务（共28项）

（一）下放一批国家采用补助、贴息等方式扶持地方的项目，相应加强监督检查。出台并实施扶持地方项目及资金使用管理制度。（发展改革委会同财政部、工业和信息化部等有关部门负责。2014年6月底前完成）

（二）按照行政许可法的规定，取消和下放一批生产经营活动和产品物品的许可事项，取消一批非许可审批事项，取消一批资质资格许可事项。相应加强监督管理。（中央编办会同发展改革委、财政部、人力资源社会保障部、监察部、法制办等有关部门负责。2014年6月底前完成）

（三）取消国务院部门对企业事业单位和个人进行水平评价的事

项，改由有关行业协会、学会具体认定。相应加强监督管理。（中央编办会同监察部、民政部、财政部、人力资源社会保障部、法制办等有关部门负责。2014年6月底前完成）

（四）减少、合并一批财政专项转移支付项目，下放一批适合地方管理的专项转移支付项目，相应加强财政、审计监督。出台并实施完善财政转移支付制度的意见。（财政部会同有关部门负责。2014年6月底前完成）

（五）基本完成清理不合法不合理的行政事业性收费和政府性基金项目的工作，发布新的行政事业性收费和政府性基金项目目录及收费标准并组织实施。（财政部、发展改革委分别会同有关部门负责。2014年6月底前完成）

（六）减少一批部门职责交叉和分散。（中央编办负责。2014年6月底前完成）

（七）整合建立统一规范的公共资源交易平台，有关部门在职责范围内加强监督管理。（发展改革委会同财政部、国土资源部、环境保护部、住房城乡建设部、交通运输部、水利部、税务总局等有关部门负责。2014年6月底前提出方案，由中央编办对方案统筹协调、提出意见）

（八）推动建立统一的信用信息平台，逐步纳入金融、工商登记、税收缴纳、社保缴费、交通违章等信用信息。（发展改革委、人民银行会同银监会、证监会、保监会、工商总局、税务总局、人力资源社会保障部、公安部、财政部、工业和信息化部、民政部、商务部等有关部门负责。2014年6月底前提出方案，由中央编办对方案统筹协调、提出意见）

（九）加强政务诚信制度建设。（发展改革委会同有关部门负责。2014年6月底前提出方案，由中央编办对方案统筹协调、提出意见）

（十）建立以公民身份号码为基础的公民统一社会信用代码制度。（公安部会同有关部门负责。2014年6月底前提出方案，由中央编办对方案统筹协调、提出意见）

（十一）建立以组织机构代码为基础的法人和其他组织统一社会信用代码制度。（发展改革委、质检总局、税务总局会同有关部门负责。2014年6月底前提出方案，由中央编办对方案统筹协调、提出意见）

（十二）出台并实施不动产统一登记制度。（国土资源部、住房城乡建设部会同法制办、税务总局等有关部门负责。2014年6月底前出台不动产登记条例）

（十三）出台并实施信息网络实名登记制度。（工业和信息化部、国家互联网信息办公室会同公安部负责。2014年6月底前完成）

（十四）出台并实施新的现金管理制度。（人民银行会同财政部、税务总局、银监会等有关部门负责。2014年6月底前完成）

（十五）完善各类国有资产管理制度和体制。（财政部会同国资委、中央编办等有关部门负责。2014年6月底前提出完善的意见）

（十六）完善依法行政的制度，提高制度质量。（法制办负责。2014年6月底前提出落实方案并组织实施）

（十七）健全科学民主依法决策机制，建立决策后评估和纠错制度。（法制办、国务院办公厅会同有关部门负责。2014年6月底前提出落实方案并组织实施）

（十八）严格依照法定权限和程序履行职责，确保法律、行政法规有效执行。（法制办、监察部分别负责。2014年6月底前提出落实方案并组织实施）

（十九）深化政务公开，推进行政权力行使依据、过程、结果公开。建立健全各项监督制度，让人民监督权力。强化行政问责，严格责任追究。（国务院办公厅、法制办、监察部分别负责。2014年6月底前提出落实方案并组织实施）

（二十）提出一批实施《方案》涉及的有关法律和行政法规的修订建议。（法制办负责。根据《方案》实施情况同步提出建议。2014年6月底前完成）

（二十一）出台并实施政府非税收入管理制度。（财政部负责。

2014年12月底前完成）

（二十二）整合一批业务相同或相近的检验、检测、认证机构。（中央编办会同质检总局等有关部门负责。2014年12月底前完成）

（二十三）逐步推进行业协会商会与行政机关脱钩。探索一业多会，引入竞争机制。（发展改革委、民政部会同国资委等有关部门负责。2014年12月底前总结脱钩工作、一业多会试点经验，研究提出逐步推开的意见）

（二十四）通过修订或制定国务院部门"三定"规定，强化发展规划制订、经济发展趋势研判、制度机制设计、全局性事项统筹管理、体制改革统筹协调等职能。（中央编办会同有关部门负责。2014年12月底前完成）

（二十五）建立起维护全国市场统一开放、公平诚信、竞争有序的长效机制。（商务部、税务总局会同发展改革委、工商总局负责。2014年12月底前完成）

（二十六）修订《国务院行政机构设置和编制管理条例》，组织开展机构编制法制化的研究工作。（中央编办会同财政部、法制办负责。2014年12月底前完成）

（二十七）建立健全推荐性标准体系。（质检总局会同有关部门负责。2014年12月底前完成）

（二十八）完善金融账户实名登记制度。（人民银行、税务总局会同财政部、银监会、证监会、保监会负责。2014年12月底前完成）

三、2015年完成的任务（共11项）

（一）发布新修订的政府核准投资项目目录，并基本完成投资体制改革。根据经济社会发展需要，按照"谁投资、谁决策、谁收益、谁承担风险"的原则，最大限度地缩小审批、核准、备案范围，切实落实企业和个人投资自主权。（发展改革委会同工业和信息化部、交通运输部、水利部、农业部、商务部等有关部门负责）

（二）基本完成取消和下放生产经营活动和产品物品的许可事项、取消非许可审批事项、取消资质资格许可事项工作，相应加强监督管

理。（中央编办会同发展改革委、财政部、人力资源社会保障部、监察部、法制办等有关部门负责）

（三）减少一批部门职责交叉和分散。（中央编办负责）

（四）基本完成整合业务相同或相近的检验、检测、认证机构的工作。（中央编办会同质检总局等有关部门负责）

（五）推进商务诚信建设。（发展改革委、税务总局会同商务部、工商总局等有关部门负责提出具体办法，有关部门在职责范围内组织实施）

（六）基本完成行业协会商会与行政机关脱钩。出台实行一业多会的具体办法。（发展改革委、民政部会同国资委等有关部门负责）

（七）出台并实施政务诚信制度。（发展改革委会同有关部门负责）

（八）出台并实施以公民身份号码为基础的公民统一社会信用代码制度。（公安部会同有关部门负责）

（九）出台并实施以组织机构代码为基础的法人和其他组织统一社会信用代码制度。（发展改革委、质检总局、税务总局会同有关部门负责）

（十）基本建成强制性与推荐性标准协调配套、符合经济社会和科技发展需要的技术标准体系。（质检总局会同有关部门负责）

（十一）基本完成实施《方案》涉及的有关法律和行政法规的修订工作。（法制办负责）

四、2017年完成的任务（共4项）

（一）基本建成集合金融、工商登记、税收缴纳、社保缴费、交通违章等信用信息的统一平台，实现资源共享。（发展改革委、人民银行会同银监会、证监会、保监会、工商总局、税务总局、人力资源社会保障部、公安部、财政部、工业和信息化部、民政部、商务部等有关部门负责）

（二）基本形成政社分开、权责明确、依法自治的现代社会组织体制。（民政部、发展改革委会同有关部门负责）

（三）基本形成统一登记、各司其职、协调配合、分级负责、依

法监管的社会组织管理体制。（民政部、中央编办分别负责）

（四）基本形成权界清晰、分工合理、权责一致、运转高效、法治保障的国务院机构职能体系。（中央编办负责）

五、工作要求

（一）提高认识，切实加强领导。《方案》经全国人大通过，具有法律约束力，各部门都要高度重视《方案》落实工作，深刻认识国务院机构改革和职能转变的重大意义，准确把握各项改革要求，将落实《方案》作为今后一个时期的重要工作，主要领导亲自负责，精心组织，周密安排，加强新闻宣传和舆论引导，以更大力度，在更广范围、更深层次上加快推进职能转变，确保改革取得实质性进展。

（二）明确分工，形成工作合力。各部门要立即建立落实《方案》的工作机制，按照任务分工，制定工作方案，倒排时间表，分解任务，责任到人，确保按要求完成任务。涉及多个部门的，牵头部门要负总责，其他部门要密切配合、积极支持。落实任务分工需要增加参与部门的，请牵头部门提出并商有关部门确定。

（三）突出重点，逐项抓好落实。要按时完成新组建部门的"三定"工作。"三定"规定要坚持精简统一效能原则，落实职能转变要求，综合设置内设机构，严格控制人员编制和领导职数。各部门都要把职能转变放在更加突出位置，做到该取消的必须取消，该下放的必须下放，该整合的必须整合，真正做到向市场、社会放权，减少对微观事务的干预，同时该加强的要切实加强，改善和加强宏观管理，严格依法监管，提高政府管理科学化水平。

（四）加强督查，务求取得实效。国务院办公厅负责对《方案》落实工作的统筹协调、跟踪了解、督促检查、汇总情况，提出工作意见建议。国务院办公厅将对各部门落实分工情况组织专项督促检查，确保各项改革措施逐一落实到位，以实实在在的改革成效取信于民，树立新一届国务院良好形象。

国务院办公厅

2013 年 3 月 26 日

第三章 "责任强化"篇:"放"与"管"的结合

国务院机构职能转变,不仅要取消和下放权力,还要改善和加强政府管理,关键是要在搞活微观经济的基础上搞好宏观管理,创新行政管理方式,增强政府治理能力,健全公共服务体系,提高政府效能,建设现代政府。这是提升政府公信力、执行力和权威性,更好地服务经济社会发展、服务人民群众的必然要求。①

一、放权到底有多难?

政府通过权力"瘦身",不仅剪除了自身的"权力臃肿",也将活力下放到了广大基层。

有人会想,"放权"还不容易吗? 那么,简政放权是否只是简单的做"减法",或者把权力"一放了之"? 在简政放权过程中,我们遇到了或能预见到有哪些问题?

(一) 权力放下去了,基层能否"接得住"?

有人说,"权力对基层来说就像是一匹烈马,一方面要骑好,帮助基层驶上发展快车道;一方面也要拉住缰绳,把这匹马驾驭好,不要偏离轨道。"

本届政府履职以来,国务院已相继取消和下放 9 批共 798 项行政审批事项。各省、部一级随之取消下放的有几千项,再到各地、市一级,县

---

① 李克强:《在国务院机构职能转变动员电视电话会议上的讲话》,2013 年 5 月 13 日。

一级，乃至乡镇一级，权力累计取消和下放的数量呈几何数量级放大。随着一批批审批和管理权限被下放到地方，有力地推动了当地经济社会的发展，激发了创新活力。

然而，上一级的权力放下去，下一级能否接得住？尤其是最基层的市县、乡镇能否接住，驾驭好权力这匹"烈马"，而不至于"马失前蹄"或偏离轨道呢？

钱清镇——这个位于浙江省绍兴市柯桥区的小镇，地处杭州湾南岸，镇域面积 54.46 平方公里，常住人口 5.9 万，外来人口 10 万，下辖 21 个行政村和 4 个居委会，是一个典型的江南小镇，也是浙江省小城镇的培育试点之一。

简政放权的头一年，也就是 2013 年，似乎在"一夜之间"，共计 23 个县级审批职能部门的 243 项事项进驻绍兴县行政服务中心钱清分中心。这个仅有十几万居民的小镇一下子拥有了几近县一级的审批职能与事项权限。与此同时，据不完全统计，浙江省政府发文向设区市或各县市下放行政审批和管理事项超过 400 项。

简政放权，企业、百姓拍手称快的同时，也有不少人担心，放权工作如果处理不好，容易走向两个极端。

一是地方对下放的权力没有能力接盘。如相应机构设置、人员、资金、硬件设施如果没到位，将造成地方有权用不起来。二是放下的权力被滥用。

浙江义乌，这个世界最大的"小商品集散中心"，是中国六大强县（市）之一，按人均收入水平计算是中国最富裕的地区之一，在福布斯发布的 2013 中国最富有 10 个县级市排名第一，被联合国、世界银行等国际权威机构确定为世界第一大市场。

然而，发达的商品经济背后，存在的是公共服务力量配置不足的问题。义乌的机关镇街行政编制的核定依据是 1991 年人口、区域面积、地区生产总值和财政收入，目前除区域面积外，其余三项指标都发生了巨大变化。仅人口就从当初的 60 多万增长到 235 万，每年还有入境人员 40 余万人次。

面对相关权限的下放，地方明显感到管理力量不足。据义乌市行政服务中心负责人王志坚介绍,虽然有的权限下放了,但信息管理系统的端口却不在义乌,办公面临难题。

基层管理力量不足,直接导致基层政府接不了权,折腾的还是企业和群众。以我国东部一个发达县的能源技术评价为例:5000吨标准以上在省经信委,5000吨以下在市县,有时为了做一次"能评"要上上下下跑四五趟。贵州省福泉市,由于权力下放的不一致性,曾发生过有商机出现,但在州、省甚至国家层面要求备案,最终错过投资机遇的事情。

此外,人们还担心权力被滥用。有的企业表示,从过去的项目审批经验看,往往是"大官好见,小鬼难缠"。

天士力集团董事局主席闫希军就表达了这样的担心:权力下放后必须确保地方政府能依法行政、准确行政,如果权力下放后,地方没有按章办事怎么办?有的权限地市甚至省一级都没有管理好,县一级会不会失去规范和约束?

(二)上一级政府会不会让权力"空放"、"虚放"?

然而,对于基层政府或企业来讲也有担心,就是上级权力的"空放"和"虚放"。

通过新华社记者在各地的调查发现,行政审批相关权限下放在数字上、幅度上都比较明显,但其中也出现了权力"空放"、"虚放"、放后效率不高的现象。

义乌当地一些干部反映,权力下放为义乌市开展国际贸易综合改革试点起到了极大的推动作用,但在向义乌下放的行政审批和管理事项清单中,也出现一些让人无法理解的情况。比如,浙江省经信委下放的是煤炭开采类许可事项,省农业厅下放的是草原类许可事项,省交通厅下放的是水路和船舶经营许可等权限,跟义乌根本搭不上关系,这样的权放下来,对当地没有实际意义。

此外,一些地方干部还反映,一些上级单位在放权方式上仍不彻底,不"干脆利落"。绝大多数权力为"委托",以"直接交办"或"扩大审批权限"等方式放权的占少数。

新华社记者在调查中发现,在当前简政放权的大背景下,上述权力

"空放"、"虚放"、"放权不彻底"等现象在一些地方明显存在，集中表现为三个方面。

一是放权错位。主要表现为下放权力与地方经济社会发展不相符，放权针对性、有效性不强。浙江某县级市反映，2012年上级部门下放的406项行政审批和管理事项，与该市有关的事项仅158项、占总事项的38.4%，其中涉及投资项目审批的仅1/3，同基层要求出现一定的错位。

二是放权有水分。一些中西部企业反映，有关采矿证审批发放的权限虽然下放到省里，但还是要到国土资源部摇号。还有地方干部反映，权限下放不稳定，上级部门可能会在下放一段时间后，以审核或备案为由，变相收回下放的权限。

三是放权不完整。在许多县市，仍存在后置审批事项权限下放后，前置审批部门或相关联部门没跟进下放的情况，导致办事群众省里、县里两头跑现象。比如浙江某县反映，省住建厅下放的交通、输变电类工程资质审核，在市住建局受理后需递交省交通厅、省供电局等部门审核，而省交通厅、省供电局该项权限未下放；省商务厅下放对外建设项目审批后，住建厅相应权限却没有下放。浙江东阳市有些审批，上级只下放受理权或初审权，终审权没有下放到位；有些则把决定权下放了，但留下发证环节，出现一半环节在上级办、一半环节在县里办的现象，申请人反而更不方便。

不少基层干部认为，权力下放过程中出现这些种种不尽如人意、随意性大、标准缺失等情况，其根本原因在于部门利益的影响，以及没有从思想上触动"职能转变"这根弦，导致权力的"错放"、"虚放"、或是"一放了之"。

在一些地方，权力下放并非是基层"点菜式"，而是上级部门"配给制"。东部一县级市负责人透露，以从市里拿到的357项省级行政审批及管理事项为例，这些事项多是省里各厅局报的，而非地方提出的。许多权限无法下放是因为与部门法规有冲突，而这些法规背后牵扯着部门利益。

一些地方干部直言，有的部门在下放权力时，只放复杂的、要负重大责任的权限，而把操作简单的、权力含金量高的、体现权力特征明显的、没有特别大责任要负的权力留在手中。

业内资深专家表示，行政审批制度改革方案中的权力分布应为正三角形。从国家层面，放权要建立几个凡是：凡是符合国家政策或相关部委批准的综合性规划项目，可以不必再在国家层面审批，国家层面只批规划不批项目；凡是不使用中央资金的，国家层面也不必再审批，企业对自己的投资负责；凡是不跨省一级区域的、只一个省范围内的项目，一般情况下也不必再审批。省市一级权限的下放，也可以参照此方式类推，从而为基层发展营造更大的空间。

（三）"放权"="放任"？

"简政放权后，权力下放了，事情少了，我们的工作就该轻松了。"调查中，来自不同层次的干部表达出上述想法。

"简政放权，事前审批的工作的确少了，但事后监管的工作更重了。'放权'不代表'放任'。"上海金融与法律研究院执行院长傅蔚冈说，"简政放权不是一放了之，不代表企业就丧失监管。"

我国自2001年启动行政审批改革，累计取消、调整了2000多项行政审批项目。但事实上，有些政府部门仍然"该放的不放，该管的不管"。

清华大学公共管理学院院长薛澜指出，从目前审批权设置来看，一部分审批权是计划经济产物，应该取消；还有一部分是随着市场经济的发展和要求新设立的，简单取消后可能出现很多问题。

当前，中国经济面临下行压力，地方拉动经济增长动力仍然强烈。放权后，如何防止各地项目投资"井喷"，引发新一轮重复建设和环境污染？食品安全、质量缺陷等问题频发，如何实现有效监管？

"目前在政府审批权中，'放'与'管'界限尚不清晰。"薛澜说。

国家发改委秘书长李朴民指出，在大幅度取消和下放行政审批事项同时，要防止出现"一放就乱、一乱就收"问题。在此过程中，要坚持权力和责任同步下放、调控和监管同步强化。

薛澜认为，"放"和"管"要"双轮驱动"，简政不意味着减少监管。目前，"放"有积极措施，从中央到地方都在按步骤清理审批清单；但在加强事中和事后监管方面，还缺乏进一步的实质性动作。

针对工商登记制度改革，国家工商总局局长张茅表示，要综合运用行政、经济、法律、自律等手段加大监管力度、提高监管效能。"并不意味着监管职责的弱化，而是提出了更高更严的要求。"

薛澜说，如果只改革审批制度，没有其他配套改革，改革很难推进。配套改革包括政府职能转变、机构设置、人员配备和能力的提高。要明确哪些职能是政府必须行使的，哪些是可以由社会和公共服务组织承担的。

调查中，许多地方干部、企业、学者都表示，行政审批权力下放应是一个系统工程，绝不能仅仅"一放了之"。权力下放必须注重整体性、系统性，需"三重并进"。

一是权能匹配。审批权限下放必须与地方审批能力建设相匹配，事权下放应与财权、要素配置权同步配套，应该帮助地方在制度建设、人员培训、检验检测设备配套和软硬件建设方面跟进，否则不能真正提高审批效率。据天津市滨海新区行政服务中心主任许春梅介绍，为确保事项下放后可以接得住，他们组织新区部门与市属部门集中对接，进行"一对一"系统培训。

二是权责对等。改变放权与收权的随意性，最重要的就是要有制度规范，特别是基层在掌握权力的同时要承担对等的责任。义乌基层干部认为，权力下放需要配套的法制环境，建议国家制定行政授权法等相关法律，将下放权限依法授权给承接的下级部门实施，其法律后果由下级部门承受，实现目前对下级行政赋权向法律赋权转变，以维护权责一致的严肃性。

三是权属清晰。放权的同时要注重分权，特别是中央、省、市和县四级权属的划分要清晰，许多市场主体不知道各级政府的权限，有时"找不到门，拜不到佛"，往往跑上跑下多次才弄明白。

权属不清就相当于政府设置"黑匣子"，甚至是"设租"，而企业找政府办事的过程又如同在"寻租"，这只有靠政府权属清晰才能解决。浙江大学公共管理学院教授胡税根说，我国政府上下间、部门审批权限间缝隙很大，权力如果没有得到合理分配，很容易造成行政资源与行政效率的流失。

对于行政审批下放，乃至取消，全国人大代表、娃哈哈集团董事长宗庆后认为，市场的现状是重审批轻监管，前面复杂繁琐，后面无人管理。

其实行政审批权的改革，下一步的理想目标是轻审批重监管，行业准入制定标准即可，后面严格监管，一旦出现问题，采取最严厉的惩罚措施。"过去我们市场经济不发达，很多人不知道干什么，所以需要引导大家去做什么，现在则不然，应该告诉大家不能做什么，其他的，非禁即入，完全放开。"

二、"放"和"管"要"双轮驱动"

国务院机构职能转变，不仅要取消和下放权力，还要改善和加强政府管理，关键是要在搞活微观经济的基础上搞好宏观管理，创新行政管理方式，增强政府治理能力，健全公共服务体系，提高政府效能，建设现代政府。这是提升政府公信力、执行力和权威性，更好地服务经济社会发展、服务人民群众的必然要求。

这些年总有人抱怨，一些政府部门总有双"闲不住的手"，处处设卡、层层审批。在改革指向下，"闲不住的手"要变为政府管理职能创新"推手"。

有人画了一张行政审批的"万里长征图"，办一个企业，上一个项目，要盖上百个公章，不仅如此，还被"吃拿卡要"。

还有一个更典型的例子。北京一所高校的一位毕业生，回到家乡创业，办一个书店，在多个部门跑了30多趟，花了不少钱，盖了不少章，历时3个多月，总算办起来了。但开业后，各种检查、收费、罚款就跟着来了，没钱就拿书，最多的一次拿走了140多本。最后，他一气之下关门不干了。

一方面，不该政府管的要坚决取消、下放；另一方面，政府在职责范围内的要坚决管住、管好。

"放"的同时，要切实加强市场监管，营造公平竞争的市场环境。特别是对食品、环境、安全生产等群众高度关注、反映强烈领域，要重拳打击违法违规行为。一方面，"管"要创新公共服务提供方式，把政府工作重点放在"保基本"上，在非基本的公共服务领域，更多发挥市场和社会组织作用。

政府少了权力，却增加了更多责任；企业少了负担，却必须增加自律。未来还需出台更多法律法规，创造守信激励、失信惩戒的营商氛围。

专家指出，多年来，政府存在的越位、错位、缺位现象，既影响了行政效率，也易产生腐败或者寻租行为，损害了政府形象。政府职能转变，已是刻不容缓。

与此同时，转变职能意味着政府要削自己的权，推进这项工作面临不小阻力。国务院此前六轮行政审批制度改革，取消和调整了原有审批项目总数的近 70%，但行政审批事项一边减一边增，改革效果打了折扣。

面对中国经济社会发展面临的新形势新挑战，要实现全面深化改革攻坚克难的宏伟目标，释放改革红利，为经济发展注入新动力，关键要把加快职能转变摆在更突出位置。

（一）加强市场监管

加强市场监管，把该管的事管住管好，我们要明确"管什么"和"怎么管"。

1. 管什么

当前，最紧迫最关键的，就是加强市场监管。之所以这样说，是因为政府最大限度地放权，一个重要目的就是要为各类市场主体营造公平竞争的发展环境。只有建立公平的环境，才能实现公平的竞争。

李克强总理在 2013 年 5 月主持召开的国务院机构职能转变动员电视电话会议上明确指出，目前，我国市场经济秩序还很不规范，经营不讲诚信、假冒伪劣屡禁不绝、侵犯知识产权时有发生、寻租行为不少。这些现象得不到有效制止，对于诚实守信的经营者就是不公平，就会产生"劣币驱逐良币"的扭曲现象，从而伤害整个经济健康发展。这不仅会影响国内各种所有制企业的正常经营，也会影响国外投资者来华投资发展。所以，我们这次改革绝不是一放了之，在放权的同时必须加强市场监管。

近些年来，一些伤及市场经济建设、损害消费者利益的不诚信行为时有发生，且危害较大，几乎每个人都有切身感受。市场不规范、商业不诚信有哪些表现和案例，新华社记者通过调查疏理了十大类型。

（1）制假售假

案例：鸭肉摇身变成"羊肉"、"牛肉"。

2013 年 3 月，内蒙古包头公安机关成功破获腾达食品有限公司制售假劣食品案，现场查获冷冻肉 6.4 吨、成品假牛肉干 14.6 吨，以及"一滴香"、"牛膏 1 号"等调味料。经鉴定，假牛肉干中大肠杆菌等严重超标。经查，2010 年以来，该公司使用鸭肉等为原材料，生产假劣牛肉干、羊肉干，通过 18 家物流公司销往全国 15 个省区市，案值 600 余万元。

而近年来，山东、上海、江苏、贵阳等地警方均破获假冒牛、羊肉大案，捣毁了大批"毒鸡爪"等制假黑窝点。

如 2013 年 2 月，江苏无锡公安机关在无锡、上海两地统一行动，打掉一特大制售假羊肉犯罪团伙，抓获犯罪嫌疑人 63 名，捣毁黑窝点 50 余处，现场查扣制假原料、成品半成品 10 余吨。

经查，2009 年以来，犯罪嫌疑人卫某从山东购入狐狸、水貂、老鼠等未经检验检疫的动物肉制品，添加明胶、胭脂红、硝盐等冒充羊肉销售至苏、沪等地农贸市场，案值 1000 余万元。

（2）虚假宣传

案例：借明星名人效应欺骗消费者。

近年来，不少产品虽无实际功效，但通过借助影视明星等名人效应，夸大产品功效，欺骗消费者。不少文艺界的大师大家们频频出现在电视台和报纸的广告中，为一些称包治百病的"神药"、"神奇疗法"代言。

国家工商行政管理总局对 2014 年 1 月全国部分电视、报纸、互联网媒体发布的医疗、药品、保健食品、化妆品及美容服务类广告进行了抽查监测，并公布了这次抽查监测发现的部分严重违法广告。其中包括：

——老陶家黑发散化妆品广告。广告中"中国中药染黑特殊工艺的唯一传承人，被多家权威媒体报道，曾为中央领导人服务"、"绝对纯天然，不含一丝化学染发成分，整个染发界独一份"等内容，涉嫌虚假宣传，使用绝对化用语，夸大化妆品的效用或者性能，并使用他人名义、形象保证使用效果，误导消费者。

——芙源猪皮面膜化妆品广告。广告中"浓度高易吸收，3 秒渗透基底，经首尔 2000 万女性共同验证"、"使用 20 分钟皮肤立感水润饱满，3 天持续亮白光彩，7 天恢复紧致弹性，28 天重新拥有婴儿般的柔嫩肌肤"等内容，使用绝对化用语，夸大化妆品的效用或者性能，并使用他人名义、形象保证使用效果，误导消费者。

——补肺丸药品广告。广告中"以补代治，才能不反复发作，根本上解决咳喘、慢支呼吸疾病"、"全国唯一补肺治喘红色 OTC 国药，1 盒不咳，2 盒不喘，三疗程治好老咳喘"等内容，含有不科学的表示功效的断言和保证，并利用医疗机构、专家和患者的名义和形象作证明，误导消费者。

（3）业绩造假

案例：上市公司将亏损做成盈利，欺骗股东。

2005 年至 2008 年间，紫光古汉长期通过虚开发票等手法虚增利润 5164 万元，掩盖了期间公司连续两年亏损的事实。据证监会调查，该公司业绩造假最严重的时段是在 2005 年与 2006 年。通过虚开普通发票、虚增主营业务成本等手法，该公司在 2005 年虚增营业收入 3669.47 万元、虚增净利润 3750.22 万元；2006 年虚增营业收入 1122.28 万元、虚增净利润 676.38 万元。而根据紫光古汉该两年年报，其盈利仅分别 429 万元和 464 万元。

根据上市规则，连续两年亏损的上市公司会被施加退市风险警示（＊ST），但紫光古汉就此避免了"披星戴帽"的尴尬。一位资深财务人士告诉新华社记者，"虚开发票是非常低劣的财务作假手段，通过这样的手段作假避免戴帽，性质很严重"。

还有的企业竟然长年造假，如南纺股份 5 年间虚构利润超过 3.4 亿元，让这家企业变成了股市上连续多年盈利的"香饽饽"。

（4）价格欺诈

案例：贴着"优惠促销"标签，实际卖得更贵。

2014 年年初，家乐福深圳保利店推出的元宝大豆油、景田饮用纯净水等产品竟然比促销前贵 1/3，甚至贵一半。沃尔玛深圳福星店促销"2 瓶'法国莱雅干红 8 号'仅需 88 元"，但卖的却是另外一种红酒，售货员拒绝为海报上的两瓶红酒按 88 元结账。

在一些旅游景点，接待旅游团队购物的水晶店、螺旋藻店普遍存在先虚高标价、再虚假优惠打折的违法行为，绝大部分水晶、螺旋藻标示售价都在购进成本价的 10 倍以上，有的水晶达到几十倍甚至上百倍。

2013 年 2 月中旬，三亚帝佳贸易发展有限公司（帝佳水晶购物店）销售商品编码为 11370998 的发晶吊牌（金钛晶），购进成本价为 713 元，标示售价为 13950 元，标价为购进成本价的 19 倍（不考虑经营费用），实际成交价在标价基础上打 8.5 折，即 11860 元。三亚中御水晶有限公司（中御水晶购物店）销售商品编码为 A8000005 的"黑曜石手链"，购进成本价为 5 元，标示售价为 470 元，标价为购进成本价的 94 倍（不考虑经营费用），实际成交价在标价基础上打 8.5 折，即 400 元。

（5）以劣充好

案例：残羹冷炙成一些不法商家赚钱的"宝贝"。

2012 年，湖南破获的一起特大制售地沟油案件中，吴昌松等人利用废弃油脂等加工成地沟油，有 250 多吨流向餐桌，5000 元的成本能卖到 12500 元；山东朱姓三兄弟从外省收购大量泔水油卖给一些粮油公司，销售金额超过 5000 万元。

（6）违法添加

案例："瘦肉精"冲破"十八道检验"。

2011 年，河南双汇集团旗下一家公司生产的含有"瘦肉精"的猪肉，冲破十八道防线流入市场。不仅双汇，山东、四川、北京等地都查出使用"瘦肉精"的现象，天津甚至在航空供给食品中检出"瘦肉精"。

（7）拒不认错，掩盖问题

案例：知名品牌"欲盖弥彰"。

2012 年 5 月初，可口可乐发生余氯水混入产品事件曝光后，公司先是宣称此为误传，两周后才承认操作失误，并就此道歉；2013 年 1 月，肯德基"药残鸡"事件爆发一个半月之后，百胜集团中国 CEO 才出面道歉。

（8）欠债不还

案例：讨薪成了含辛茹苦打工一年的农民工群体最难过的"年关"。

2011年12月9日，一条讨薪的微博成了大家讨论的焦点。网名为"讨薪寒"的重庆农民工刘仲凡在微博发帖称，讨薪被打断鼻骨，"背井离乡把钱挣，累死累活大半年"，"讨薪寒"在微博上发表了对仗工整的17行"讨薪诗"……网友"讨薪寒"成了重庆微博讨薪第一人。

一万块钱的工资，讨要了900多天。直到今年"五一"前夕，农民工刘仲凡才拿到了在重庆营中营装饰设计工程有限公司被拖欠了3年多的工资。从讨薪到最终拿到工资，他一共走了8个程序，出庭20余次，历经939天。

（9）偷逃税款

案例：走私、稀有资源倒卖、虚开发票等问题。

自2011年11月开始，19家企业利用西藏农产品收购税收优惠政策，在无真实业务情况下，虚开收购发票2366份，开票金额7.83亿元，抵扣税款1.02亿元。

2013年，海关侦破包头市一起稀土走私大案，涉案货值和偷逃税款总额达1400多万元。

（10）店大欺客

案例：对消费者施以霸王条款。

2014年4月，易迅网上购买支持7天无理由退货商品的消费者投诉称，在没有使用产品的情况下要求退货时，被告知要收取10%的退货手续费。而这一条款早在2010年就被列入上海消保委典型消费维权事件。

李克强总理指出，当前，一定要把监管的重点放到人民群众反映强烈、对经济社会发展可能造成大的危害的领域上来。比如食品安全问题就涉及千家万户，关系人民群众身体健康和生命安全，人是一日三餐，民是以食为天，从中央到地方政府都要加强监管。最近，"掺假羊肉"、"毒生姜"事件接连发生，加重了群众对食品安全的担忧。这些虽然只是局部的、苗头性的问题，但影响恶劣，危害很大，一定要高度重视、严格监管、严厉打击，重拳方有效，重典才治乱，要让犯罪分子付出付不起的代价，决不能再出现问题奶粉那样的信任危机。虽然现在我们财政紧张，也要在加强基层监管手段上舍得用力花钱，让老百姓对食品安全有信心。还有环保问题,不仅是重大发展问题,也是重大民生问题。近年来,环保方面采取了不少措施,对建设项目实行了环境评价制度,但重事前审批、轻事中事后监管问题仍然严重,未能实行全过程监管,造成一些项目在建设过程中和投入运营后,又因环境问题引发很多社会矛盾。我们说在环保工作上要不欠新账、多还老账,如果不加强监管是做不到的。加强监管还有利于环保和节能产业发展,培育新的经济增长点。

什么原因导致失信事件频发?成本低、地方保护主义、监管缺位等因素是主因。

(1)失信成本过低

一边是高额的利润,一边是微不足道的处罚,这是导致一些企业敢于铤而走险违背诚信的重要原因。

比如,一些执法部门只是以罚代管,罚款之后便不了了之,而且所罚金额远不足以震慑商家不诚信行为。如法律规定,经营者提供商品或者服务有欺诈行为的,消费者只能按商品的价款或者接受服务费用的3倍来要求增加赔偿。正因为过低的违法违规成本使得一些失信企业"打而不死",甚至变本加厉。

(2)一些地方政府充当"保护伞"

一些地方政府充当"保护伞",也是企业制假售假等不诚信问题难以治理的主要原因之一。

据媒体公开报道,2010年至今,贵州、湖北等多地相继查出假冒套牌种子堂而皇之地流入农村市场,造成农民损失甚至颗粒无收,这与地方政府部门"睁一只眼闭一只眼"不无关系。有的地方政府部门甚至对恶意拖欠农民工工资但能给地方带来丰厚税收的企业"网开一面"。

中国人民大学商法研究所所长刘俊海说,一些地方政府暴露出的"重发展轻规范"的错误发展观念,不仅对商业不诚信行为坐视不管,甚至将其作为一种发展模式,最终将导致"劣币驱逐良币"的后果。

(3)监管缺位

无论是三聚氰胺、瘦肉精等食品安全事件,还是类似的各种公共案例事件,公众常常质疑,监督部门的日常监管到哪里去了?

有些专家认为,一些地方监管部门"轻日常、重活动",喜好"声势浩大、成绩突出"的专项整治活动，寄希望于"毕其功于一役"。这种非常态化的监管方式，其结果就是造成一些失信事件没有止于萌芽，而任其发展到难以收拾、危害深远的地步。

2014年两会刚刚结束不久，李克强总理于5月14日主持召开国务院常务会议，讨论通过《中华人民共和国食品安全法（修订草案）》。会议指出，保障食品安全关系每个消费者切身利益。修订食品安全法体现了党和政府对人民群众生命健康安全的高度重视。修订草案重点作了以下完善。一是对生产、销售、餐饮服务等各环节实施最严格的全过程管理，强化生产经营者主体责任，完善追溯制度。二是建立最严格的监管处罚制度。对违法行为加大处罚力度，构成犯罪的，依法严肃追究刑事责任。加重对地方政府负责人和监管人员的问责。三是健全风险监测、评估和食品安全标准等制度，增设责任约谈、风险分级管理等要求。四是建立有奖举报和责任保险制度，发挥消费者、行业协会、媒体等监督作用，形成社会共治格局。会议决定，修订草案经进一步修改后提请全国人大常委会审议。

分析认为，食品安全法作为我国食品安全领域的重要法律，此番修订更加突出了企业主体责任和监管处罚，同时提出食品安全社会共治的理念，体现了我国用最严格的监管、最严厉的处罚、最严肃的问责，着力保障"舌尖上的安全"的决心和监管新思路。

此次修订对食品安全法进行了完善，提出对生产、销售、餐饮服务等各环节实施最严格的全过程管理，强化生产经营者主体责任，完善追溯制度。

国家食品质量安全监督检验中心总工程师曹红说，食品安全首先是"产"出来的，对于食品生产企业而言，不管规模大小，必须强调企业的主体责任，要求企业通过全过程的控制来保障产品符合安全标准。

另一方面，食品安全也是"管"出来的。食品安全违法成本较低，被认为是我国食品安全违法问题层出不穷的重要原因。此次修订明确要建立最严格的监管处罚制度。对违法行为加大处罚力度，构成犯罪的，依法严肃追究刑事责任。对食品安全法的修订完善，体现了我国政府对于食品安全问题的高度重视，也展现了监管的高压态势。

综上所述，当前，什么领域是人民群众反映最强烈的，什么领域是对经济社会发展可能造成大的危害的,就是政府需要加强监督的重点所在。比如食品安全问题就涉及千家万户,关系人民群众身体健康和生命安全,人是一日三餐,民是以食为天,从中央到地方政府都要加强监管。有些虽然只是局部的、苗头性的问题,但影响恶劣,危害却很大,一定要高度重视、严格监管、严厉打击,重拳方有效,重典才治乱,要让犯罪分子付出付不起的代价,决不能再出现问题奶粉那样的信任危机。即使政府的财政紧张,也要在加强基层监管手段上舍得用力花钱,让老百姓对食品安全有信心。

还有环保问题,不仅是重大发展问题,也是重大民生问题。近年来,环保方面采取了不少措施,对建设项目实行了环境评价制度,但重事前审批、轻事中事后监管问题仍然严重,未能实行全过程监管,造成一些项目在建设过程中和投入运营后,又因环境问题引发很多社会矛盾。我们说在环保工作上要不欠新账、多还老账,如果不加强监管是做不到的。加强监管还有利于环保和节能产业发展,培育新的经济增长点。

2. 怎么管

把政府该管的事情管好,在明确了"管什么"后,还要明确"怎么管"。

正如李克强总理所说,大量减少行政审批后,政府管理要由事前审批更多地转为事中事后监管,实行"宽进严管"。加强事中事后监管,发现问题就必须叫停、处罚,这往往要得罪人,甚至要做"恶人",比事前审批难得多。工作方式也不一样,事前审批是别人找上门,事后监管则是自己要下去,到现场了解情况,实施监管。同时,我们一些政府机关和干部在行政审批方面通常是轻车熟路,但在市场监管方面办法还不多、经验也不足。这主要不是因为干部水平本身的问题,还是体制不对头,所以事倍功半。这种管理方式上的转变,对各部门、各级政府都是新的考验和挑战,责任更重了,要求更高了。我们作为人民的政府和国家的公务员,要对人民负责、对国家负责,就要担这个责任,不断提高自身水平,这是无法回避的。

我国如何实施"宽进严管"?不妨先看看国外是怎么做的。

事实上，无论是食品安全，还是环境保护，同样是一个全球性难题。在世界许多国家，食品安全事故也时常发生。长期以来，世界各国都在积极探索如何对食品安全进行更有效的监督和管理，一些国家和地区在这方面积累了一些宝贵的经验。

第一，成立专门的部门监管食品安全问题。可以说，监管主体的清晰管理是一些国家在长期的实践中总结出的重要经验。例如，美国政府1998年成立了"总统食品安全管理委员会"来协调全国的食品安全工作。英国政府于2000年成立了食品标准局，该局是不隶属于任何政府部门的独立监督机构，负责食品安全总体监管和制定各种标准，每年向国会提交工作报告。为理顺食品安全管理机制，俄罗斯于2004年3月在卫生和社会发展部下设立联邦消费者权益和公民平安保护监督局，将俄罗斯境内食品贸易、质量监督及消费者权益保护工作交由该局集中负责。这一机构的成立对于集中行政资源、监控食品质量和安全起到了积极作用。

第二，为每份食品"建档案"，严格监测食品生产和销售的各个环节。面对不断出现的食品安全危机，欧盟于2002年首次对食品生产提出了"可溯性"概念，以法规形式对食品、饲料等关系公众健康的产品强制实行从生产、加工到流通等各阶段的溯源制度。2006年，欧盟推行从"农场到餐桌"的全程控制管理，对各个生产环节提出了更为具体、明确的要求。在法国，由于近些年来疯牛病、二恶英污染、禽流感、口蹄疫等与食品安全相关的问题不断出现，促使法国从食品供应的源头开始实行严格的监控措施。供食用的牲畜如牛、羊、猪都挂有识别标签，并由网络计算机系统追踪监测。屠宰场还要保留这些牲畜的详细资料，并标定被宰杀牲畜的来源。肉制品上市要携带"身份证"，标明其来源和去向。"食品溯源制度"也是日本政府目前正在大力推广的一项食品安全管理制度，目的是对每一件产品建立生产、加工、流通所有环节的"履历"，将其产地、农药使用情况等进行记录。一旦出现问题，通过记录就能够迅速找到原因。

第三，出狠招重罚食品造假。由于近年来食品安全事故不断出现，各国为此都加大了惩罚力度。在英国，违反食品安全法规者，不仅要对受害者做出民事赔偿，还要视其违法情节轻重承受相应的行政处罚乃至刑事责任。例如，《食品安全法》对一般违法行为处以5000英镑以下罚款或3个月以内监禁；对出售不达标食品或有损消费者健康的食品者，处以最高 2 万英镑罚款或 6 个月以内监禁；对违法后果十分严重者，处以无上限罚款或两年以内监禁。2004 年 6 月，韩国曝出了"垃圾饺子"风波。事件曝光后，韩国修改了原有的《食品卫生法》，规定故意制造、销售劣质食品的人员将被处以 1 年以上有期徒刑；对国民健康产生严重影响的，有关责任人将被处以 3 年以上有期徒刑。而一旦因制造或销售有害食品被判刑者，10 年内将被禁止在《食品卫生法》所管辖的领域从事经营活动。另外，还附以高额罚款。

第四，不断完善食品安全方面的法律法规。完善的法律法规体系是有效实施食品安全监管的基础。美国建立了涵盖所有食品类别和食品链各环节的法律法规体系，为制定监管政策、检测标准以及质量认证等工作提供了依据。同时，随着科学技术的发展和食品安全方面新问题的不断出现，美国政府十分重视对已有法律法规进行及时修正，动态调整。如，2009 年 1 月，美国花生公司布莱克利工厂生产的花生酱被沙门氏菌污染，导致 9 人死亡，震惊全美。事件发生后，美国相继通过了几经修改的《2009 年消费品安全改进法》和《2009 年食品安全加强法案》。

利用发达国家的现有经验，结合中国的现实国情，中国政府在加强事中事后监管方面不断迈出新的步伐。

2014 年 4 月 23 日召开的国务院常务会议，确定进一步落实企业投资自主权的政策措施，决定在基础设施等领域推出一批鼓励社会资本参与的项目，部署促进市场公平竞争维护市场正常秩序工作。

会议指出，要按照党的十八大和十八届二中、三中全会精神，继续下好简政放权先手棋，实现放管结合、使两者相辅相成，营造公平竞争环境，规范市场秩序，在加强事中事后监管和完善监管体系中使简政放权顺利推进，这是保持经济运行处在合理区间的重要举措。会议明确，一要继续放宽市场准入。加快推进探索负面清单管理模式和建立权力清单制度。政府应以清单方式明确列出禁止和限制投资经营的行业、领域和业务等，对清单以外的，各类主体均可依法平等进入。严禁将审批事项转为有偿中介服务。二要全面清理有关法规和规章制度，坚决废除和纠正妨碍竞争、有违公平的规定和做法。三要加强生产经营等行为监管，强化市场主体责任，坚持依法平等、公开透明，把握好监管的"公平秤"，坚决杜绝监管的随意性。四要建立守信激励和失信惩戒机制。对违背市场竞争原则和侵犯消费者、劳动者合法权益的市场主体建立"黑名单"制度，对失信主体在投融资、土地供应、招投标等方面依法依规予以限制，对严重违法失信主体实行市场禁入。五要改进监管方式，整合执法资源，消除多头和重复执法。今年各地要进一步推进市县综合执法工作。会议要求，各地区、各部门要立足大局，细化措施、狠抓落实，推动建立统一开放、竞争有序、诚信守法、监管有力的现代市场体系，让市场的"发动机"更强劲有力，促进经济社会持续健康发展。

由此看来，国务院常务会议在部署促进市场公平竞争维护市场正常秩序工作时，提出了一系列旨在简政放权、放管结合、营造公平竞争环境、规范市场秩序的新措施，从而为本届政府的"宽进严管"政策走向注入新的内涵。

3. 如何宽进

如在"宽进"方面，国务院常务会议提出，要加快推进探索负面清单管理模式，以清单方式明确列出禁止和限制投资经营的行业、领域和业务等，而对清单以外的行业、领域和业务等，各类主体均可依法平等进入。

"清单之外非禁即入，才能构建公平的市场准入环境。"上海对外经贸大学教授沈玉良指出，目前随着社会发展许多行业已无审批必要，同时一些新的商业模式又无人审批，这些问题都可以通过负面清单管理模式加以解决。

负面清单是国际上重要的投资准入制度，目前已有70多个国家和地区采用了这一管理模式。所谓负面清单管理模式，相当于投资领域的"黑名单"，列明了企业不能投资的领域和产业。学术上的说法是，凡是针对外资的与国民待遇、最惠国待遇不符的管理措施，或业绩要求、高管要求等方面的管理限制措施，均以清单方式列明。

与负面清单相对应的是正面清单（Positive List），即列明了企业可以做什么领域的投资。在《服务贸易总协定》（GATS）中，利用正面清单来确定覆盖的领域，而负面清单则用来圈定在这些开放领域清单上，有关市场准入和国民待遇问题的限制,这种做法也被当下不少国家采用,从而有效利用正面和负面清单的手段,在开放市场的同时,保护部分敏感产业。

在我国,上海自贸区等少数地区作为试点先行先试。从试点地区情况看,负面清单激发了创新创业活力。成立 1 年来,上海自贸区新设企业1.26 万家,超过过去 20 年的存量。以备案制的方式办结 107 个境外投资项目,对外投资总额累计 23 亿美元。

4. 如何严管

与"宽进"实施的负面清单相对应,"严管"方面则是建立"黑名单"制度,让失信企业或个人"一处违法、处处受限",加大其失信成本。

国务院常务会议提出,要对违背市场竞争原则和侵犯消费者、劳动者合法权益的市场主体建立"黑名单"制度,对失信主体在投融资、土地供应、招投标等方面依法依规予以限制,对严重违法失信主体实行市场禁入。

中国人民大学商法研究所所长刘俊海指出,在实施市场准入宽进的同时,必须加强事中事后的严管,而严就体现在"一处违法、处处受限"上,目的是切实提高失信成本。

那么,如何让"一处违法"的企业"处处受限"呢?关键是要让企业的信用信息暴露在阳光下,这样,一处违法,处处都知道,处处都引起警觉,处处都采取惩戒措施,违法者就会处处受限。为此,工商总局近期专门开通了全国企业信用信息公示系统,而央行、税务、公安、海关等也构建了类似的诚信数据库。

此次国务院常务会议还提出,要坚持依法平等、公开透明,把握好监管的"公平秤",坚决杜绝监管的随意性。要改进监管方式,整合执法资源,消除多头和重复执法。

长期以来,由于多方面原因,不少部门都建有自己的执法队伍,甚至同一个领域有几支执法队伍,多层执法、多头执法、重复执法,一定程度上影响了行政执法的公正性和统一性,损害了人民群众的利益和政府的形象。

早在 2009 年,深圳市已率先将多个执法部门合并为市场监管局一家,逐步解决了执法效率不高、执法行为不规范等问题。2013 年底，上海浦东也把工商、质监、食药监三部门合并，初步破解了原来分段管理、多头执法的弊病。

像深圳、上海等地方这样将多个执法部门合为一家，进行"综合执法"，不仅减少了行政部门对市场活动不必要的干扰，也有助于提高市场监管的效率。工商总局局长张茅就曾指出，只有通过强化执法联动协作机制，从单一部门、单一地区的监管执法向跨部门、跨地区的协同监管与综合执法转变，并积极探索在全国、全省、区域范围内实行办案信息共享，才能维护全国统一的市场秩序。

5. 如何加强问责监督

李克强总理强调，新一轮转变政府职能的大幕已经拉开。要严格落实任务和责任，对工作不力的进行问责。要把职能转变工作纳入年度考核，建立长效机制。改革要公开透明，把取消、下放和保留的行政审批事项，依法及时向社会公布，接受群众监督。

2014 年 8 月 27 日，国务院常务会议的一则新闻公报引发社会上的广泛关注：为改革创新政府管理方式，近期国务院委托全国工商联等单位，采取走访企业、入户调查座谈等方式，对简政放权、落实企业投资自主权、棚户区改造、扶贫开发、农村饮水安全等改革、发展、民生政策落实情况开展第三方评估。

会议强调，第三方评估对政府工作既是监督，也是推动，要形成制度。对发现的问题，相关部门要落实责任，抓紧整改，使政策落实成为一场"接力赛"，确保"抵达终点"，让群众得到更多实惠。

这是国务院首次引入第三方评估机制。如上所说，第三方评估对政府工作既是监督，也是推动，今后还要形成制度。那么，什么是第三方评估制度，又如何实施评估呢？

"第三方评估"的概念是与政府绩效管理、政府绩效评估的概念联系在一起的。在第三方评估中，"第三方"的"独立性"被认为是保证评估结果公正的起点，而"第三方"的专业性和权威性则被认为是保证评估结果公正的基础。

从西方国家实行"第三方评估"的经验看，第三方是指处于第一方——被评对象和第二方——顾客（服务对象）之外的一方。由于"第三方"与"第一方"、"第二方"都既不具有任何行政隶属关系，也不具有任何利益关系，所以一般也会被称为"独立第三方"。在西方，多数情况下是由非政府组织（NGO），即一些专业的评估机构或研究机构充当"第三方"。这些非政府组织可以保证作为"第三方"的独立性、专业性、权威性的要求。

在我国的政府改革实践中，参与政府绩效管理的"第三方"被赋予了不同于西方的多种理解。如兰州大学管理学院院长包国宪教授将"第三方评估"的概念解释为：第一方评价是指政府部门组织的自我评价；第二方评价是指政府系统内，上级对下级做出的评价，这都属于内部评价。而第三方评价是指由独立于政府及其部门之外的第三方组织实施的评价，也称外部评价，通常包括独立第三方评价和委托第三方评价。中山大学行政管理学教授倪星等认为，在第三方评估中，第一方评估是指政府内部评估，第二方评估是指来自普通公众的外部评估，不同于这两方的是独立的专业性机构的评估。还有学者认为，第三方评估是区别于由政策制定者和执行者进行的评估。第三方的主体可以是多样的，包括受行政机构委托的研究机构、专业评估组织（包括大专院校和研究机构）、中介组织、舆论界、社会组织和公众，特别是利益相关者参与等多种。在各地政府工作中，"第三方评估"主要是指市民评议政府的活动。

目前，以"第三方"自身的组织成分作为分类依据，现在各地已经创新出的"第三方评估"模式主要有：高校专家评估模式、专业公司评估模式、社会代表评估模式和民众参与评估模式四种：

高校专家评估模式。这是由高校中的专家学者作为"第三方"接受地方政府委托的评估模式。比如甘肃省政府委托兰州大学中国地方政府绩效评价中心进行的省内各级政府非公企业工作绩效评估；杭州市政府邀请浙江大学亚太休闲教育研究中心对首届世界休闲博览会的工作进行整体评估；还有华南理工大学公共管理学院课题组对广东省市、县两级政府进行的整体绩效评价等。

专业公司评估模式。这是由专业组织作为"第三方"参与政府绩效评估的模式。比如厦门市思明区政府引入福州博智市场研究有限公司进行群众满意度评估；上海市闵行区邀请市质量协会用户评估中心对区政府各部门进行评估。还有 2006 年，武汉市政府邀请世界著名的管理咨询机构麦肯锡公司作为第三方对政府绩效进行评估。这种由商业公司来制定政府目标考核办法的举措。完全不同于党委、政府制定考核办法的模式。

社会代表评估模式。这是由各级政府"纠风办"组织的测评团或评议代表作为"第三方"进行评估的模式。这种模式主要是指民主评议政风行风工作中的评估模式。

民众参与评估模式。这是普通民众随机或自由参与评议政府工作的模式。依据民众参与途径的不同，在具体形式上还可以细分为三种形式：第一种是政府调查机构随机抽访的市民作为"第三方"，如有的城市统计局城调队到广场随机发放问卷（调查表）、或者采用计算机辅助电话访问系统进行电话调查等。第二种是在政府机关工作地随机拦截办事市民作为"第三方"，这种方式也称为"窗口拦截"，被拦截市民的评议方式主要是现场填写问卷或测评表，评议为他们办事的政府机构和人员的工作。各地方政府几乎都曾经运用过这种评议方法。第三种就是网上评议，这是指网民自觉接受政府网上的问卷调查，而不是网民的自由发帖评议。

为推动已出台政策措施落实，2014 年 6 月，国务院组成 8 路督查组分赴各地各部门，"无缝隙"参与到稳增长、促改革、调结构、惠民生等一系列政策措施落实情况的督查中。并在自查和实地督查基础上引入第三方评估，成为去年国务院督查最大的创新和亮点。

根据部署，此次第三方评估从 6 月到 8 月中旬展开，受邀的 4 家机构——全国工商联、国务院发展研究中心、国家行政学院、中国科学院，围绕简政放权、棚户区改造、精准扶贫、重大水利工程等部分重点政策措施落实情况马不停蹄深入中央部门和各地展开了调研评估。

相对于 8 个国务院督查组重点关注的 19 类 60 项具体政策，4 家机构的评估内容更具体、更有针对性：

——全国工商联负责"落实企业投资自主权，向非国有资本推出一批投资项目的政策措施"落实情况的第三方评估；

——国务院发展研究中心负责"加快棚户区改造，加大安居工程建设力度"和"实行精准扶贫"两项政策落实情况的第三方评估；

——国家行政学院负责"取消和下放行政审批事项、激发企业和市场活力"政策落实情况的第三方评估；

——中国科学院负责"国务院重大水利工程及农村饮水安全政策措施"落实情况的第三方评估。

翻看每家机构的评估报告，从明确任务到成立评估组再到评估方法的确立，通过走访企业、实地考察、召开座谈会、组织问卷调查等多种形式，4家机构对评估调查进行了周密设计。

——为广泛听取民营企业声音，全国工商联4个调查组分赴12省市，召开的174场座谈会共有1693家民营企业参加，实地走访企业278家，回收有效问卷3044份，获取了30多万字"原汁原味"的一手素材。

——为真实反映棚改项目进展，国务院发展研究中心3个调查组赴9省份19县市实地调研，从建设任务和进度、资金筹集、土地落实、落实政策措施四个方面全面评估棚改和保障房项目。

——为体现评估的专业性，国家行政学院组建专业复合型专家评估队，涉及公共管理、公共政策、经济学、行政法、政治学、社会管理、文化科技、电子政务等领域22位专家，还成立由相关专业知名学者组成的13人顾问组。

——为确保评估的科学严谨，中国科学院用两个多月时间访谈利益攸关方千余人，实地考察了8个重大水利工程、17个县的84个农村饮水安全和小农水项目。

由此可见，越是深入基层，越能发现最真实的问题，越坦诚地反映民声，第三方评估才能真正为一系列政策措施落到实处"铺路"。

对于此次第三方评估，一些部委负责同志感叹，"讲出了以前不好意思说的问题，听到了平常听不到的情况，看到了平常看不到的问题。引入第三方评估，就是要发现一些政府内部监督碰触不到、不敢公开的问题，让监督更加客观、独立、公正。"

"有的对审批很迷恋，对监管很迷茫。"——如此次第三方评估就记录了一所大学的苦恼：仅2014年上半年就按上级部门要求开展了22项各类先进评比活动，其中中央级13个，干扰了学校的正常教学科研工作。

　　"一些关键权限没有下放！"——全国工商联的报告反映，前置审批过多影响企业投资效率：投资一个水电站项目申报前需编制38个评估报告、通过38次评审；建一个地质公园立项涉及30多个部门，需要盖近百个章。

　　部分垄断性强领域民间资本仍难进入——报告发现，推出示范项目的5个领域中，交通项目民资参与比例不足30%，油气管网和储气设施领域民间资本只参与了1个项目，3G、4G移动网络等新一代信息基础设施建设工程根本未向民资开放。

　　发现病症，才能对症下药。第三方评估不仅反映问题，而且还提出整改建议：

　　——进一步扩大民间投资领域，把石油、电力、化工、电信、铁路、城市基础设施等垄断型较强的领域和行业作为民间资本开放的重点；

　　——尽快出台中介机构管理办法和行业标准，建立中介机构诚信评价制度和"黑名单"制度，对中介机构服务加强规范和监管……

　　有媒体评价说，在督查中引入第三方评估，是政府管理方式的重大创新，体现了政府更加开放、乐于接受监督的胸怀。让专业部门评估政府工作，用群众的眼睛监督政府，有助于避免政府在自我评价体系中既当运动员又当裁判员。在督查中引入第三方评估，体现了党中央、国务院抓铁有痕、勤政务实的新风。有了第三方评估情况与自查、督查情况进行"对表分析"，反映最真实的底层声音，借助外部力量帮助政府找准症结，对症下药，增强督查实效。

【链接】李克强：简政放权要啃"硬骨头"

　　毋庸置疑，"简政放权"是本届中央政府紧紧扭住不放的改革"牛鼻子"。8月19日，李克强总理主持召开国务院常务会议，决定推出进一步简政放权新措施，持续扩大改革成效。

　　会议确定，再取消下放87项审批事项；将90项工商登记前置审批事项改为后置审批，实行先照后证；取消19个评比达标表彰项目；

同时，再取消一批部门和行业协会自行设置、法律法规依据不足的职业资格许可和认定事项。

李克强说，从过去习惯审批"画圈圈"，到不断自我削权，进而创新事中事后监管，这是政府职能转变的一场"自我革命"。今后越向纵深挺进，越要啃"硬骨头"、驱"拦路虎"。必须"痛下决心"，持续协同推进"放权"与"监管"，真正打造现代政府。

简政放权这场"自我革命"必须向纵深挺进，否则就可能走回过度依赖投资的老路

中编办负责人在汇报中说，随着简政放权持续不断推进，剩下的任务都是极难啃的"硬骨头"。为提高取消下放项目的"含金量"，该办协同有关部门梳理出社会各界通过网络等形式提出的 2500 多条建议，并在各部门晒出权力清单、广泛开展社会评议的基础上，顺应群众期盼，有针对性地推出新一批拟取消下放的行政审批事项。

李克强对此予以肯定。他说，此次出台的一批措施，使简政放权工作取得新的重大进展。这其中 80% 涉及投资、企业经营领域，"含金量确实很高"。

总理分析说，当前经济形势仍然错综复杂，下行压力很大，但就业形势却始终稳定，这其中很重要的原因就是通过简政放权和工商登记制度改革，直接带动了 600 万新增企业注册，与上千万就业人数的增长。他强调，稳增长的根本目的在于保就业，而简政放权在"为创业兴业引路、给企业发展松绑"上立了大功。

"政府对那些不该管的事情，管得实在太多了。"李克强说，"简政放权这场'自我革命'必须向纵深挺进，'放'与'管'要协同推进。否则，若想稳增长、保就业，就可能走回过度依赖投资的老路。"

他要求各部门务必"痛下决心"，紧紧抓住"简政放权"这一改革"先手棋"和宏观调控的"当头炮"，真正按照十八届二中全会精神，切实处理好政府与市场的关系，

有些地方做改革"典型"、"景点",给上级汇报很"好看",但百姓真要创业依然困难重重

李克强会上还着重讲到简政放权的落实问题。

"我到一些地方调研,大家普遍反映,改革'最先一公里'的力度确实不小,但也不同程度存在'明放暗不放'等问题。"他说,"我们要防止改革出现'中梗阻',各部门首先要做出榜样,常务会议通过、部门承诺过的工作一定要落实!"

李克强说,一些地方简政放权工作落实仍不到位,有些地方甚至专门做了改革的"典型"、"景点",给上级汇报很"好看",但百姓真要创业依然困难重重。

"我们要看到,新注册的600多万企业已经拿到市场入场券,必须抓紧为他们创造宽松的环境,让市场主体真正能留得下、存得活、长得大。"总理说。

那些侵犯知识产权的'山寨'产品之所以屡禁不止,是因为法治不健全、监管不到位。

今年以来,李克强几次主持召开企业座谈会,专门听取来自"市场主体"的声音。在这些会议上,多位企业家向总理呼吁"不要扶持政策、只要公平"。一些外企负责人也同样提出,希望中国政府加强监管,营造公平竞争的市场环境。

在19日召开的常务会上,李克强重提这一话题时说:"企业普遍认为,我们政府的事中事后监管还不够。那些侵犯知识产权的'山寨'产品、甚至危及人民健康安全的食品之所以屡禁不止,其中有经营者的道德原因,但更重要的,还是法治不健全、监管不到位。"

他要求有关部门要进一步加大力度,研究如何转变政府职能,创新事中事后监管。

"我们长期以来习惯于'画圈圈'、搞审批,如今职能转变是一场政府的'自我革命'。"李克强说,"各部门要认真研究'放''管'协同推进这篇大文章,真正把政府职能转变落实到位,打造现代政府。"

（肖楠,2014年8月20日）

（二）创新公共服务提供方式

加强社会管理和公共服务，是政府的重要职责。在经济领域简政放权的同时，我们为人民群众提供优质公共服务的职责必须加强。总体上看，现在我们的产品供应是充足甚至有些方面是过剩的，而服务则存在短缺问题，质量也需要提高。增加服务供给，满足社会需求，必须把政府的作用与市场和社会的力量结合起来。要把政府的工作重点放到"保基本"上来，加快织就织好一张覆盖全民的社会保障"安全网"，特别是要"补短板"、"兜底线"，为人民基本生活提供保障。同时，在非基本的公共服务领域，要更多更好发挥市场和社会的作用。要加快事业单位改革步伐，提供更多更有效的服务。大力引入社会资本，增加竞争，满足多样化需求。即使是基本公共服务，也要深化改革、利用市场机制、创新供给方式，更多地利用社会力量，加大购买基本公共服务的力度，要加快制定出台政府向社会组织购买服务的指导意见。凡适合市场、社会组织承担的，都可以通过委托、承包、采购等方式交给市场和社会组织承担，政府办事不养人、不养机构。这样既能加快解决公共服务产品短缺问题，又能形成公共服务发展新机制，对企业、老百姓和政府，都是"惠而不费"的好事。当然，在公共服务领域引入市场机制的同时，政府也要加强监管、搞好服务。

以上摘自李克强总理在国务院机构职能转变动员电视电话会议的讲话。由此可见，要创新公共服务提供方式，其重点一是政府要把工作重点放在"保基本"上；二是在非基本的公共服务领域，更多发挥市场和社会组织作用。

1. "保基本、补短板、兜底线"——织好覆盖全民的社保安全网

"人民对美好生活的向往，就是我们的奋斗目标。"

"在前进道路上，我们一定要坚持从维护最广大人民根本利益的高度，多谋民生之利，多解民生之忧，在学有所教、劳有所得、病有所医、老有所养、住有所居上持续取得新进展。"

民生无小事，枝叶总关情。党的十八大以来，习近平总书记在一系列

重要论述中，阐明了着力保障和改善民生的重要意义，提出了当前和今后一段时期民生工作的着力点，向人们展现了全面建成小康社会的宏伟蓝图，激励着广大人民群众奋发向上、共创美好生活。党和政府坚持把解决好人民群众最关心、最直接、最现实的利益问题放在各项工作的首要位置，以保基本、兜底线、促公平、可持续为准则，不断筑牢民生保障底线。

2012年12月中旬，在党的十八大刚刚召开后的第一个中央经济工作会议上就明确提出，加强民生保障，提高人民生活水平。要按照"守住底线、突出重点、完善制度、引导舆论"的思路做好民生工作。重点保障低收入群众基本生活，做好家庭困难学生资助工作。要注意稳定和扩大就业，做好以高校毕业生为重点的青年就业工作。要善待和支持小微企业发展，强化大企业社会责任。要加强城乡社会保障体系建设，继续完善养老保险转移接续办法，提高统筹层次。要继续加强保障性住房建设和管理，加快棚户区改造。要引导广大群众树立通过勤劳致富改善生活的理念，使改善民生既是党和政府工作的方向，也是人民群众自身奋斗的目标。

2013年3月17日，在新一届政府成立后，李克强总理在会见参加两会的中外记者时也强调，要着力提高城乡居民，特别是低收入者的收入，持续地扩大中等收入群体。如果说政府也是民生政府的话，就要重点保障基本民生，来编织一张覆盖全民的保障基本民生的安全网。其中包括义务教育、基本医疗、基本养老、保障房等，努力逐步把短板补上。还要坚守网底不破，通过完善低保、大病救助等制度，兜住特困群体的基本生活。这些人如果陷入生存的窘境，很容易冲击社会的道德和心理底线，所以政府要尽力，并且调动社会的力量，保障人们的基本生存权利和人格尊严。

2013年底召开的中央经济工作会议指出，着力做好保障和改善民生工作。要继续按照守住底线、突出重点、完善制度、引导舆论的思路，统筹教育、就业、收入分配、社会保障、医药卫生、住房、食品安全、安全生产等，切实做好改善民生各项工作。把做好就业工作摆到突出位置，重点抓好高校毕业生就业和化解产能过剩中出现的下岗再就业工作。努力解决好住房问题，探索适合国情、符合发展阶段性特征的住房模式，加大廉租住房、公共租赁住房等保障性住房建设和供给，做好棚户区改造。特大城市要注重调整供地结构，提高住宅用地比例，提高土地容积率。加大环境治理和保护生态的工作力度、投资力度、政策力度，加强区域联防联控，加强源头治理，把大气污染防治措施真正落到实处。

2014年底召开的中央经济工作会议也强调，加强保障和改善民生工作。坚持守住底线、突出重点、完善制度、引导舆论的基本思路，多些雪中送炭，更加注重保障基本民生，更加关注低收入群众生活，更加重视社会大局稳定。做好就业工作，要精准发力，确保完成就业目标。要更好发挥市场在促进就业中的作用，鼓励创业带动就业，提高职业培训质量，加强政府公共就业服务能力。扶贫工作事关全局，全党必须高度重视。要让贫困家庭的孩子都能接受公平的有质量的教育，不要让孩子输在起跑线上。要因地制宜发展特色经济，加大对基本公共服务和扶贫济困工作的支持力度。要更多面向特定人口、具体人口，实现精准脱贫，防止平均数掩盖大多数。

可见，党中央、国务院对保住民生底线的政策是一贯的，而且是不断细化的。

改革开放30多年来，特别是近10年来，我国民生工作迈上新的台阶，城乡居民收入增速一度达到历史最高水平，覆盖城乡的社会保障体系基本建立，城乡全面实行免费义务教育，全民医保体系初步形成，人民生活水平总体上发生了很大变化。

与此同时，由于我国仍处在社会主义初级阶段，还面临着为数不少的民生难题。

城乡居民收入不断增长，但仍有超过1亿贫困人口；就业规模持续扩大，但每年仍有2500万城镇劳动力等待就业；住房保障制度不断完善，但还有超过1200万户城镇低收入群众居住在各类棚户区；上学难、看病难、养老难问题还没有根本解决……在人口多、底子薄这一基本国情之下，每一个民生问题都是世界级难题。

尤其是我国经济进入新常态后，中国经济呈现出新特点：一是从高速增长转为中高速增长。二是经济结构不断优化升级，第三产业、消费需求逐步成为主体，城乡区域差距逐步缩小，居民收入占比上升，发展成果惠及更广大民众。三是从要素驱动、投资驱动转向创新驱动。

"从历史上看，随着经济增速放缓，就业、社保等民生问题将会突出。"清华大学教授胡鞍钢指出，当前我国正面临经济、社会双转型的压力和挑战，要让人民过上更加富裕的生活，需要付出更加艰苦的努力。

一是要从顶层设计上构建基本民生保障服务体系。 2014 年 5 月 11 日，甘肃省最大保障房项目——兰州市沙井驿棚户区改造项目开始分房，包括 4800 位廉租户、拆迁户等陆续拿到了新房钥匙。"以前住的房子因年代久远，破烂不堪，棚户区改造让我们住上了新房。"拿到新房钥匙的朱茵激动不已。

国务院 2014 年批转了国家发改委《关于 2014 年深化经济体制改革重点任务的意见》，提出要坚持问题导向，紧紧抓住推动发展和改善民生中的难题，从群众最期盼的领域改起，从制约经济社会发展最突出的问题改起，从社会各界能够达成共识的环节改起，优先推出对稳增长、调结构、惠民生有直接效果的改革举措。

2014 年，党中央、国务院加强顶层设计，不断完善民生领域的制度建设，增进人民群众福祉。

——为解决群众看病难、看病贵问题，国务院办公厅印发了《深化医药卫生体制改革 2014 年重点工作任务》，提出推进城乡居民基本医保制度整合和完善筹资机制、改革医保支付制度、健全重特大疾病保障制度、推进异地就医结算管理和服务、发展商业健康保险等 5 项重点任务。

——为改善农村人居环境，国务院办公厅印发《关于改善农村人居环境的指导意见》，提出到 2020 年，全国农村居民住房、饮水和出行等基本条件明显改善，人居环境基本实现干净、整洁、便捷，建成一批各具特色的美丽宜居村庄……

——出台《城乡养老保险制度衔接暂行办法》，使广大农民工和城镇非从业居民"进"可在城镇职工养老保险参保缴费并享受相应的待遇，"退"可由城乡居民养老保险制度"兜底"。

——公布《社会救助暂行办法》，全面建立临时救助制度、为困难群众兜底线救急难。专家表示，这不仅是我国社会救助制度的逐步完善，更体现了社会救助理念的与时俱进。

——部署加快发展商业健康保险的五项举措，与基本医保形成合力，提高群众医疗保障水平、满足多层次健康需求。

——提供稳岗补贴，对在调整优化产业结构过程中不裁员、少裁员的企业，由失业保险基金给予稳岗补贴，主要用于职工生活补助、缴纳社会保险费、转岗培训、技能提升培训等相关支出。

来自人力资源社会保障部的数据显示，15个省实现了省内异地就医直接结算；预计到2017年底，基本养老保险将覆盖全体城镇就业人员和适龄城乡居民，参保人数达9亿以上。

中国人民大学公共管理学院副院长许光建说："这些民生领域的制度建设，是从群众最期盼的领域，从制约经济社会发展最突出的问题做起，紧紧抓住了当前推动发展和改善民生中的难题，具有很强针对性。"

国务院发展研究中心宏观经济部研究员张立群认为："基本民生保障服务体系的提出，是对以往各项具体惠民生政策的整合，通过制度安排强化为政府责任。今后政府要减少对微观经济的干预，加大对基本民生保障的投入，让城乡居民普遍享受到基本公共服务。"

二是不断加大民生投入，精准发力守住民生底线。2014年，在经济步入新常态，财政收入增幅有所下降的情况下，民生支出一直保持了刚性的增幅。

来自财政部的数据显示，2014年前10个月，社会保障和就业支出12977亿元，同比增长12.9%；医疗卫生与计划生育支出7559亿元，同比增长10.4%；教育支出16487亿元，同比增长9%；住房保障支出3810亿元，同比增长17.5%。

民生投入规模再上新台阶，民生支出也在提速。2014年5月初，中央安排的2014年度保障性安居工程专项补助资金已全部下达。民生支出标准跃上新水平。

财政部财科所副所长白景明说："经济新常态下民生支出标准不断提高，民生投入的结构也在优化，这些变化与当前经济社会发展的转型相适应。"

民生投入的背后，是民生指标的提前收官。截至2014年9月底，全国城镇保障性安居工程已开工720万套，超额完成年度目标；2014年减少农村贫困人口 1000 万人以上的任务可以完成。2014 年前三季度，全国城镇新增就业 1082 万人，提前完成全年目标任务。三季度末城镇登记失业率为 4.07%，保持在 4.6% 的控制目标以内。

2014 年以来，中央在民生工作方面继续坚持"底线思维"，推出了一系列旨在雪中送炭、守住底线的民生措施：

国家卫生计生委表示，今年城乡居民基本医保财政补助标准将提高到人均 320 元，发挥扶危济困作用；国家发改委表示，今年将安排 700 多亿元加强农业基础设施建设，并改造农村危房 260 万户；财政部表示，年内将安排 100 亿元专项资金，对重点区域大气污染防治实行"以奖代补"，加强雾霾等大气污染治理。

财政部部长楼继伟表示，今后一段时间，民生始终是财政支出重点。同时，民生支出将守住底线、突出重点，更多地"雪中送炭"，而非"锦上添花"。

国家发改委宏观经济研究院副院长陈东琪认为，社会政策托底主要是保基本，是宏观调控方式的又一大创新。2014 年以来，政府在建立和完善适应经济发展水平、覆盖城乡的社保体系领域取得明显成绩。在促进就业方面也采取了一系列有效措施。

当中国学者感叹这一成绩来之不易之时，美国智库彼得森国际经济研究所研究员陆瑞安也发出了中国经济的新常态"是就业，不是产出"的感叹。

三是以机制创新打破民生发展藩篱，织牢民生保障"安全网"。此前备受热议的"APEC 蓝"给我们带来启示，治理大气污染、破解"呼吸之痛"，仅靠单个城市是无法解决的，必须建立大气污染区域联防联控机制。

这一创新之举如今已上升到法律层面，2014 年 11 月底国务院常务会议审议通过的《中华人民共和国大气污染防治法（修订草案）》，增加了对重点区域和燃煤、工业、机动车、扬尘等重点领域开展多污染物协同治理和区域联防联控的专门规定。

实践证明，要从根本上解决影响和制约科学发展的深层次矛盾和问题，保障和改善民生，归根到底要靠制度创新、靠体制机制建设。

2014 年，民生领域的一系列创新之举在实践中诞生。

——创新信贷产品，支持大学生创业。人民银行引导各银行业金融机构开发众多贴合创业大学生自身条件的，门槛较低、便于办理、利率优惠的贷款新品种，如"大学生自主创新贷款"、"大学生小微企业创业贷款"等。

——创新工作机制，提高保障房管理效率。推进公租房与廉租房并轨运行，由各地整合原有的管理资源，建立统一的申请受理渠道、审核准入程序，方便群众申请，提高工作效率。

——创新运营机制，破除养老产业发展障碍。各地积极推行民办公助、公建民营、政府购买服务等方式，鼓励社会力量兴办养老机构。推行"医养融合"、"养医结合"，实现养老机构和医疗机构之间的便捷对接。

——创新考试招生录取机制，促进教育公平。从考试科目、高校招生录取机制上都做出了重大调整，高中将不再分文理科，全国语文、数学、外语一张试卷统考，同时探索多元招生录取机制。

2. 引入社会资本，创新供给方式

"大力引入社会资本，增加竞争，满足多样化需求。即使是基本公共服务，也要深化改革、利用市场机制、创新供给方式，更多地利用社会力量，加大购买基本公共服务的力度，要加快制定出台政府向社会组织购买服务的指导意见。凡适合市场、社会组织承担的，都可以通过委托、承包、采购等方式交给市场和社会组织承担，政府办事不养人、不养机构。"2013 年 5 月，李克强总理在国务院机构职能转变动员电视电话会议上说。

政府购买服务是一种新型公共服务提供方式，也是西方发达国家对社会福利制度做出的一项重要变革。这些西方发达国家政府通过契约化、民营化等形式，把公共服务的生产交由市场和社会力量来承担，通过鼓励民间投资和经营公共服务行业，引入市场竞争机制，提高公共服务水平和效率。从世界范围来看，政府购买公共服务的兴起是从 20 世纪 80 年代初从英美等发达国家开始的，之后在一些国家或地区，包括我国香港地区，逐步得到认可和推广，引入我国内地也有近 20 年的历史了。但目前在我国大部分地区，政府购买公共服务这一在发达国家或地区已经成型的公共服务提供方式还处于起步阶段，政府购买公共服务投入的资金规模普遍较小，并且存在着购买程序不规范等问题，亟须大力推进与规范。

根据不同国家和地区的探索模式，公共服务的提供可分为3种类型：

第一类，以美国、英国等为代表，其公共服务倾向于向私人部门购买。以英国为例，为解决社会福利开支日益扩大带来的财政赤字增长，消除政府包办公共服务产生的官僚作风、效率低下等弊端，1979年，英国首相撒切尔夫人推行了包括公共服务市场化改革在内的政府改革运动，率先在公共部门引入竞争机制，强制实行非垄断化，为私营部门进入敞开大门。

第二类，以德国、意大利等欧洲国家为代表，非营利组织在其公共服务的提供中占有更加重要的地位。以德国为例，不同于英美等激进派模式，德国走的是温和路线。20世纪80年代末，恰逢遭受经济衰退以及东、西德合并加剧财政压力等问题，德国地方政府公共服务走上变革道路，主要是动员市场和第三部门参与政府性或区域性公共服务的生产，私人闲散资金、社会资本和慈善援助等成为弥补公共服务中公共财政支出不足的新渠道。

第三类，以日本、新加坡等亚洲国家和地区为代表，强调政府在公共服务提供中的主体地位。如日本政府购买公共服务制度是规章制度改革的产物，是20世纪90年代在其"市场化试验"，即推进民间开放基础上逐步发展起来。

党的十八届三中全会关于深化改革的《决定》对推广政府购买公共服务提出了更加明确的要求，其中指出："推广政府购买服务，凡属事务性管理服务，原则上都要引入竞争机制，通过合同、委托等方式向社会购买。"可以预期，在今后一个时期，积极推进政府购买公共服务将是各级政府加快转变政府职能，加强和改善公共服务，促进社会组织发展的重要内容。

中国人民大学公共管理学院副院长许光建教授在其《推广政府购买公共服务的重点难点和路径》一文中指出，从根本上说，推广政府购买公共服务是加强政府公共服务职能的需要。在社会主义市场经济条件下，为广大城乡居民提供不断增长的公共服务是政府的基本职能之一。党的十八大报告把"基本公共服务均等化总体实现"列为 2020 年实现全面建成小康社会宏伟目标的重要内容。但由于长期以来片面重视经济发展而忽视社会发展，重视工业发展而忽视服务业发展，导致我国的公共服务总体上供应不足，不少中小城市基础设施落后，例如城市污水处理、固体废物处理设施明显不能满足需要，至于养老服务、学前教育服务更是远远落后于社会需要。与此同时，在城乡之间、不同地区之间居民可能获得的公共服务水平和质量差距还不小，在部分大城市，公共服务提供能力和质量都已经达到了相当高的水平，而在广大的农村，尤其是中西部地区的农村，公共服务供给严重不足。即使是在北京这样一个现代化国际大都市，公共服务也存在着总体供给不足和布局不尽合理等问题，例如学前教育、养老服务严重不足已经成为社会广泛关注的重要问题。这种状况的存在，一方面说明政府重视不够，投入不足，另一方面，也有政府部门大包大揽，忽视社会组织在公共服务提供过程中的重要地位的原因。

国内外的实践证明，要想有效、持续地增加公共服务的供给，必须摒弃在传统计划经济体制下长期实施的由政府部门或者国有企业一统天下、独家包揽的模式，转向由政府和社会组织互相合作、共同提供的模式。

提供公共服务是政府的重要职能之一，但是这并不意味着政府要包揽公共服务的提供。公共服务是由政府自身提供，还是政府向企业购买，或者由社会组织提供，与公共服务类型有着密切的关系。对于义务教育、基本医疗、基本社会保障，公共安全以及环境生态保护与治理等纯公共物品性质或者公益性特别显著的公共服务，政府部门应承担主要责任。但是对于社区服务、非义务教育、非基本医疗服务、养老等具有一定的公益性或者具有准公共物品性质的公共服务，社会组织或者非营利组织在这一类公共服务的提供中应具有更加重要的地位。这些也就是政府购买公共服务的主要领域。

2013 年 9 月 30 日，中国政府网发布的《国务院办公厅关于政府向社会力量购买服务的指导意见》指出，"十二五"时期，政府向社会力量购买服务工作在各地逐步推开。到 2020 年，在全国基本建立比较完善的政府向社会力量购买服务制度，形成与经济社会发展相适应、高效合理的公共服务资源配置体系和供给体系，公共服务水平和质量显著提高。

根据《指导意见》，政府向社会力量购买服务的内容为适合采取市场化方式提供、社会力量能够承担的公共服务，突出公共性和公益性。教育、就业、社保、医疗卫生、住房保障、文化体育及残疾人服务等基本公共服务领域，要逐步加大政府向社会力量购买服务的力度。

《指导意见》明确，政府向社会力量购买服务的主体是各级行政机关和参照公务员法管理、具有行政管理职能的事业单位。纳入行政编制管理且经费由财政负担的群团组织，也可根据实际需要，通过购买服务方式提供公共服务。

《指导意见》明确承接政府购买服务的主体包括依法在民政部门登记成立或经国务院批准免予登记的社会组织，以及依法在工商管理或行业主管部门登记成立的企业、机构等社会力量。

《指导意见》要求在非基本公共服务领域更多更好地发挥社会力量的作用，凡适合社会力量承担的，都可以通过委托、承包、采购等方式交给社会力量承担。对应当由政府直接提供、不适合社会力量承担的公共服务，以及不属于政府职责范围的服务项目，政府不得向社会力量购买。各地区、各有关部门要按照有利于转变政府职能，有利于降低服务成本，有利于提升服务质量水平和资金效益的原则，在充分听取社会各界意见基础上，研究制定政府向社会力量购买服务的指导性目录，明确政府购买的服务种类、性质和内容，并在总结试点经验基础上，及时进行动态调整。

66岁的宁夏银川市李立峰老人2014年第一次享受到了免费盲人按摩服务，他希望接下来半年的按摩理疗能减轻自己的颈椎病之苦。老人的这份"幸运"得益于中央财政出资购买的当地一家盲人培训学校的服务，即为社区困难人群开展物理性康复理疗按摩。

宁夏银川市社区困难人群物理性康复医疗服务项目2014年6月启动，将在半年时间内为350名社区老年人、残疾人、低保户提供3500次免费理疗按摩服务，有针对性地消减其病痛。这是今年中央财政支持社会组织参与社会服务内容之一，也是该政策实施以来首次购买盲人按摩服务。

2012年，中央财政首次安排2亿元专项资金支持社会组织开展社会服务项目,当年立项 377 个。次年根据清华大学公共管理学院 NGO 研究所的评估结果,这些项目总体上能体现社会组织提供服务的优势和必要性,203.7 万人直接受益。

宁夏民政厅民间组织管理局主任马彩军说,3 年来宁夏社会组织共成功申请中央财政资助项目 52 个,受益资金达 1600 多万元,主要涉及养老、助残、社区服务、扶贫济困等领域,项目承接者和百姓反响都很好。

专家认为,中共十八届三中全会提出要转变政府职能,建设服务型政府,而"购买公共服务"正是有效措施之一,政府对社会组织的扶助,是政府减负、社会组织受益、百姓受惠的"三赢"模式。

2014 年,中国各地都在加快推进政府购买公共服务的改革步伐。天津市提出将在今后 3 年通过政策扶持,引导社会组织提供多元化居家养老服务;厦门市出台办法规定今后凡社会能提供的服务,各部门都应尽量通过政府购买服务交由社会力量承担;浙江省还创新将云服务外包纳入省级政府购买公共服务指导性目录体系。

许光建教授说,我国正处于大规模城镇化的新的发展阶段,越来越多的劳动力和人口正在从农村地区转移到城镇地区。这一巨大的人口流动和转移过程,必将使居民生活方式发生巨大变化,其中一个重要变化就是居民对公共服务的需求显著增长。如果不转变观念,不推行政府购买公共服务,不允许、不鼓励社会组织广泛参与公共服务的提供,实际上就意味着要容忍公共服务供给不足的现象长期存在。

(三)优化必要的行政审批程序

"政府转型要有个过程,不该审批的不再审批,该审批的则要把关审好。由于多种原因,像钢铁、水泥等行业上项目都是需要审批的,但多年来恰恰没有管住管好,以致造成产能严重过剩。相比之下,家电、服装等行业早已走上市场化轨道,不用政府审批,靠市场优胜劣汰,没有严重的产能过剩问题。这说明,该审批的审批不严格、执行不到位的,费力办了事而又事与愿违,还不如已放给市场的。这确实值得我们深思、反思。履行审批职权就要把责任担起来,本行业的事情一定要摸清摸透,出了问题要敢于碰硬,该报告的要及时报告,把确需审批的事项管住管好。现在经常有这样的情况，一个项目，可以批给张三，也可以批给李四；可以早批，也可以晚批；可以多批，也可以少批。这种自由裁量的随意性，不利于建设公平竞争的市场环境，影响了市场主体对未来发展的预期，也容易滋生腐败。解决这个问题，要提高规划布局和标准制定的水平，这才能真正考验我们的行政能力。还要从体制上加以保证，再造行政流程，完善审批制度，建立标准明确、程序严密、运作规范、制约有效、权责分明的管理制度。"①

目前，各级政府近年来按照中央要求陆续取消和下放了一大批行政审批事项，极大地解放了市场主体，激发了市场活力。但政府手里还必须留有一部分审批权力，作为宏观经济调控手段。其关键还是那句话，把该放的权力放下，把该管的事情管好。在要管好的这部分权力中，需要手续更简明、审批更透明，不断提高政府的服务管理水平。

比如有群众反映，尽管少了审批，但盖章、备案等程序仍然繁琐，去政府办事仍然不便。以近来社会上热议的准生证办理为例，政府部门的协作和效率令人印象深刻。尽管国家计生委下发过通知，要求简化办证程序。然而，要办下一个准生证，办证人得在派出所、单位、居委会、街道计生办跑一大圈，跑下8个章。为什么公安、民政、街道等单位不能内部联网，让计生办直接查询办证人最新的婚姻生育信息，一次性盖章办证，非要让办证人往返多地来给自己证明？

类似事例表明，政府部门的内部结构仍不够优化，运行效率仍需提高。推行简政放权固然可喜，更为重要的是要随之提升服务为民的思想意识、能力水平和管理手段，不断适应群众的要求和社会进步的需要。要方便群众办事、建设服务型政府，在做好下放权力的"减法"的同时，做好提升服务水平的"加法"同样重要。

党的十八届三中全会通过的《中共中央关于全面深化改革若干重大问题的决定》指出，要"优化政府机构设置、职能配置、工作流程，完善决策权、执行权、监督权既相互制约又相互协调的运行机制"。可见，提高服务为民的水平，很重要的一条就是要优化政府组织结构，使部门的设

---

① 李克强：《在国务院机构职能转变动员电视电话会议上的讲话》，2013年5月13日。

置、架构和运行符合现实发展需要。

1. 审批不能成为滋生腐败的温床

2014 年 12 月 10 日，国家发改委原副主任刘铁男受到了法律的裁决："被告人刘铁男身为国家工作人员，利用职务上的便利，为他人谋取利益，直接或通过其子刘德成非法收受他人财物，其行为已构成受贿罪"，"判处无期徒刑，剥夺政治权利终身，并处没收个人全部财产"。

作为官员滥用手中审批大权徇私敛财的代表，刘铁男案的宣判，代表着对"审批崩塌式腐败"的"零容忍"。

从河北省廊坊中院公开的判决书可见，法院查明的刘铁男受贿事实几乎全部与滥用审批权有关：

——2002 年，为南山集团鲁港合资兴建双金属复合材料及新型合金材料项目通过国家计委备案提供帮助；

——2005 年，帮南山集团解决 3 万吨氧化铝购销合同；

——2005 年，为宁波中金石化有限公司 PX 项目通过发展改革委工业司核准提供帮助；

——2003 年至 2012 年，为广汽集团申报的广州丰田汽车有限公司项目、广汽菲亚特乘用车项目等通过国家发改委核准提供帮助；

——2006 年至 2011 年，为逸盛公司及关联的海南逸盛石化有限公司相关精对苯二甲酸（PTA）项目获得国家发改委核准和开展前期工作提供帮助……

各种"帮助"的背后，刘铁男直接或通过儿子刘德成非法收受他人财物共计人民币 3558 万余元。

据最高检反贪污贿赂总局介绍，2014 年最高检共查办发改委受贿案11 案 11 人，其中国家能源局 5 人、价格司 5 人、就业和收入分配司 1 人，价格司领导班子多数涉嫌职务犯罪。

专家表示，"审批崩塌式腐败"的背后，正暴露了目前某些部门审批权过大、过于集中，缺少监督的问题，审批公章俨然成为少数官员的摇钱树。手中掌握的权力过大，但又缺乏足够的监督和制约，难免出现"绝对的权力导致绝对的腐败"。

　　近年来，我国经济高速增长，基础设备建设不断提速，城镇化不断加快。但由于审批过程权力相对集中，监管相对缺失，一些官员趁机"钻空子"。无论是近年来查获的刘铁男案、刘志军案还是张曙光案，都属于权力过于集中，又缺乏监管，导致其和行贿方结成利益共同体，以权谋私、以权谋财，

　　因此，要预防审批过程中导致的腐败，就要在"分散"和"监督"工作上狠下功夫。一方面要分散权力，改革优化审批流程；另一方面，要加强监督制约。一是加强内部监督，健全内部监督机制；二是强化外部监督，政府要严格落实政务公开制度，将审批摊在阳光下，定期向媒体和公众公布相关信息，接受社会监督。

　　规范优化行政审批程序，就是将各部门保留下来的审批事项公开信息、规范行为、优化流程、提高效率。阳光是最好的防腐剂，规范和优化行政审批行为，最有效的办法就是将其置于公开的监督之下，从长远来看，要运用先进的科技手段，建立统一的网上行政审批平台，以更好地服务社会和群众。

　　2. 不该审批的放给市场，该审批的要把关审好

　　党的十八届三中全会指出，要紧紧围绕使市场在资源配置中起决定性作用深化经济体制改革，坚持和完善基本经济制度，加快完善现代市场体系、宏观调控体系、开放型经济体系，加快转变经济发展方式，加快建设创新型国家，推动经济更有效率、更加公平、更可持续发展。

　　中央编制办有关负责人指出，行政审批制度改革是加快政府职能转变、深化行政体制改革的重要抓手和突破口，更被看做是打造中国经济升级版的"重要一招"、建设服务型政府的内在要求和推进反腐倡廉的重要途径。

　　首先，行政审批制度改革是释放改革红利、增强经济社会发展内生动力的重要手段。当前，我国经济发展正处在关键的转型时期，经济发展奇迹已经进入提质增效的"第二季"，而目前突出的体制机制问题就是政府与市场、社会之间的职责边界不清晰，政府对微观经济活动的干预过多。具体表现为前置审批过多、市场准入门槛过高、行政性垄断过多等，严重

制约了经济发展活力。通过行政审批制度改革,大力简政放权,该取消的取消、该下放的下放、该整合的整合,可以使企业在更大程度上拥有生产经营活动的"拍板权",进一步激发市场主体的创造力,使改革红利真正释放,推动中国经济加快转型升级。

同时,深化行政审批制度改革是减少腐败,建设廉洁政府法治政府和服务型政府的重要途径。近年来,我们在反腐倡廉方面采取了不少举措,取得了重要成效,但面临的形势依然严峻。尤其是一些行政审批权力集中、行政执法权力集中、资金资源管理权力集中的部门和岗位成为腐败的多发领域。要有效遏制腐败,就要求我们深化行政审批制度改革,勇于对政府削权和限权,改变一些部门权力过于集中、权力大责任小的状况,减少政府部门和工作人员"寻租"空间,消除滋生腐败行为的土壤。同时,通过公开权责清单,规范权力运行,推动行政权力阳光透明运行,加强人民群众对权力行使的监督,真正实现把权力关进制度的笼子。可以说,这是在惩治腐败方面的"釜底抽薪"的做法。

此外,行政审批制度改革还是创新政府管理方式、建设人民满意政府的内在要求,推进这项改革也与广大人民群众的利益息息相关。行政审批是政府权力的具体体现,直接面对管理服务对象。目前各级政府在实施行政审批时,都不同程度存在流程繁琐、时限过长、收费过高等问题,影响了政府正确履行职能,影响了政府在群众心目中的形象。同时,长期以来,一些政府部门"重审批、轻监管"的现象普遍存在,导致一些市场主体审批之前"精心包装"甚至弄虚作假,一旦通过审批就会"露出原形",对公共利益造成损害。通过取消和下放审批事项,优化审批流程,可以最大程度方便企业和群众办事,同时政府也可以把更多精力转移到事中事后监管上来,把该管的事切实管住管好。

2014年12月12日,国务院常务会议上再次确定了新一批简政放权、放管结合措施,促进转变政府职能、建设现代政府。

会议认为,简政放权是政府自身革命的"重头戏",是行政体制改革的关键,必须持续推进,进一步激发市场活力。会议确定了2015年第三批简政放权措施:

一是再取消和下放108项主要涉及投资、经营、就业等的审批事项,为创业兴业开路、为企业发展松绑、为扩大就业助力。二是将电信业务经营许可、道路货运经营许可证核发等 26 项工商登记前置审批改为后置审批，进一步降低市场准入门槛，以壮大市场主体力量。三是取消景观设计师等 68 项职业资格许可和认定，促进职业资格规范管理，推动市场化职业水平评价。取消 10 项评比达标表彰项目，减轻企业负担。

会议强调，简政放权改革仍然任重道远，要不松劲、不懈怠、重实效，防止"中梗阻"、打通"最后一公里"，进一步聚焦地方、企业和群众反映强烈的问题出重拳，通过建立、规范政府权力清单、责任清单和打造公开便捷服务平台，构建激发企业活力的长效机制，给市场让出更大空间。同时加强事中事后监管，营造公平竞争环境。

2014 年 3 月，国务院审改办在中国机构编制网公开了国务院各部门的行政审批事项汇总清单，这是中央政府首次"晒"出权力清单。当时，在 60 个有行政审批事项的各部门手中，行政审批事项共有 1235 项。

在此次会议之前，国务院已相继取消和下放了 8 批共 690 项行政审批事项。加上这次会议确定的 108 项，2014 年共有 798 项行政审批事项被取消或下放。

专家认为，长期以来过多过滥的行政审批不但束缚了市场活力，有些还为权力寻租营造了温床；很多行政处罚权力具有极大的自由裁量空间，也给权钱交易提供了可能。中央党校教授辛鸣指出，通过取消不必要的审批，给权力涂上防腐剂，使制度更为公开透明，将会营造更加宽松便利、公平公正的环境。

中国人民大学商法研究所所长刘俊海表示，简政放权是全面削减和约束政府审批权、全面重构公权力、提升政府公信力的重大制度创新，蕴含着改革创新的巨大正能量。政府正在把"运动员"的角色交给社会，通过为社会确立规则并充当裁判者，不断激发市场活力和发展动力。

全国人大财经委副主任委员、中国经济体制改革研究会会长彭森说，改革的任务表面上看是简政放权，实质是政府职能转变。全面深化改革要继续高度关注政府和市场的关系，未来改革的着力点应该从政府自身改革的"开场戏"逐步转移到建立统一、开放、竞争、有序市场体系的"正戏"上。

（四）加强和改善宏观管理

转变职能、减少微观事务管理后，政府可以腾出更多的精力管宏观，管好那些最该管的事。有所不为才能有所为。只有把那些该放的放了，才能抓大事、议长远、谋全局，少管微观、多管宏观。宏观部门的主要职责就是搞好宏观调控，要更加重视经济社会发展战略和政策的研究制定，保持经济总量平衡，促进重大结构优化，维护全国市场统一开放，保障国家经济安全。在当前错综复杂的经济环境下，既要处变不惊、按预期的发展目标搞好调控，又要未雨绸缪、充分考虑各种可能性，如经济下行压力继续加大怎么办，物价涨幅超出上限怎么办，农产品供给出现大的波动怎么办，诸如此类问题，都要超前谋划应变的调控预案。要增强宏观调控的针对性、有效性，把政府掌控的资源集中用在重点领域和关键环节，起到"四两拨千斤"的作用，确保经济持续健康发展。

1.腾出精力，抓大事、议长远——今后要把政府掌控的资源集中用在重点领域和关键环节，起到"四两拨千斤"的作用

政府该做什么，不该做什么？是"胡子眉毛一把抓"，还是有的放矢，把"好钢用到刀刃上"抓重点领域和关键环节，是当前各级政府必须面对的问题。

李克强总理指出，我们发展社会主义市场经济，要调动中央和地方两个积极性，发挥政府和市场两只手的作用，中央在宏观调控上一定要有权威性，要留有"撒手锏"。在宏观形势发生重大变化时，国务院经统筹考虑采取必要的干预措施，地方也要理解并坚决执行。地方政府要有全国一盘棋的思想，要有大局意识和全局观念，自觉维护党中央、国务院权威，维护中央大政方针的统一性和严肃性，提高执行力，确保政令畅通、令行禁止。当前，大幅减少行政审批事项和转变职能，坚决遏制产能严重过剩行业盲目扩张，都是硬任务，要按照党中央、国务院的统一部署，确保完成。

当前，我国经济进入新常态。面对复杂多变的国际形势和国内经济持续下行的压力，党中央、国务院准确把握大局，有效应对各种风险挑战，

创新宏观调控思路和方式，以全面深化改革重塑发展新动力，全年经济保持平稳健康发展，经济结构不断优化，人民生活持续改善。

正如 2014 年中央经济工作会议所指出的，面对新常态，应有效激发新动力，增添新活力。增长动力实现转换，要更加注重满足人民群众需要，更加注重市场和消费心理分析，更加注重引导社会预期，更加注重加强产权和知识产权保护，更加注重发挥企业家才能，更加注重加强教育和提升人力资本素质，更加注重建设生态文明，更加注重科技进步和全面创新。面对紧迫任务，要坚定目标，找准改革突破口和创新着力点，点燃创新引擎，抓住"牵一发而动全身"的重点领域和关键环节，实现"一子落而全盘活"。

当前形势下，推进经济体制改革和其他各项事业改革、加强和改善宏观调控，就是大事，关乎长远。要统筹稳增长、促改革、调结构、惠民生、防风险，不断完善和创新宏观调控思路和方式，在区间调控的基础上加强定向调控，推进结构性改革与调整，抱定壮士断腕、背水一战的决心，推动牵一发而动全身的重点改革，着眼解决长远问题。

一是继续从政府自身革命做起，进一步加大简政放权力度，深化财税改革，推进预算管理制度改革，使公共资金公平有效使用，继续扩大支持服务业尤其是研发企业发展的营改增试点；深化金融改革，推进民营银行试点工作，清理规范金融业准入限制，推进多层次资本市场发展；深化国有企业改革；推进价格改革，完善能源产品、药品和医疗服务价格形成机制；深化投资体制改革，推进政府购买服务、公私合作模式和特许经营制度。二是继续围绕破解深层次结构性矛盾，进一步增加公共产品有效供给，以带动有效需求，补上投资短板，扩大居民消费，拓展新的增长领域。三是继续用好和盘活财政、金融增量和存量资金，进一步加大对实体经济和新兴产业、新兴业态的支持，更多惠及"三农"、小微企业和服务业等。通过我们的努力，把"改革的红利"转化为"发展新动能"、"民生新福祉"。中国有信心、有能力、也有条件不断克服困难，实现经济社会发展的主要预期目标。

改革，是当今中国的"关键词"，也是党和政府主抓的重点领域和关键环节。2014 年，是中国全面深化改革开局之年。其中，经济体制改革是全面深化改革的重点，牵一发而动全身。2014 年 5 月，国务院批转发展改革委《关于 2014 年深化经济体制改革重点任务的意见》，对当年经济体制改革重点任务作出部署。行政体制改革、价格体制改革、外贸体制改革、投资体制改革……全面深化改革中，经济体制改革正发挥着巨大的牵引作用。

（1）把握一个核心：处理好政府与市场的关系

不久前在上海自贸区注册了一家公司的陈竺没想到，过去需要 29 天才能走完的流程，现在 4 个半工作日就办完了。

"只要在电子政务平台下载表格填写即可预约受理，再也不用在部门之间来回跑了。"他高兴地说。

陈竺只是上海自贸区行政审批手续改革以来受益的千万人之一。自 2013 年 9 月底挂牌以来，上海自贸区已成为多项制度改革创新的"试验田"。一年多来，区内累计新增企业逾 1.2 万家，平均每天诞生 100 多家。上海自贸区综合服务大厅注册官黄敏告诉记者，原先 1 天只用发 90 个号，现在发 200 个号都不够。

"经济体制改革的核心问题是处理好政府和市场的关系。保持全年经济平稳发展，尤其需要向深化改革要动力，解放微观主体生产力。"国家发改委学术委员会秘书长张燕生说。

党的十八届三中全会提出，经济体制改革是全面深化改革的重点，核心问题是处理好政府和市场的关系。作为政府自我革命的"先手棋"和宏观调控的"当头炮"，简政放权不断向纵深推进，企业得以松绑，经济活力得以迸发。

2014 年 7 月，在经济形势专家座谈会上李克强指出，必须坚持在区间调控的基础上，注重实施定向调控，也就是保持定力、有所作为、统筹施策、精准发力，在调控上不搞"大水漫灌"，而是抓住重点领域和关键环节，更多依靠改革的办法，更多运用市场的力量，有针对性地实施"喷灌"、"滴灌"。这是区间调控方式的深化。一要激发市场活力和社会创造力。去年以来持续简政放权，在这方面已经取得明显效果，下一步继续推进政府自我革命，取消不必要审批，完善事中事后监管，使制度更为公开透明，给权力涂上防腐剂，将会营造更加宽松便利、公平公正的环境，激励更多人去创业创造，让松绑的企业在市场上充分竞争，增强发展内生动力。二要增加公共产品有效供给。这既是群众急需，更是政府应尽责任。通过改革投融资体制，形成政府、企业、社会资本多元投入格局，加快补上经济社会发展的"短板"，不仅可以改善民生、增加就业，也能有效优化发展硬环境，起到"一石多鸟"的作用。三要支持实体经济做强。我国正处在新"四化"同步推进的重要阶段，促进经济提质增效升级十分关键。大力支持小微企业、农业、服务业发展，统筹采取措施，提升我国制造业等产业的综合竞争力，将为经济持续健康发展提供有力支撑。

2014年12月12日，就在中央经济工作会议闭幕的第二天。当天的国务院常务会议确定了新一批简政放权措施，再取消和下放108项主要涉及投资、经营、就业等的审批事项。据统计，截至此时，国务院已相继取消和下放9批共798项行政审批事项。

简政放权，就是让政府更好归位，让市场更大发力，让群众更多受益。

在国务院审改办新闻发言人李章泽看来，简政放权推动了政府部门宏观管理水平的持续提升。"转变职能、减少微观事务管理后，各部门腾出了更多精力管宏观、抓大事、议长远、谋全局，更加重视发挥市场配置资源的决定性作用和更好发挥政府作用。"

（2）抓住一个重点：市场在资源配置中起决定性作用

2014年以来，为进一步减少政府定价项目，有关部门陆续根据市场发育程度和竞争状况，放开了一批具备竞争条件的商品和服务价格。如非公立医疗机构医疗服务价格和电信资费等。

"抓住当前物价水平总体稳定的时间窗口，积极稳妥推进资源性产品和交通、电信、医药、医疗服务等价格改革。"——《关于2014年深化经济体制改革重点任务的意见》明确提出，凡是能通过市场竞争形成价格的，要坚决交给市场。

据时任国家发改委体改司司长的孔泾源介绍，2014年还推进了价格形成机制改革，重点完善风电价格政策，研究制定以标杆电价为基础的天然气发电价格形成机制，开展输配电价改革试点，调整水资源费和部分水利工程供水价格。

党的十八届三中全会提出使市场在资源配置中起决定性作用，是我们党对中国特色社会主义建设规律认识的一个新突破，是马克思主义中国化的一个新的成果，标志着社会主义市场经济发展进入了一个新阶段。

"价格是市场经济最重要的信号和杠杆，要抓住推进价格改革难得的时间窗口，使价格信号更加灵敏准确，才能更好地发挥市场对资源配置的决定性作用。同时，在改革中要兼顾民众的承受能力。"国务院发展研究中心宏观经济部研究员张立群说。

一年多来，经济体制改革着眼于使市场发挥配置资源的决定性作用，更好发挥政府作用，提升经济内生动力，极大激发了市场活力。以改革姿态进入新常态的中国经济，增长质量正在迈上一个新的台阶。

铁路运输、邮政业、电信业纳入营改增试点范围；先照后证、注册资本登记制度改革全面施行，新登记注册市场主体已逾600万户，呈爆发式增长；利率市场化等金融改革继续推进，铁路投融资体制改革破冰前行，民营资本设立银行启动；农产品、资源性产品、公共服务产品价格形成机制改革继续深化……

政府与市场的关系理顺了，对于激发市场活力的作用立竿见影。作为简政放权重大举措之一的注册资本登记制度改革，自2014年3月份全面实施以来，在稳增长、促就业方面发挥了重要作用，市场活力得到进一步释放，新企业出现"井喷式增长"。2014年前10个月，全国新登记注册企业达292.08万户，同比增长52.58%。

随着简政放权改革的推动，大众创业浪潮正在掀起。在北京中关村，仅2013年一年，就有6000家新企业在这里诞生。2013年福布斯"中国30位30岁以下创业者"中1/3来自这里。

"这项改革的重点，一方面是加快推进投资审批制度改革，进一步精简和下放投资审批事项，另一方面是进一步改善民间投资环境。"孔泾源说。

中国国际经济交流中心咨询研究部副部长王军指出，中国经济在增速换挡期始终面临较大下行压力，以简政放权为突破口的改革正在发挥稳增长的作用，而且兼顾长远更高水平、更可持续发展目标。

（3）同为一个目的：让发展成果惠及民众

2014年7月，《国务院关于进一步推进户籍制度改革的意见》出台，提出统一城乡户口登记制度，全面实施居住证制度……稳步推进义务教育、就业服务、基本养老、基本医疗卫生、住房保障等城镇基本公共服务覆盖全部常住人口。

"户籍制度改革无论对经济发展还是百姓生活都是重大利好。"中国社科院人口与劳动经济研究所党委书记张车伟认为，让更多进城农民工稳定地生活在城市里，显然有利于扩大内需，这是推动经济长期可持续增长的根本性措施。

一切的发展其最终落脚点就是改善民生。正如国务院总理李克强强调的，"我们最在乎的是发展背后的民生。持续改善民生，加强社会建设，也是扩大需求、支撑发展的潜力所在"。

澳大利亚新南威尔士大学中国战略发展部主任劳里·皮尔斯表示，过去30年，中国让三四亿人摆脱了贫困，在世界范围内取得了无与伦比的成就，其中经济体制改革堪称前所未有，给人启发。

《关于2014年深化经济体制改革重点任务的意见》要求，以保基本、兜底线、促公平为核心，深化教育、文化、医药卫生、社会保障、住房保障等领域改革，构建基本民生保障服务体系。

"基本民生保障服务体系，是对以往各项具体惠民生政策的整合，通过制度安排强化为政府责任。今后政府要减少对微观经济的干预，加大对基本民生保障的投入，让城乡居民普遍享受到基本公共服务。"张立群说。

亚洲开发银行中国代表处高级经济学家庄健分析，保基本、兜底线、促公平的思维符合中国国情，民生改善不可能超越经济发展阶段。让社保安全网实现全覆盖，让低收入者生活有基本保障，形成制度安排，并稳步推进收入分配改革，在教育、就业等方面更加注重机会公平，才能让民众更好更公平地共享改革发展成果。

当前，中国的消费结构正在升级，住房、汽车、旅游、健康等方面的新消费点不断出现，人民生活水平的提升反过来又为产业发展提供了更广阔的空间。

"中国的经济发展与人民生活水平提高之间已经形成相互促进、互为条件的良性循环关系。"张立群指出，因此，着力保障和改善民生，才是保障市场需求持续增长和经济持续健康发展的基础。

2."法无禁止皆可为、法无授权不可为、法定职责必须为"——把政府职能转变纳入法治化轨道

以何种方式治国理政，这是千百年来人类社会发展面临的一个共同课题。党的十八大以来，以习近平同志为总书记的党中央，紧紧围绕"全面推进依法治国"战略抉择，在深入推进依法行政，建设法治政府方面不断迈出重大步伐。党的十八届四中全会专题研究全面推进依法治国重大问题，既是对历史经验的深刻总结，也是着眼未来的战略部署，推动法治政府建设取得新的进展。

政府履行职能必须依靠法治。市场经济的本质是法治经济，转变政府职能本身就是建设法治政府的要求。国务院及各部门和地方各级人民政府要带头维护宪法法律权威，无论履行哪一项职能，从行为到程序、从内容到形式、从决策到执行都必须符合法律规定，让行政权力在法律和制度的框架内运行。要依法规范企业、社会组织和个人的行为，维护市场经济运行秩序，保障各类市场主体的合法权益。我们一定要用法治思维和法治方式履行政府职能，推动改革发展，建设现代政府。

（1）三份清单给权力设置边界，打造高效政府

"法无禁止皆可为、法无授权不可为、法定职责必须为"——中国（上海）自由贸易试验区外高桥综合服务大厅内，这块招牌格外醒目。这三句话对应着三份清单——负面清单、权力清单、责任清单。本届政府成立以来，三份"清单"着眼于转变政府职能、建设"有限"政府，简政放权先行、制度建设跟进，以润物细无声的法治精神与制度建设，推动改革从政策推动向法治引领转变。

长期以来，政府职能存在"越位"和"缺位"：一方面，政府对于市场主体过多干涉，限制了民间投资的活力和空间，还容易产生权力寻租及腐败；另一方面，在环境保护、社会管理等一些需要政府监管的领域，却不能有效发挥作用。

经济学家吴敬琏表示，通过制定负面清单，"法无禁止皆可为"的理

念基本站住了。由此衍生出来的"权力清单"和"责任清单"等改革，正在确立一种新的政府管理模式。

在经济学家常修泽看来，"三张清单"三位一体，具有清晰的逻辑："负面清单"从经济改革切入，瞄准政府与市场的关系，打破许可制，拓宽创新空间；"权力清单"和"责任清单"从行政体制改革入手，界定政府权力边界。

"要在现有的简政放权、下放和取消行政审批事项基础上，大力推行权力清单制，削减行政权力，切实划清政府和市场、社会、企业之间的关系。把权力关进制度的笼子，让权力运行受到严格的规范和制约。"中国政法大学副校长马怀德表示。

（2）让权力在阳光下运行，打造"透明"政府

让政府政策透明，是依法治国执政理念的内在要求。让权力运行透明，是建设现代法治政府的应有之义。改革开放以来，我国在打造"透明"政府上不断探索跨越，力促权力在"阳光"下运行。

2008年，我国出台了首部针对政府信息公开的专门法规——《政府信息公开条例》，其中以"公开为原则、不公开为例外"的规定让政府信息公开有了制度上的保障。在条例逐年推进中，我国政务信息加速走入"阳光季"。

十八大以来，在依法治国、职能转变、作风转变等一系列举措的推动下，我国在打造"透明"政府上全面提速。权力公开、信息公开，越来越成为各级政府的"必答题"而非"选择题"：

——各级政府加大行政审批、行政许可、行政处罚等信息公开力度，公开"权力清单"，"阳光行政"越来越成为一种新气象；

——政府预算决算、部门预算决算、"三公"经费、财政审计结果和整改等公开力度进一步加大，"阳光财政"日成趋势；

——各级政府通过各种媒体及时、权威、全面、准确发布政务信息，以"阳光问政"加强与百姓互动；

"敢于公开、主动公开、充分公开，彰显出政府大力推进政府政务公开的信心、决心和勇气。让百姓看得到、看得懂、信得过，正是政府对公众的知情权、参与权、监督权的保障。"中国人民大学公共管理学院副院长许光建说。

阳光是最好的防腐剂。只有公开透明，不断增强行政执法信息公开实效，明晰执法环节，才能有效推动政府依法办事、依章办事、依规办事，才能保障政府权力在阳光下运行。

中南大学法学院教授蒋建湘指出，实现行政政策事项与程序的公开、透明，可以降低"暗箱操作"、"秘密决策"引发的腐败风险，扩大公众参与力度，提高决策科学性，更好地保护决策所涉及的利害关系人。

（3）让权力受到有效监督，打造"责任"政府

为推动已出台政策措施落实，2014 年 6 月国务院启动全面大督查，并首次引入第三方评估，督查简政放权、落实企业投资自主权等改革、发展、民生政策的落实情况。

"有权必有责、用权受监督"是现代法治政府的基本要求。让监督的阳光照射到权力运行的每个角落，才能有效消除各种滥用、私用公权力的"腐败微生物"，使人民赋予的权力始终为人民谋福利。

专家指出，虽然我国行政执法的监督体系已基本建立，但在执行中还缺乏有效整合，多是事后监督和被动监督，还难以对行政行为全过程监督，并对违规行为及时制止和纠正。而有效的监督能防止行政权异化，建设法治政府不能忽视对行政权的监督。

云南省政府法制办主任张宪伟说，我国大多数行政执法监督行为有待通过法律形式进行严格规范，行政执法监督制约机制不健全、行政执法监督方式简单、程序滞后，都制约了行政执法监督功能的发挥。

马怀德认为，当前要进一步增强领导干部的法治观念，建立健全法治评价体系和考核标准，对违法行政严厉问责。"法治政府的标准是有限有为、透明公开、权责一致、便民高效。政府行使决策、执行、监督等各项权力均应符合这一标准。只有依法行政，才能做到法治政府，真正推进和实现依法治国基本方略。"

第四章　转型升级篇：为稳增长、促转型提供源头活水

新一届政府成立伊始，就把简政放权列为政府工作的头等大事。2013年5月13日召开的动员部署国务院机构职能转变工作全国电视电话会议上，李克强总理强调，行政审批制度改革是转变政府职能的突破口，是释放改革红利、打造中国经济升级版的重要一招，今年要开好头。

一要以简政放权稳增长。市场主体是社会财富的创造者，是经济发展内生动力的源泉。要发挥市场配置资源的基础性作用，进一步打开转变政府职能这扇大门，激发市场主体发展活力和创造力，这是不花钱能办事、少花钱多办事的"良方"。要最大限度减少对生产经营活动、一般投资项目和资质资格等的许可、审批，切实防止审批事项边减边增、明减暗增。

二要以简政放权推转型。把稳当前和增后劲结合起来，加快体制机制创新，使企业和产业在公平的市场竞争中优化升级，为转型提供"源头活水"。

三要以简政放权促就业。稳增长、促发展从根本上讲是为了扩大就业。要加快企业工商登记等制度改革，大力发展中小微企业和服务业，提供更广就业门路、更多就业机会。同时，要调动中央和地方两个积极性，发挥地方政府贴近基层的优势，把由地方实施更有效的审批事项，坚决下放给地方。

一、以简政放权促进经济稳定增长

中国经济过去30多年以年均近10%的高速增长，创造了世界经济史上的"奇迹"。但由于传统制造业优势的萎缩、海外市场的变动以及资源

环境压力的增大，2013 年经济增速降至近 14 年来的最低点，引发了海内外投资者的担忧。

虽然中国政府指出经济增速减低也是由于主动调控，但不可讳言，中国经济确实遇到一些困难：过分依赖政府投资和出口的增长方式不可持续，房地产泡沫、地方债务风险、产能过剩等问题威胁着经济健康。能否找到新的增长动力事关中国经济奇迹能否延续。

就在一些西方人士仍在担忧中国经济会否"硬着陆"时，恰似一叶轻舟，中国经济已经驶出激流与暗礁交织的险滩，进入了高峡出平湖后的宽广。

答案在哪里？动力在何方？

（一）"第二季"的故事更精彩

用李克强总理上任以来所作的首个政府工作报告的话来讲，就是"向深化改革要动力"。在当年夏季达沃斯年会上，李克强向全世界宣布："今天，中国经济发展的奇迹已进入提质增效的'第二季'，后面的故事我们愿意也希望更精彩。"

回望历史。如果说自 1979 年实施改革开放以来，过去 30 多年年均 9% 以上的高增长是中国经济的"第一季"的话，那么，"第一季"呈现给世界的是精彩绝伦、跌宕起伏的连续剧，奇迹始终贯穿其间。在中国经济演绎的"奇迹"中，"危机论"与"崩溃论"不绝于耳，各种"唱衰"与"唱空"不时流行，但最后都归于破灭。这不能不说是中国经济的另一个"奇迹"。

展望未来。自 2013 年以来，中国经济开始主动减速，由此进入"轻舟已过万重山"的"第二季"。"第二季"的主题就是"提质增效"，注重经济增长的质量和效益。在经济学家看来，如果中国能够继续深化改革，消除各种结构性的缺陷，中国经济增长仍有相当大的潜力。中国经济改革"第二季"要实现两个核心转变。其一，中国企业必须从粗放的制造走向创新；其二，经济增长的驱动力，必须从投资转向消费。

中国经济"第二季"的精彩故事将是一场改革的大片，要义之一就是政府自身的改革，要有"壮士断腕的决心"。要实现企业创新，必须加大知识产权保护，消除寻租的制度空间，减少扭曲的生产要素价格，破除行政垄断、促进公平竞争。政府减少对经济活动的直接干预，放弃做"运动员"，专注于做"裁判员"。同时，政府的财政支出，应从经济建设转向社会保障，通过完善医疗、教育、养老体制，消除百姓消费的后顾之忧。

（二）稳增长不再靠"强刺激"

"第二季"中国经济最大的变化是"稳增长"不靠刺激，最大的不同是，高增长条件已发生变化，30年来的外部"红利"和内部"红利"大幅衰减，突出特点在于实现了"平稳"增长；另一个重要特征体现在宏观调控的进步和成熟上：宏观调控是保持经济的稳定而不是GDP挂帅，宏观政策稳定，微观政策要活，社会政策保底的经济调控思路，体现了长短结合，市场为主，以民生改善和稳定经济为目标的务实政策取向。

对此，党中央、国务院有着清醒认识和判断。

2013年9月5日，国家主席习近平在俄罗斯圣彼得堡举行的二十国集团领导人第八次峰会第一阶段会议上作了题为《共同维护和发展开放型世界经济》的发言。他指出，发展创新，是世界经济可持续增长的要求。单纯依靠刺激政策和政府对经济大规模直接干预的增长，只治标、不治本，而建立在大量资源消耗、环境污染基础上的增长则更难以持久。要提高经济增长质量和效益，避免单纯以国内生产总值增长率论英雄。各国要通过积极的结构改革激发市场活力，增强经济竞争力。

习近平强调，我们认识到，为了从根本上解决经济的长远发展问题，必须坚定推动结构改革，宁可将增长速度降下来一些。任何一项事业，都需要远近兼顾、深谋远虑，杀鸡取卵、竭泽而渔式的发展是不会长久的。

在国务院机构职能转变动员电视电话会议上，李克强总理也指出，要实现2013年发展的预期目标，靠刺激政策、政府直接投资，空间已不大，还必须依靠市场机制。实际上，市场机制本身对经济运行具有自动调节作用，是能够调整一般性经济波动的。如果过多地依靠政府主导和政策拉动来刺激增长，不仅难以为继，甚至还会产生新的矛盾和风险。市场主体是社会财富的创造者，是经济发展内生动力的源泉。

他说，现在民间投资还有很大的潜力。近20年来，民间投资在全社会固定资产投资中的比重已从 30% 上升到 60%，外商投资也有潜力。然而由于有"玻璃门"、"弹簧门"的问题，民间投资仍存在有钱无处投、想进进不去的现象。前几天，我看到一个调查材料，企业新上一个项目，要经过 27 个部门、50 多个环节，时间长达 6—10 个月，这显然会影响企业投资创业的积极性。要下决心进一步打开转变政府职能这扇大门，把该放的权力放到位，激发各类市场主体发展活力和创造力。这对于促进经济稳定增长，无疑是不花钱能办事、少花钱多办事的"良方"。

（三）打破"玻璃门"、"弹簧门"

市场有市场本身的运行规律，过度的干预有时表面上颇有成效，长久看来反而会适得其反。有经济学家认为，所谓"第二季"中国经济的突出特点，就在于实现了"平稳"增长。从总需求的数据来看，从 2013 年 4 月到 2014 年 8 月，投资增长都是在 20% 左右的水平，这也是 2012 年以来的平均水平；工业增加值增长率从 2013 年初开始一直就在 9% 附近，2014 年前 8 个月平均值也是 9.5%，显示了平稳性。这一时段，奢侈消费在国外，而八条反浪费把公款消费去掉了一大半，所以 13% 的消费增长属于刚性需求，更具稳定性。至于出口不稳定则与外部环境有关，未来也未必还能高增长。换种思维看，国际经济环境已调整了 3 年，从某种意义上可以说，也是一种稳定态势。因此，"第二季"中国经济一个最大的变化是"稳增长"不靠刺激。即使新一届政府成立以来，受国际国内复杂因素影响，经济增速放缓，甚至面临国际上唱衰中国经济、或做出中国经济进入通缩阶段的悲观判断，党中央、国务院始终保持战略定力，在巨大的压力面前牢牢把握住中国经济的"方向盘"，保持了对中国经济形势判断和把握趋势的自信，深刻认识和准确把握了中国经济新的发展阶段，以及新阶段带来的潜在增长速度的变化的必然性和规律性。

同时，发挥市场在资源配置中的决定性作用，充分利用市场规律，尽量减少政府干预，还有一个重要前提，就是清理市场环境，营造出一个大众创新、万众创业的市场氛围。在这方面，政府应当有所作为，主动打破长久以来束缚民间经济活力的桎梏，特别是必须依靠市场机制，打破"玻璃门"、"弹簧门"，激发民间投资的积极性。

何谓"玻璃门"、"弹簧门"？这是民间非常形象的比喻。"玻璃门"看着可以进去，但其实此路不通，真的想进去的时候，头上会撞出个大包；另一扇就是"弹簧门"，明明开了门，但总是自动关闭，刚刚把脚挤进去之后，稍稍不小心就被弹出来了。

2008年开始，为应对全球金融危机，我国相继出台了一些经济刺激政策，拉动社会投资。但由于这些投资一般为公用基础设施项目，民营企业很难进入。为破除民间投资障碍，2010年5月，国务院公布了《关于鼓励和引导民间投资健康发展的若干意见》专门提出了开放民企准入的"非公经济新36条"，并将覆盖领域细化到二级科目领域，包括交通、电信、能源、基础设施、市政公用事业、国防科技工业等6大领域16个方面。

但是，由于政府行政审批过于繁杂、隐性障碍过多；或因政策执行力度不够，一边出台政策准许民营企业进入，一边又有其他政策将民营企业"弹出"，行业入口的一扇扇"玻璃门"、"弹簧门"阻碍民间投资的发展。这些现象主要包括：

——民营企业与国企相比，税费更重，在享受税收优惠时门槛颇多。一些地区涉企行政事业性收费项目较多，甚至存在变相收费、搭车收费等现象，使企业不堪重负。由于大部分民营企业尚处于产业链的低端，利润率低，它们对税收政策十分敏感。有时候，一个百分点的变化就能决定一家企业的生死。

——不仅是税收，在融资、行政收费、政府服务等各方面，各种政策也无法让民企满足。一些村镇银行、商业银行不给民营企业机会，在股权融资方面存在很多不完善的配套政策。民企寻求资金是要快、很急，希望尽快消化资金使用成本，而金融机构审贷程序较长，不适合民营企业的使用方式。

——弹簧门排斥民营企业进入，许多民企在挤破头时发现，只要拥有一顶"红帽子"，就能享受到不同的"贵宾待遇"，走"VIP通道"。甚至有的民营企业家反映，"特别是一些大的投资项目，需要拉一个国企来参加。有了国企，我们在征地、办证、贷款等各方面都非常顺畅，如果没有这顶红帽子，办事情很难"。

有钱无处投，想进进不去，民间投资遭遇的"玻璃门"困局症结何在？第三方机构的评估结果反映出政策措施在许多方面落实还不到位，主要是：民营企业在市场准入方面仍遭遇不少体制性和政策性障碍；部分实施细则不具体、操作性不强或门槛设置过高，实践中很难落实；对政策落实缺乏考核监督，一些法规规章也没有及时作出调整等。这些都影响了鼓励和引导民间投资政策效应的有效发挥。

陕西一位不愿意具名的上市公司董事长指出，一些地区和部门嘴里也在喊支持非公有制经济发展，鼓励和促进民间投资，可骨子里还是歧视民间投资，将民间投资当成"另类"，常常有意无意地制造一些障碍。一些政府部门在审批事项上拖延和刁难，有些事情明明符合政策，但硬是敢顶着不办。为了一个项目的审批，投资者来回奔波，有时需要盖几十个、甚至上百个公章，耗时数个月也难以办结手续。真等所有手续办齐，商机早已不在。

经济学家认为，民间投资者中出现的"玻璃门"、"弹簧门"、"旋转门"的现象，究其原因还是政府和市场的关系还没有厘清，部门利益垄断，相关部门的行政规章、制度、审批程序又太多，设定了种种条条框框。民间投资的成长，关系着中国改革开放的走向，关系着中国经济的未来。在民间投资已占据半壁江山的今天，理应给民间投资松绑和更多的发展空间。民营企业市场化程度高，这意味着民间投资具有较高的效率。在中国经济保持平稳较快增长没有悬念的情况下，拉动经济增长的投资应该从依靠国有企业转向依靠民间投资上来。

民间投资是促进经济发展、调整经济结构、繁荣城乡市场、增加财政收入、扩大社会就业和改善人民生活的重要力量。最近几年来，有关部门按照国务院部署和要求，以贯彻落实《国务院关于鼓励和引导民间投资健康发展的若干意见》（通称"民间投资36条"）为主线，积极促进民间投资健康发展。2012年6月底前国务院有关部门出台了42项配套实施细则，20多个省级政府和不少市、县政府出台了本地区的实施办法。有关部门和各地方积极推动"民间投资36条"及配套文件的贯彻落实，国务院办公厅专门组织了对民间投资政策措施落实情况的督查工作。来自国家发改委的数据显示，近年来，我国民间投资发展呈现出总量比重稳步提高、投资结构逐步优化的特点。从总量来看，2010 年至 2012 年，民间投资占全社会固定资产投资的比重为 55.9%、60.3%、61.4%，增速为 32.5%、34.3%、24.8%，分别高于同期全社会固定资产投资增速 8.7 个、10.5 个、4.2 个百分点，对促进经济平稳较快发展发挥了重要作用。

然而，促进民营经济发展、鼓励民间投资的政策已经出台，但实际上还有相当多的工作要做。专家认为，要解决当前现状，需要做到三个创造：

一是创造各类市场主体平等使用生产要素的发展环境。现在资本、土地、技术、管理要素的使用依然是国有经济占优势，需要进一步研究完善民营企业平等使用要素的政策。

二是创造各类经济主体公平参与竞争的市场环境。一些领域，虽然说民营经济可以进入，但实际进入不了。

三是要创造各类所有制经济平等受到保护的法制环境，引导和激活民间投资的关键在于放松管制和简政放权。

2013 年 9 月 6 日，国务院总理李克强主持召开国务院常务会议，听取民间投资政策落实情况第三方评估汇报，研究部署有效落实引导民间投资激发活力健康发展的措施。这是自 2010 年推出"民间投资 36 条"以来，国务院首次对这一重要政策进行评估和督促落实。

此次会议专门听取了全国工商联对国务院关于鼓励和引导民间投资健康发展有关政策措施贯彻落实情况第三方调查评估的汇报。会议认为，2010 年以来，鼓励和促进民间投资的政策措施及其实施细则陆续出台，取得了积极成效。但此次委托与民营企业联系紧密的全国工商联开展独立评估，评估结果反映出政策措施在许多方面落实还不到位，主要是：民营企业在市场准入方面仍遭遇不少体制性和政策性障碍；部分实施细则不具体、操作性不强或门槛设置过高，实践中很难落实；对政策落实缺乏考核监督，一些法规规章也没有及时作出调整等。这些都影响了鼓励和引导民间投资政策效应的有效发挥。

会议指出，人民群众是中国特色社会主义事业的建设主体。民间投资有助于发挥市场活力、促进就业创业，是稳增长、调结构、促改革的重要力量。坚持"两个毫不动摇"，鼓励和引导民间投资发展，关键要通过深化改革，加快破除体制机制障碍，营造平等使用生产要素、公平参与市场竞争、同等受到法律保护、共同承担社会责任的环境，让社会资本释放巨大潜力，为中国经济发展和转型升级增添持续动力。

会议强调，必须继续解放思想，切实转变观念，全面落实好鼓励和引导民间投资的各项政策。一是各有关部门要结合评估反映出的问题，逐条研究、逐项分解，按照"定目标、定事项、定责任、定时间、定结果"的要求，限期拿出细化实化已出台实施细则的改进措施。需要配套政策的，要抓紧制定出台。二是认真落实新一届政府推出的深化行政审批制度改革的一系列措施，以更好服务企业需求为政府职能转变的重要目标，创新管理方式。凡市场机制能有效调节的事项，不再设定行政审批；凡可采用事后监管和间接管理方式的不再前置审批。需要审批的，也要严格规定程序和时限。坚决打破各种对民间投资制造隐形障碍的"玻璃门"、"弹簧门"，彻底拆除"表面迎进去、实际推出来"的"旋转门"。三是尽快在金融、石油、电力、铁路、电信、资源开发、公用事业等领域向民间资本推出一批符合产业导向、有利于转型升级的项目，形成示范带动效应，并在推进结构改革中发展混合所有制经济。四是全面清理和修订有关民间投资的行政法规、部门规章及规范性文件，制定清晰透明、公平公正、操作性强的市场准入规则，多设"路标"、少设"路障"，为民间投资参与市场竞争"松绑开路"。同时依法加强对各类所有制企业的监管，维护规范有序的市场秩序。五是各部门要强化对政策落实情况的督查考核，注重引入社会力量开展第三方评估，接受各方监督，不能"自拉自唱"。对工作不力的，要严肃问责。

会议要求，各地区、各部门要举一反三，系统梳理2013年以来国务院出台的各项政策措施落实情况，切实采取有效办法，确保这些决策部署不折不扣落到实处、发挥实效、不放"空炮"，确保政令畅通，令必行、行必果，兑现政府对人民的承诺。

对此，经济学家认为，引导和激活民间投资关键是放松管制，核心是简政放权，不要过多地干预民间投资和企业的发展，才能从根本上杜绝各种阻力。放开管制是中国历史上第三次重大制度改革。继20世纪80年代的家庭联产承包责任制和90年代的国有企业改革后，鼓励和引导民间投资进入垄断行业的政策一定程度上可称为是中国第三次重大制度改革。这将带来制度红利的集中释放，促进全要素生产率提高。

社会上普遍认为，本次常务会议就落实好鼓励和引导民间投资的各项政策提出了新的五项要求，再次体现了中央政府要真正向市场放权，发挥社会力量作用，减少对微观事务的干预，激发经济社会发展活力的发展理念。新一届政府成立以来已经推出了一系列政策措施：如简政放权、取消行政审批项目，鼓励民间资本进入铁路、信息消费、健康医疗、养老产业等，范围广泛、力度空前。从长远来看，民营经济、民间资本发展得好，对内能更好地服务民生，对外能提高我国整体的国际竞争力。各级政府要转变观念，要认识到民间资本的重要性，彻底打破制约民间投资进入的各种障碍，要理解只有他们和国有资本共同发展，才能真正促进我国经济转型，共同拉动经济长远发展。

（四）深化投融资体制改革

新一届政府成立以来，在深化投融资体制改革方面力度空前，为民间资本拓宽投资渠道破关除碍。

2013 年 5 月，国务院批转发展改革委《关于 2013 年深化经济体制改革重点工作意见的通知》，投融资体制改革是其重要内容之一。《通知》强调，抓紧清理有碍公平竞争的政策法规，推动民间资本有效进入金融、能源、铁路、电信等领域。按照转变政府职能、简政放权的原则，制定政府投资条例、企业投资项目核准和备案管理条例。对于改革铁路投融资体制，《通知》进行了专门部署，指出要建立公益性运输补偿制度、经营性铁路合理定价机制，为社会资本进入铁路领域创造条件。支线铁路、城际铁路、资源开发性铁路所有权、经营权率先向社会资本开放，通过股权置换等形式引导社会资本投资既有干线铁路。

铁路是国家重要的基础设施和民生工程，在国民经济和人民生活中起着重要作用。它不仅是反映国民经济运行的"晴雨表"，同时也是保障和拉动经济稳定增长的重要力量。然而，长期以来，铁路建设资金以政府投资和铁路系统自身融资为主。自 2003 年到 2010 年铁路建设高峰期，铁路建设项目批复投资总规模超过 4 万亿元。然而此后一段时期，由于种种原因铁路融资能力下降,铁路建设由高峰跌入低谷,很多项目甚至停工。

有专家表示,如果只靠国家投资和铁路自身贷款融资搞建设,难以满足铁路大规模建设需求,也让铁路背负起日益沉重的包袱。事实上,铁路系统具有庞大的固定资产,且有稳定的收益预期,唯有打破铁路投资壁垒,创新投融资机制,才能把大量的社会资本吸收进来,使铁路建设资金来源多元化,保障铁路建设在国民经济中适度超前发展。在铁路内部,也希望能引入民间资本参与铁路建设。尤其是国务院机构改革后,原铁道部改组为中国铁路总公司,其投资、经营的市场驱动性更强。原有的投资建设让新生的铁路总公司已经背负了近3万亿的债务包袱,要实现我国《中长期铁路网规划》的远期目标,亟须改善投资结构,吸引民间资本的加盟。

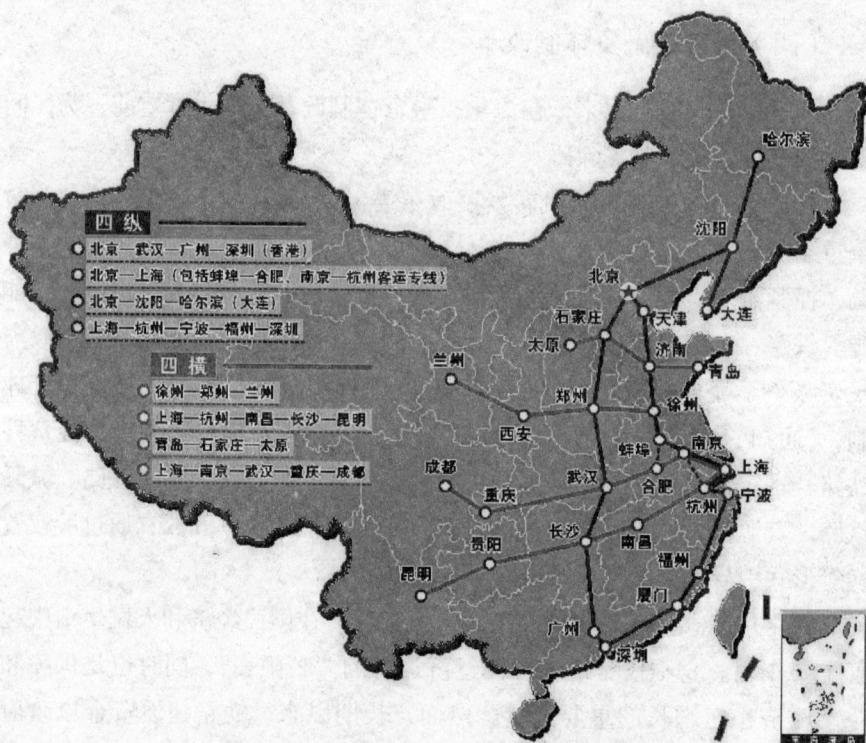

四纵
○ 北京—武汉—广州—深圳(香港)
○ 北京—上海(包括蚌埠—合肥、南京—杭州客运专线)
○ 北京—沈阳—哈尔滨(大连)
○ 上海—杭州—宁波—福州—深圳

四横
○ 徐州—郑州—兰州
○ 上海—杭州—南昌—长沙—昆明
○ 青岛—石家庄—太原
○ 上海—南京—武汉—重庆—成都

中长期铁路网规划图之"四纵四横"快速铁路主骨架网

《关于2013年深化经济体制改革重点工作意见的通知》提出重点深化铁路投融资改革的要求后不久，在7月24日召开的国务院常务会议上，李克强总理又专门对铁路投融资改革做进一步部署。会议强调，铁路是国家重要的基础设施和民生工程，是资源节约型和环境友好型运输方式。要按照统筹规划、多元投资、市场运作、政策配套的基本思路，推进铁路投融资体制改革，这是继铁路机构改革、实现政企分开后的又一重大改革举措。通过改革，全面开放铁路建设市场，优先建设中西部和贫困地区的铁路及相关设施。这将有力推动扶贫攻坚，促进区域协调发展和积极稳妥推进城镇化，更好地实现群众改善生产生活条件、增加收入的迫切期盼。

为此，会议提出四点要求：一要多方式多渠道筹集建设资金，以中央财政性资金为引导，吸引社会资本投入，设立铁路发展基金。创新铁路债券发行品种和方式。二要向地方和社会资本开放城际铁路、市域（郊）铁路、资源开发性铁路等的所有权和经营权。三要加大力度盘活铁路用地资源，搞好综合开发利用，以开发收益支持铁路发展。四要加快前期工作，使"十二五"规划确定的重点项目及时开工，按合理工期推进，确保工程质量。

就在此次国务院常务会议后不久，2013年8月9日，国务院以国发〔2013〕33号印发了《关于改革铁路投融资体制　加快推进铁路建设的意见》。该《意见》包括推进铁路投融资体制改革，多方式多渠道筹集建设资金；不断完善铁路运价机制，稳步理顺铁路价格关系；建立铁路公益性、政策性运输补贴的制度安排，为社会资本进入铁路创造条件；加大力度盘活铁路用地资源，鼓励土地综合开发利用；强化企业经营管理，努力提高资产收益水平；加快项目前期工作，形成铁路建设合力6部分内容。

其中在《推进铁路投融资体制改革，多方式多渠道筹集建设资金》一节中，《意见》提出了按照"统筹规划、多元投资、市场运作、政策配套"的基本思路，完善铁路发展规划，全面开放铁路建设市场，对新建铁路实行分类投资建设。向地方政府和社会资本放开城际铁路、市域（郊）铁路、资源开发性铁路和支线铁路的所有权、经营权，鼓励社会资本投资建设铁路。研究设立铁路发展基金，以中央财政性资金为引导，吸引社会法人投入。铁路发展基金主要投资国家规定的项目，社会法人不直接参与铁路建设、经营，但保证其获取稳定合理回报。"十二五"后 3 年，继续发行政府支持的铁路建设债券，并创新铁路债券发行品种和方式。

中国铁路总公司有关负责人指出，铁路建设投资大、周期长的事实决定了铁路不能单靠一两家投资建设，这不是长远之计，必须充分吸纳社会资金。而铁路发展基金就是这样一个大的资金"蓄水池"。它可以把社会上一些闲置、或期望取得长久回报的资金吸引进来，从而实现资本回报和铁路建设的"双赢"。

约一年后，2014 年 6 月 25 日，国家发改委、财政部、交通运输部以发改基础〔2014〕1433 号印发《铁路发展基金管理办法》。该《办法》分总则、股东、基金公司、投资管理、收益分配、退出、财务会计和监管、附则 8 章 29 条，由国家发改委会同财政部、交通运输部负责解释，自发布之日起施行。

其中规定，铁路发展基金是中央政府支持的、以财政性资金为引导的多元化铁路投融资市场主体。基金的设立和运作要按照加快完善现代市场体系和加快转变政府职能的要求，充分考虑铁路行业特点和发展实际，发挥市场配置资源的决定性作用，发挥政府的积极引导和监督管理作用，保护投资人合法权益。发展基金税收政策按国务院财政、税务主管部门有关规定执行。

铁路发展基金要遵循市场经济规律，吸引社会资金投入，扩大铁路建设资本金来源，贯彻国家战略意图，围绕国家发展规划目标，主要投资国家批准的铁路项目。铁路发展基金存续期 15—20 年。中国铁路总公司作为政府出资人代表，以及铁路发展基金主发起人，积极吸引社会投资人，依照《公司法》通过约定和承诺共同发起设立中国铁路发展基金股份有限公司。中国铁路总公司与社会投资人签订出资人协议，确定双方的权利、责任、义务，管理基金公司，保证社会投资人按约定取得稳定合理回报。社会投资人作为优先股股东，不直接参与铁路发展基金经营管理。

2014 年 9 月，中国铁路发展基金股份有限公司发起人会议在北京召开，中国铁路总公司与中国工商银行、中国农业银行、中国建设银行、兴业银行四家银行的投资平台，共同签署了《出资人协议》和《公司章程》，标志着铁路发展基金正式设立。首期募资规模在2000亿至3000亿元左右。

铁总相关负责人表示，设立铁路发展基金是贯彻落实《国务院关于改革铁路投融资体制加快推进铁路建设的意见》精神的重要举措，对于创新铁路投融资体制，吸引社会资金投资铁路，加快铁路建设，尤其是加快中西部铁路建设，促进经济社会持续健康协调发展具有十分重要的意义。中国铁路发展基金股份有限公司成立后，将作为铁路市场化投融资主体，进一步吸引社会资本投资，持续为铁路建设和发展筹措资金，重点保障中西部地区铁路建设资本金来源。

此后在2014年10月24日召开的国务院常务会议上，决定创新重点领域投融资机制、为社会有效投资拓展更大空间。

会议指出，创新投融资机制，在更多领域向社会投资特别是民间资本敞开大门，与其他简政放权措施形成组合拳，以改革举措打破不合理的垄断和市场壁垒，营造权利公平、机会公平、规则公平的投资环境，使投资者在平等竞争中获取合理收益，有利于更好地激发市场主体活力和发展潜力，改善当前投资动力不足的状况，稳定有效投资，增加公共产品供给，促进稳增长、调结构、惠民生。

会议决定，一是进一步引入社会资本参与水电、核电等项目，建设跨区输电通道、区域主干电网、分布式电源并网等工程和电动汽车充换电设施。二是支持基础电信企业引入民间战略投资者，引导民间资本投资宽带接入网络建设运营，参与卫星导航地面应用系统等国家民用空间设施建设，研制、发射和运营商业遥感卫星。三是加快实施引进民间资本的铁路项目，鼓励社会资本参与港口、内河航运设施及枢纽机场、干线机场等建设，投资城镇供水供热、污水垃圾处理、公共交通等。市政基础设施可交由社会资本运营管理。四是支持农民合作社、家庭农场等投资生态建设项目。鼓励民间资本投资运营农业、水利工程，与国有、集体投资享有同等政策待遇。推行环境污染第三方治理，推进政府向社会购买环境监测服务。五是落实支持政策，吸引社会资本对教育、医疗、养老、体育健身和文化设施等加大投资。

会议还要求，要大力创新融资方式，积极推广政府与社会资本合作（PPP）模式，使社会投资和政府投资相辅相成。优化政府投资方向，通过投资补助、基金注资、担保补贴、贷款贴息等，优先支持引入社会资本的项目。创新信贷服务，支持开展排污权、收费权、购买服务协议质（抵）押等担保贷款业务，探索利用工程供水、供热、发电、污水垃圾处理等预期收益质押贷款。采取信用担保、风险补偿、农业保险等方式，增强农业经营主体融资能力。发挥政策性金融作用，为重大工程提供长期稳定、低成本资金支持。发展股权和创业投资基金，鼓励民间资本发起设立产业投资基金，政府可通过认购基金份额等方式给予支持。支持重点领域建设项目开展股权和债券融资。让社会投资涓涓细流汇成促发展、增福祉的澎湃浪潮。

2014年11月16日，国务院印发《关于创新重点领域投融资机制鼓励社会投资的指导意见》（以下简称《指导意见》），部署激发市场主体活力和发展潜力，稳定有效投资，加强薄弱环节建设，增加公共产品有效供给，促进调结构、补短板、惠民生。《指导意见》针对公共服务、资源环境、生态建设、基础设施等经济社会发展的薄弱环节，提出了进一步放开市场准入、创新投资运营机制、推进投资主体多元化、完善价格形成机制等方面的创新措施。

在该《指导意见》的指导思想和基本原则中明确，要全面贯彻落实党的十八大和十八届三中、四中全会精神，按照党中央、国务院决策部署，使市场在资源配置中起决定性作用和更好发挥政府作用，打破行业垄断和市场壁垒，切实降低准入门槛，建立公平开放透明的市场规则，营造权利平等、机会平等、规则平等的投资环境，进一步鼓励社会投资特别是民间投资，盘活存量、用好增量，调结构、补短板，服务国家生产力布局，促进重点领域建设，增加公共产品有效供给。

实行统一市场准入，创造平等投资机会；创新投资运营机制，扩大社会资本投资途径；优化政府投资使用方向和方式，发挥引导带动作用；创新融资方式，拓宽融资渠道；完善价格形成机制，发挥价格杠杆作用。

这份《指导意见》在改革完善交通投融资机制一节中，专门提到要加快推进铁路投融资体制改革。其具体办法就是，用好铁路发展基金平台，吸引社会资本参与，扩大基金规模。充分利用铁路土地综合开发政策，以开发收益支持铁路发展。按照市场化方向，不断完善铁路运价形成机制。

向地方政府和社会资本放开城际铁路、市域（郊）铁路、资源开发性铁路和支线铁路的所有权、经营权。按照构建现代企业制度的要求，保障投资者权益，推进蒙西至华中、长春至西巴彦花铁路等引进民间资本的示范项目实施。鼓励按照"多式衔接、立体开发、功能融合、节约集约"的原则，对城市轨道交通站点周边、车辆段上盖进行土地综合开发，吸引社会资本参与城市轨道交通建设。

该《指导意见》出台后，国家发改委有关负责人有接受记者采访时表示，结合国务院刚刚印发的《关于创新重点领域投融资机制鼓励社会投资的指导意见》，以及 2013 年国务院印发的《关于改革铁路投融资体制加快推进铁路建设的意见》的要求，在铁路以及整个交通运输领域投融资改革方面有这样几个方面的主要措施：

第一，用好发展基金平台，扩大资金来源。2014 年 4 月 30 日，国务院已经批准了设立铁路发展基金，6 月 27 日，发展改革委会同财政部、交通运输部也联合印发了《铁路发展基金管理办法》。目前铁路总公司已经完成了铁路发展基金公司的筹备工作，铁路基金公司已经挂牌。在刚刚印发的《指导意见》里面也明确提出了在铁路投融资体制改革中，要用好铁路发展基金平台，吸引社会资本参与，扩大基金规模。

第二，开放投资领域，创造平等机会。向地方政府和社会资本放开城际铁路、市域（郊）铁路、资源开发性铁路和支线铁路的所有权、经营权。这也是《指导意见》里面已经明确写进去的。比如像 2014 年发展改革委审核了蒙西至华中地区铁路煤运通道，投资总规模达到 1930 亿元，由 16 家公司成立蒙西华中铁路股份有限公司作为项目法人，其中铁路总公司以外的社会资本占股比 80%，其中民营企业的投资占股比 15.5%。这个项目按照构建现代企业制度的要求，保障投资者权益，将形成铁路吸引社会资本投资的示范项目。

第三，创新投融资模式，吸引社会资本参与。推广政府和社会资本合作模式，也就是 PPP 模式，在基础设施领域，规范选择项目合作伙伴，引入社会资本。建立和完善政府主导、分级负责、多元筹资的公路投融资的模式。在航运方面探索发展"航电结合"的投融资模式。鼓励社会资本投资港口、内河航运设施和枢纽机场、干线机场等建设。

第四，推进综合开发，提高投资效益。充分利用铁路土地综合开发政策，以开发收益来支持铁路发展。对城市轨道交通站点周边以及车辆段上盖进行土地综合开发，吸引社会资本参与城市轨道交通建设。

（五）缓解融资难、融资贵

2014 年 11 月 19 日，李克强总理主持召开的国务院常务会议决定进一步采取有力措施、缓解企业融资成本高问题。

会议指出，今年 7 月国务院推出一系列措施以来，有关方面做了大量工作，"融资难、融资贵"在一些地区和领域呈现缓解趋势，但仍然是突出问题。必须坚持改革创新，完善差异化信贷政策，健全多层次资本市场体系，进一步有针对性地缓解融资成本高问题，以促进创新创业、带动群众收入提高。一是增加存贷比指标弹性，改进合意贷款管理，完善小微企业不良贷款核销税前列支等政策，增强金融机构扩大小微、"三农"等贷款的能力。二是加快发展民营银行等中小金融机构，支持银行通过社区、小微支行和手机银行等提供多层次金融服务，鼓励互联网金融等更好向小微、"三农"提供规范服务。三是支持担保和再担保机构发展，推广小额贷款保证保险试点，发挥保单对贷款的增信作用。四是改进商业银行绩效考核机制，防止信贷投放"喜大厌小"和不合理的高利率、高费用。五是运用信贷资产证券化等方式盘活资金存量，简化小微、"三农"金融债等发行程序。六是抓紧出台股票发行注册制改革方案，取消股票发行的持续盈利条件，降低小微和创新型企业上市门槛。建立资本市场小额再融资快速机制，开展股权众筹融资试点。七是支持跨境融资，让更多企业与全球低成本资金"牵手"。创新外汇储备运用，支持实体经济发展和中国装备"走出去"。八是完善信用体系，提高小微企业信用透明度，使信用好、有前景的企业"钱途"广阔。九是加快利率市场化改革，建立市场利率定价自律机制，引导金融机构合理调整"虚高"的贷款利率。十是健全监督问责机制，遏制不规范收费、非法集资等推升融资成本。用良好的融资环境，增强企业参与市场竞争的底气和能力。

有媒体注意到，截至此次国务院常务会议，2014 年以来，国务院常务会议已经 8 次提及融资问题。国务院常务会议如此密集提及融资问题的背后，究竟释放了什么信号？

"当前中小企业发展遭遇挑战，融资难、融资贵等问题突出，而前述问题已经成为经济发展的重要制约因素，因此国家高度重视企业融资问题，激发实体经济活力。"北京大学光华管理学院金融学教授刘俏分析说。

2014年前三季度中国经济增长率为7.4%，要完成全年经济目标有一定的难度；工业生产者出厂价格（PPI）连续32个月同比下降，反映出企业投资信心不足；当前地方政府由于地方债的问题，在财政支出方面也没有太大的空间。因此要通过缓解融资贵、融资难问题，为中小企业发展提供更大的空间。

在11月19日的国务院常务会议决定进一步采取有力措施缓解企业融资成本高问题后，央行宣布从11月22日起下调金融机构人民币贷款和存款基准利率。

经济学家认为，降低利率，房地产行业会是明显受益行业，房企融资成本降低，居民购房利率降低有利于刺激购房意愿，在这过程中应防止房价调控出现反复。除此之外，降息对A股市场是利好消息，对地方政府通过发债方式融资也带来一定的便利，同时对实体经济向好有一定的帮助。中小企业融资问题是个全球性问题，在中国尤为突出，银行更多地偏爱大型企业。然而，我国许多大型企业都存在产能过剩问题，企业投资意愿不足，而中小企业有较强烈的投资意愿却难以融资。由此，解决中小企业融资问题，应当进一步强化金融基础设施建设，如推进利率市场化、降低金融行业准入门槛、鼓励更多金融业态等。

二、以简政放权推动经济提质增效升级

2013年11月，美国德克萨斯州奥斯汀的3D打印公司"固体概念"（Solid Concepts）设计制造出一把3D打印金属手枪。自此，3D打印开始逐渐被国人所熟悉。3D打印即快速成型技术的一种，它是一种以数字模型文件为基础，运用粉末状金属或塑料等可粘合材料，通过逐层打印的方式来构造物体的技术。又被称为"增材制造"技术，是世界制造领域一项重大成果，被誉为将带来"第三次工业革命"。

我国 3D 打印产业化尚处于起步阶段，还没有形成完整的产业发展模式，应用领域还有待扩展。此前，北京、武汉、南京、杭州、成都、西安等地都纷纷制定扶持政策，推进 3D 打印产业发展。但可能谁也不会把它与陕西渭南联系在一起。事实上，正是这个地处关中平原最东部的城市高新区正结合自身产业优势，加快建设 3D 打印产业培育基地建设，推动我国 3D 打印产业化进程。

"3D 打印产业之所以能以如此速度在渭南落地生根，其中最重要原因就是市委、市政府高度重视科技创新在国民经济及产业结构中的重要作用，大力推进创新型渭南的建设"，一位长期观察渭南发展的专家说。

近年来，渭南科技投入大幅提升，科技创新平台建设迈出实质性步伐，特别是渭南积极利用陕西科技资源实力雄厚的优势，先后与西安理工大学等陕西 12 所高校签订战略合作协议，建立了长期合作关系，这些科研院所中西安交通大学、西北工业大学、西北有色金属研究院等，在一批中国工程院院士和长江学者的主导下，3D 打印研发实力较强，技术成果转化程度高。

当 3D 打印产业蓄势待发之际，渭南敏锐地发现战略性新兴产业带来巨大的市场潜力，利用自身已有的科技基础，创新、创业平台和已经建立起来的创新体制机制，实现 3D 打印产业无缝对接。可以说，从 2013 年举办增材制造（3D 打印）产业化推进会到西洽会上渭南 3D 打印产业培育基地专场推介会，再到 2014 年 3D 打印与生物医疗器械产业推进会场，一场场好戏接踵而来。用渭南市委书记徐新荣的话说，全力发展 3D 打印产业，是实现渭南转型发展这一目标的重要举措，我们全力以赴，志在必得。

据悉，渭南高新区在市委、市政府的大力支持，精耕 3D 打印产业发展的技术、资本、服务、产业四大环节，在实践中逐步摸索出适合高新技术产业发展的"6+1"发展战略。

——流的协同创新研究体系。与西北工业大学合作，组建了"陕西增材制造（3D 打印）协同创新研究院"，与西安交通大学合作共享"快速制造国家工程研究中心"平台资源，与烟台路通精密铝业有限公司合作，组建陕西路通精密铝业有限公司，正在加快建设精密铸造中试平台和检测中心。

——多元化的投融资保障体系。成立渭南中时鼎诚投资管理有限公司，设立国内第一支 3D 打印创投基金，首期规模 2.5 亿元，并成立 3D 打印产业培育基地投融资担保机构，协调银行、基金和风投公司，为 3D 打印装备、软件开发、材料研制及应用行业提供金融服务。

——满足各种业态的空间承载体系。渭南高新区围绕 3D 打印技术研发及示范应用，首期建设 400 亩起步区，规划建设 1000 亩成长区，与此同时，渭南高新区成立火炬科技公司，负责孵化器投资管理，委托中航工业 631 研究所负责孵化平台运营服务。

——有吸引力的政策和人文关怀体系。围绕 8 个方面制定培育 3D 打印产业发展的政策、计划和措施。对入区 3D 打印和新材料项目推行"一门受理、全程代办、限时送达"的服务承诺，实施"开放式运作、封闭式管理"的模式，确保为创新项目和人才提供良好的成果转化、市场应用、知识产权保护等方面的支撑服务平台。

——多层次创新人才支撑体系。广纳 3D 打印产业领军人才，分别与中国工程院院士卢秉恒、黄伯云，教育部长江学者黄卫东、李涤尘、赵万华等 72 名材料制备专家建立了多途径合作关系。采取政府、企业、学校相结合，多层次培养 3D 打印创新人才和实用人才，快速形成具有规模效应和聚集效应的 3D 打印人才队伍。

——全方位协同共建体系。聚集创新合力，部省市区四级联动。2013 年 11 月 25 日，科技部批复渭南国家新材料高新技术产业化基地建设。11 月 26 日，与工业和信息化部赛迪研究院共同举办全国增材制造（3D 打印）产业化推进会。陕西省政府已将渭南高新区列为全省 3D 打印产业基地，列入省级 3D 打印技术产业化推进实施计划，全方位重点支持园区建设和产业发展。渭南市专门出台了《关于支持高新区打造国家新材料高新技术产业化基地的实施意见》，进一步整合渭南市优质资源举全市之力，支持渭南高新区全力打造 3D 打印产业培育基地建设。

通过以上六个体系的建设，不仅使得打造国家级 3D 打印创新制造示范基地找到了抓手，更对于今后高新技术产业培育发展积累了丰富经验，建立了良好运转的体制机制。

在3D打印等一批高新技术产业的推动下，渭南已基本形成一、二、三产业竞相转型升级，高质发展的态势。渭南3D打印产业的蓬勃发展，不仅促进了当地经济的转型升级，更引起了全国各地的关注。《人民日报》就评价说，陕西渭南3D打印产业的发展，让世界看到了渭南砥砺发展的劲头，也看到了政府努力落实转型升级的决心和实际行动。如果说引进"3D打印"产业是促进渭南创新发展路上的科技动力。那么，简政放权便是促使渭南经济腾飞的政策助力。

为了更好地落实简政放权，渭南市委市政府先后出台了《中共渭南市委、渭南市人民政府关于下放经济社会管理权限的实施意见》《渭南市人民政府关于取消和下放管理层级行政审批项目的通知》等文件，大刀阔斧地在全市开展简政放权工作，对一大批与经济社会、民生关系密切的权力实施改革，向阻碍发展的"拦路虎"开刀。

渭南用政府权力的"减法"换取市场和社会活力的"加法"。截至2014年，累计下放、取消、转移经济社会管理权限1000多项。渭南抓住简政放权的有利时机，在全省率先开展工商登记制度改革，进一步放宽准入条件，简化办事程序，缩短办事流程，使社会投资创业的热情全面进发。"简政"有效地激发和释放了基层政府、企业和社会各方面的发展潜能。"放权"放掉的是"官本位"意识和不良作风，强调的是服务和监管，释放的是活力、动力，聚集的是民心、民意。

在渭南市高新区，简政放权也处处得以体现。在招商容易留商难的今天，高新区简化办事环节，采用提前介入、事前告知、全程服务的模式，为入区建设项目提供最佳服务。通过上门服务、限时办结、主动送达等多种形式提高办事效率，确保了建筑市场管理和房地产市场监管工作有序开展。

从渭南经济转型升级这一典型可以看出，"简政"，减掉的是审批环节，转换的是政府职能，降低的是过程成本，优化的是服务流程。"放权"，放掉的是"官本位"意识和不良作风，强调的是服务和监管，释放的是活力、动力，集聚的是民心、民意。简政放权，目的就是放宽政策，放水养鱼，放手发展。简政放权对政府来说，既是一次重大的体制创新，也是一场革命。只有加快简政放权，才能切实转变政府职能，激发社会和市场活力，为经济社会发展"松绑"，最大限度地释放改革红利，经济社会的转型升级才会更有力。

简政放权的政策红利在数字上可以得到进一步印证。

2014年12月16日上午，国务院第三次全国经济普查领导小组副组长、国家统计局局长马建堂介绍第三次全国经济普查结果有关情况，从经济普查结果看，我国政府所采取简政放权，转变经济发展方式，推动经济结构转型升级等一系列举措成效显著，主要体现在以下三个方面。

一是简政放权释放了经济活力。自新一届政府执政以来，简政放权放在政府工作的首位，计划任期内将1700多项行政审批事项再减少1/3。截止到2014年12月，国务院取消和下放了581项行政审批项目，本届政府需要削减1/3的行政审批项目的目标已完成。政府简政放权，减少审批事项，为创业兴业开路、为企业发展松绑、为扩大就业助力，释放了经济活力，企业成立数量剧增。2013年末，全国共有从事第二产业和第三产业的法人单位1085.7万个，比2008年末（2008年是第二次全国经济普查年份，下同）增加375.8万个，增长52.9%；产业活动单位1303.5万个，增加417.1万个，增长47.1%；有证照个体经营户3279.1万个，增加405.4万个，增长14.1%。同时，政府降低了投资创业门槛，激发了民间投资活力，小微企业数量剧增。2013年末，从事第二产业和第三产业的小微企业法人单位785万个，占全部企业法人单位95.6%；从业人员14730.4万人，占全部企业法人单位从业人员50.4%。

二是经济转型推动成效显著。自2008年以来，我国经济面临前所未有的压力，经济增速一路下行。经济增速从2007年14.2%，一直下降到2014年7.4%左右。在这一背景下，中央果断提出转变经济发展方式，加快产业结构调整，淘汰落后产能，大力发展生产性服务业。经过这几年努力，经济转型有了长足发展。2013年末，从事第三产业的法人单位811.3万个，占全部法人单位比重为74.7%，比2008年提高5.7个百分点；从业人员16326.6万人，占全部法人单位从业人员比重为45.9%，比2008年提高3.5个百分点。此外，战略性新兴产业发展强劲。2013年末，在第二产业和第三产业中有战略性新兴产业活动的企业法人单位16.6万个，占全部企业法人单位2%；从业人员2362.3万人，占全部企业法人单位从业人员 8.1%。

三是个体、私营企业数量大幅增长。十八届三中全会以来，我国积极探索混合所有制改革，积极发展民营经济，增强国有资本的影响力和控制力。数据显示，第三次经济普查国有企业 11.3 万个，占 1.4%，比 2008 年 14.3 万个减少了 2.1%；私营企业增长明显，第三次经济普查私营企业 560.4 万个，占 68.3%，比 2008 年 359.6 万个增加了 40%；港、澳、台商投资企业 9.7 万个，占 1.2%，比 2008 年 8.4 万个增加了 15%。

中国经济普查从 2004 年以来每 5 年进行一次，2013 年开始进行的第三次全国经济普查是为了全面了解第二产业和第三产业的发展规模及布局，进一步查实服务业、战略性新兴产业和小微企业的发展状况。

在第三次经济普查中，经济结构的调整是一个突出亮点，而在其中制造业的结构调整又显得分外明显。近 5 年来，中国高技术制造业蓬勃发展，到 2013 年底，已经有规模以上高技术企业近 3 万家，高技术制造业实现主营业务收入超过 11 万亿元，比上一次经济普查时增长了 108.2%。对此，国家统计局局长马建堂说："这 5 年来，高新技术产业发展得更快，可以看到近年来我们国家以互联网技术为主要内容的新产品、新行业、新业态、新模式。为什么发展得这么快，国家的支持是一方面，另一方面就是市场主体的作用越来越强，市场竞争的氛围越来越强，一大批企业家的创新意识越来越强。这就是我们国家经济转型升级的未来，转型升级的希望。"

武汉科技大学金融证券研究所所长董登新在接受《证券日报》记者采访时表示，2014 年是我国经济告别过去传统经济增长模式的一年，也是经济实质性转变的一年。第一点变化在于重化工业产能扩张得到了抑制。在过去，保持经济持续高增长主要在于扩大重化工业投资，而在 2014 年经济处于下行的阶段时期并没有加大对重化工业的投资，包括"三高"行业都受到了很好的抑制，这是对传统经济高增长转型的重要标志。

第二个变化是在民生和基础设施建设方面加大了投资的力度。中央把民生工程和基础设施工程当作了良好的经济推进器，一方面可以起到扩大内需的作用，另一方面也可以提高民生方面的福利，这种转向民生和基建的投资转型也得到了社会的认可。

第三个变化则是在创业和创新方面，尤其是在国家扶持政策的力度逐渐加大的情况下，从全国各地的产业政策导向上都对创业和创新起到了很强的推动作用，进而寻找新的经济增长点。与此同时，中央也在解决小微企业融资难、融资贵的问题上出台了多项措施进行化解和推动。

三、放开价格管制，便利民间投资

为贯彻落实党的十八届三中全会精神，以及简政放权的要求，按照国务院第 69 次常务会议部署，2014 年 11 月下旬以来，国家发改委会同有关部门先后印发了 8 个文件，放开 24 项商品和服务价格，下放 1 项定价权限。

（一）放开烟叶收购价格

2014 年 12 月 17 日，国家发改委会同国家烟草专卖局下发《关于放开烟叶收购价格的通知》（发改价格［2014］2875 号），自 2015 年度起放开烤烟、白肋烟、香料烟等各品种、各等级烟叶收购价格。烟草企业可根据种烟成本收益、工业企业需求和行业发展需要，自主确定烟叶收购价格。此前，烟叶收购价格由国务院价格主管部门会同国家烟草专卖局制定，具体分品种、分等级、分地区差别定价。

烟叶价格放开后，我国农产品领域已没有政府定价项目，全部放开由市场形成价格。国家主要通过最低收购价、目标价格等方式引导价格合理形成，保护农业生产者利益，保障国家粮食安全，促进农业产业链持续健康发展。

国家发改委有关负责人介绍，放开农产品领域最后一个实行政府定价的品种烟叶收购价格，标志着我国农产品价格全部由市场形成。1978 年以来，农产品价格改革不断推进和深化，始终坚持市场取向不动摇，在推进改革的进程中，实行调放结合，并逐步加大"放"的份量，最终实现全面放开。1985 年放开了绝大多数农副产品购销价格，1992 年放开生猪、猪肉价格，1999 年放开棉花收购价格，2004 年放开粮食收购市场和价格。放开农产品价格，促进各种要素自由流动和重新组合，着力发挥市场机制配置资源的作用，推动了农村生产力的大发展、大解放。

这位负责人指出，放开农产品价格，并不是"一放了之"，而是在充分发挥市场机制作用的同时，将市场调节与政府调控相结合，不断加强和完善农产品价格宏观调控体系。对稻谷、小麦实行最低收购价政策，对玉米、油菜籽实行临时收储政策，对棉花、大豆开展目标价格补贴改革试点，对生猪建立了缓解市场价格周期性波动调控预案，并通过建立重要农产品储备制度、完善进出口调节机制、加大财政补贴力度等综合措施，防止主要农产品价格大幅波动，保护了农民利益。

烟叶收购价格放开后，各级烟草主管部门将加强行业管理，督促烟草企业遵循公平、合法和诚实信用的原则，严格按照种植合同确定的价格收购农民生产的烟叶。价格主管部门也将加强价格服务和价格监管，认真做好烟叶生产成本收益调查和价格监测工作，加强市场监管，规范市场主体价格行为，维护正常价格秩序。

（二）放开4项具备竞争条件的铁路运输价格

2014年12月2日和23日，国家发改委先后下发了《关于下放和放开部分交通运输服务价格的通知》、《关于放开部分铁路运输价格的通知》，放开铁路散货快运价格、包裹运输价格，以及社会资本投资控股新建铁路货物运价、社会资本投资控股新建铁路客运专线旅客票价等4项铁路运输价格，指导地方放开铁路旅客、货物运输延伸服务收费，由相关经营者根据生产经营成本、市场供求和竞争状况、社会承受能力等自主确定具体运输价格。

发改委相关负责人表示，放开这四项铁路运输价格，有利于铁路运输企业改革货运组织方式，提供货主需要的服务；有利于调动社会资本投资铁路建设积极性，促进铁路投融资体制改革；有利于促进公路、铁路、航空等多种运输方式的竞争，促进综合交通运输体系建设。

长期以来，我国各类主体投资建设的铁路旅客票价、货物运价基本实行政府定价，少数高等级列车和席别的旅客票价、少数特定线路货物运价实行政府指导价或市场调节价；铁路旅客、货物运输延伸服务收费实行政府定价。按照《国务院关于改革铁路投融资体制加快推进铁路建设的意见》和简政放权要求，国家发改委 2014 年上半年已陆续出台铁路运价市场化改革措施，包括：2 月 15 日下发了《关于调整铁路货物运价有关问题的通知》，将铁路货物运价由原来政府定价改为实行政府指导价、上限管理，允许铁路运输企业以国家规定的运价为上限，自主确定具体运价水平；4 月 1 日下发了《关于包神、准池铁路货物运价有关问题的通知》，放开社会投资新建的准池铁路货物运价。这次放开铁路散货快运价格等 4 项铁路运输价格，指导地方放开铁路运输延伸服务收费，是按照市场化方向，加快推进铁路运价改革的又一举措。

在放开相关铁路运输价格的同时，国家发改委采取以下措施切实规范企业经营行为，维护市场价格秩序：一是指导铁路运输企业健全内部运作机制，制定并公布服务标准，自觉接受社会监督。二是规范企业经营行为，督促企业落实明码标价规定，保障旅客、货主选择权。三是加强市场监管，及时依法查处强制服务、强行消费以及只收费不服务等价格违法行为。

2014 年，铁路部门与电商、快递企业合作，开办了货物快运、电商班列、高铁行包等一系列新业务。目前每天运送小件货物约 50 万件，高铁行包也已覆盖了高铁沿线主要城市，零散货物运量不断攀升。货物快运业务开办以来，从初期的日发送货物 1 万吨迅速上升到 6 万吨，并保持了持续增长的态势。

中国铁路总公司运输局有关负责人说，铁总实施铁路货运组织改革，推进铁路运价市场化，推动了铁路运输组织由按计划组织运输的生产模式，向与市场经济相适应的生产经营模式转变。铁路散货快运、铁路包裹等只是社会上各种物流快递运输方式之一，如果死守国家定价机制不放，势必会影响社会资本投入的积极性。只有适应市场需求，同时性价比合理，才能赢得市场。放开价格，铁路企业可以根据市场变化随行就市，还可以利用价格手段增强自身的竞争力。因此，不必担心价格放开就会大幅涨价。

（三）放开国内民航货运价格和部分民航客运价格

2014 年 11 月 25 日，中国民用航空局、国家发改委联合印发了《关于进一步完善民航国内航空运输价格政策有关问题的通知》(以下简称《通知》),自 2014 年 12 月 15 日起,全面放开民航国内航线货物运输价格;放开 101 条相邻省份之间与地面主要交通运输方式形成竞争的短途航线旅客票价;对继续保留实行政府指导价的国内民航客运票价,改由航空运输企业按照国家制定的规则自主制定、调整基准票价。

这项改革实施后,有利于航空公司更加灵活地制定、调整价格,反映市场供求关系和竞争状况,满足不同类型消费者需要。

现行民航国内航线货物运价、旅客票价由民航局会同国家发改委管理,主要实行政府指导价,省区内短途航线以及部分与地面运输方式形成竞争的跨省航线旅客票价实行市场调节。近年来,我国民航运输业快速发展,民航运输市场内部竞争日趋激烈;随着铁路、公路等其他运输方式运行速度、服务质量提高,民航与其他运输方式间也形成了竞争关系。为顺应运输市场发展变化,加快推进民航运价市场化改革,《通知》要求:一是全面放开国内航线货物运价,由航空公司根据生产经营成本、市场供求和竞争状况等自主确定具体运价水平。二是改进基准票价定价办法,由政府审批航线基准票价改为政府制定定价规则,由航空公司按规则自行制定、调整基准票价,变事前审批为事中、事后监管。三是进一步放开 101 条相邻省份之间、与地面主要运输方式形成竞争的 600 公里以下短途航线旅客票价。

放开国内航线货物运价、部分短途航线旅客票价,改进基准票价定价办法,是简政放权,减少政府干预,推进价格改革的具体举措,有利于引导航空运输合理配置资源,激发市场活力,调动社会资本投资积极性;也有利于促进航空公司不断提高经营管理水平,增强竞争力,培育新的运输增长点,更好满足社会需求。国航、东航等航空公司纷纷表示,2015 年将增加航空货运运力投放;优化既有航线客运运力结构,从硬件和软件两方面提高客舱服务水平,切实提升用户满意度。

下一步,国家发改委将联合民航局密切跟踪政策执行情况,加强对航空公司的指导,规范航空公司价格行为,强化价格监督检查,督促航空公司落实明码标价规定,为旅客、货主提供质价相符的航空运输服务。

（四）放开港口竞争性服务收费

2014 年 11 月 22 日，交通运输部、国家发改委联合印发了《关于放开港口竞争性服务收费有关问题的通知》（以下简称《通知》），自 2015 年 1 月 1 日起，放开集装箱装卸、国际客运码头作业等劳务性收费，以及船舶垃圾处理、供水等服务收费价格，由现行按作业环节单独设项收费改为包干收费、综合计收，不得另行对货主和旅客收取费用。交通运输部、国家发改委还将联合制定港口收费规则，进一步规范港口收费行为，维护良好市场秩序。

现行港口收费项目和标准由交通运输部会同国家发改委管理，按对应服务内容不同，分为引航费、拖轮费等船舶使费，码头货物装卸、人员上下等劳务性收费和船舶供水、供电等船舶供应服务收费三类。除中外合资码头劳务性收费、内资码头对内贸散杂货劳务性收费实行市场调节外，其余各项收费均实行政府指导价或政府定价。近年来，随着我国港口投资和经营多元化改革深入推进，处于同一服务区域的各港口、港口内部各码头企业之间形成了激烈竞争，绝大多数港口均有 3 家以上企业提供船舶供应服务。另一方面，货主和船公司反映，目前港口收费项目多，计费方式复杂，收费不透明、用户负担重。

为顺应市场形势发展变化，《通知》明确，一是全面放开港口码头劳务性收费、船舶供应服务收费等竞争性环节收费，由港口经营人根据市场供求和竞争状况、生产经营成本自主制定收费标准。二是规范劳务性收费计费方式，由按作业环节单独设项收费改为包干收费，国际客运码头作业包干费由运营企业支付，不再向旅客收取。三是简化港口收费项目，将 24 项收费纳入包干范围一并计费，不再分项单独收取。四是加强收费行为监管，要求企业公示收费项目、对应服务内容和收费标准，坚持用户自愿原则，加强价格自律。

放开港口竞争性服务收费，有利于引导企业灵活应对供求和竞争形势变化，不断提高经营管理水平，拓展服务领域，更好满足社会需求；简化港口收费项目，提高收费透明度，有利于外贸货主了解掌握不同港口收费水平，选择合适港口码头提供服务，降低物流成本，减轻自身负担。

下一步，国家发改委将联合交通运输部加强对港口企业收费行为的监管；指导企业和行业协会加强自律，制定、公布港口行业服务标准和价格自律规范，引导企业合法经营、有序竞争；加强价格监督检查，依法查处各类违法违规收费行为，切实维护用户合法权益。

（五）放开民爆器材出厂价格

2014年12月25日，国家发改委、工信部、公安部联合印发了《关于放开民爆器材出厂价格有关问题的通知》，决定放开民爆器材出厂价格，具体价格由供需双方协商确定；取消民爆器材流通费率管理。有关部门将依据职责强化安全监管、社会公共安全管控、价格行为监管等事中事后监管。

民爆器材主要用于煤炭、金属和非金属矿山的开采。民爆器材生产、流通及使用均受国家严格管控。多年来，国家对其价格也一直实施管理，其中出厂环节价格由国务院价格主管部门管理，流通环节费率由地方价格主管部门管理。出厂价格管理方式逐步向市场化方向迈进，由严格政府定价，过渡到政府指导价；允许的浮动幅度由下浮5%、上浮10%，扩大到上下浮动15%，企业自主定价和应对市场变化的能力不断增强。民爆器材价格的管理对保障民爆器材市场正常秩序，规范民爆器材企业定价行为，促进该行业协调健康发展发挥了重要作用。

随着我国经济发展，近年来民爆器材行业不断壮大。民爆器材价格具备全面市场化的条件。一是市场竞争较充分。全行业现有生产企业147家（按国家颁发的生产许可证计算），固定生产点382个；销售企业500家（按国家颁发的销售许可证计算），销售网点1800个，专用运输车辆7000余辆。生产企业生产点和销售企业销售网点遍布除上海市外的各省区市。二是产品供应充足。雷管和炸药生产许可能力分别为30亿发和500万吨，远大于18亿发和440万吨左右的实际需求。三是行业运行平稳。近几年，全国民爆行业每年利润总额为70亿元左右，其中生产企业利润总额为50亿元左右，销售企业利润总额为20亿元左右，经济效益较好，整体运行平稳。因此，民爆器材价格具备进一步推进市场化的条件。

民爆器材价格放开后，各地民爆行业主管部门、公安机关将加大对民用爆炸物品生产、销售、运输和使用等各环节的监管力度，强化安全监管和社会公共安全管控，严厉打击"非法建设、非法生产、非法经营、非法使用"和"超定员、超定量、超能力、超时限"生产民用爆炸物品的行为，重点关注并支持因市场竞争加剧而难以生存的企业转型或依法关闭，保障民爆行业平稳运行。各地价格主管部门将密切监测民爆器材价格运行情况，加强市场价格行为监管和反价格垄断执法，依法查处价格欺诈、价格串通、低价倾销等各类价格违法行为，维护正常市场秩序，保障市场主体合法权益。

（六）放开 7 项专业服务价格

2014年12月17日，国家发改委下发《关于放开部分服务价格的通知》（发改价格〔2014〕2732号），放开了部分此前实行政府定价或政府指导价管理的专业服务价格，具体包括土地价格评估、房地产价格评估、商标注册等认证、涉外经济贸易争议调解、代办外国领事认证签证、海关统计资料及数据开发和证件密钥服务等 7 项专业服务价格。

20世纪90年代后期，土地价格评估、房地产价格评估等新兴服务业态，行业发展初期市场不健全，服务和价格行为不规范。为了维护正常的服务价格秩序，规范服务价格行为，原国家计委出台了土地价格评估等专业服务价格政策。2000年前后，商标注册等认证、涉外经济贸易争议调解、代办外国领事认证签证等服务基本都由中央部门下属单位或行业组织作为政府管理或服务事项向当事人提供的，服务主体比较单一，具有垄断性，原国家计委制定了相关服务价格政策。在当时历史背景下，上述价格政策措施为规范相关服务和价格行为，维护消费者合法权益，促进相关行业健康发展发挥了积极的作用。

随着我国市场经济的发展和完善，相关服务领域的市场化程度发展迅速，如土地价格评估、房地产价格评估等领域，全国相关资产价格评估机构约2万家，从业人员30多万人，市场竞争较充分，具备放开的条件。商标注册等认证、涉外经济贸易争议调解、代办外国领事认证签证等服务领域也具备了一定的竞争性。按照十八届三中全会关于发挥市场决定性作用的精神要求，国家发改委积极推进相关专业服务价格市场化改革，凡是能由市场形成价格的都交给市场，激发市场活力，促进相关行业良性发展，满足社会多层次需求。

放开7项专业服务价格后，国家发改委将会同有关部门通过加强行业监管、完善行业自律、强化价格行为监管等措施加强事中、事后监管，切实维护企业和群众利益。

具体措施包括：一是强化价格行为监管。要求经营者严格遵守价格法等法律法规要求，提供质量合格、价格合理的服务，同时依法加强对相关服务价格行为的监督检查和反垄断执法，依法查处各种乱收费，保护消费者合法权益。二是加强行业监管。建立健全相关服务标准规范，完善行业准入和退出机制，切实加强行业引导与监管，保证服务质量。三是完善行业自律。充分发挥行业协会等组织的积极作用，指导和帮助行业协会健全行业自律管理，规范市场行为。

（七）指导地方放开9项商品和服务价格

2014年12月2日、17日国家发改委分别印发通知，要求地方放开铁路客货运输延伸服务收费，邮政延伸服务收费和会计师服务、税务师服务、资产评估服务、房地产经纪服务、非保障性住房物业服务、住宅小区停车服务、部分律师服务等9项商品和服务价格，鼓励市场通过竞争提供质优价廉的多样化服务，拉动了消费，促进相关行业健康发展。

国家发改委相关负责人指出，会计师事务所服务、资产评估服务、税务师事务所服务、部分律师服务、房地产经纪服务、非保障性住房物业服务、住宅小区停车服务等7项服务在发展初期，普遍存在供给不足，市场竞争不充分，服务和收费不规范等问题，社会反映较多。为保护供需双方合法权益，国家发改委会同有关部门制定发布了《会计师事务所服务收费管理办法》《资产评估收费管理办法》《税务师事务所服务收费管理办法》、《律师服务收费管理办法》、《物业服务收费管理办法》等一系列规范文件，指导各省、自治区、直辖市按照相关办法规定，对上述服务价格实行政府指导价管理，对规范、促进有关行业发展，满足社会需求，发挥了积极作用，供给能力、服务水平均得到了明显提升。

随着经济社会发展，上述服务领域市场竞争日益充分，逐步具备了放开价格的条件。其中：物业服务方面，目前全国已有物业服务企业 7.1 万家，从业人员超过 600 万人，服务供给较为充足，加之商品住房价格已放开由市场竞争形成，业主自我管理、主动维权的机制逐步建立、完善，对于非保障性住房物业服务和住宅小区停车服务收费，可以由业主委员会采取公开招标的方式，比质比价，选聘服务质量好、收费标准低的物业服务企业。房地产经纪、资产评估、会计师事务所、税务师事务所、律师服务（其中刑事案件辩护以及部分具有公益性的民事、行政诉讼、国家赔偿案件代理除外）等专业服务行业也已形成竞争，特别是在一些经济发达地区竞争更加充分。顺应形势发展变化，适时放开上述服务价格，有利于进一步激发市场活力，促进相关行业发展，更好满足社会需求。

为维护价格放开后的相关市场秩序，国家发改委通知同时强调坚持放管结合，明确了加强事中、事后监管的具体措施：一是要求经营者严格遵守《价格法》等法律法规，为消费者等提供质量合格、价格合理的服务；严格落实明码标价制度，在经营场所醒目位置公示价目表和投诉举报电话等信息；不得利用优势地位，强制服务、强制收费，或只收费不服务、少服务多收费；不得在标价之外收取任何未予标明的费用。二是督促行业主管部门加强对本行业相关经营主体服务行为监管。建立健全服务标准规范，完善行业准入和退出机制，为市场主体创造公开、公平的市场环境。三是要求各级价格主管部门依法加强对有关服务市场价格行为的监管，坚决依法查处串通涨价、价格欺诈等不正当价格行为，保障市场主体合法权益。

此外，这次放开价格控制中，还将省级行政区域内执行的短途管道运输价格管理权限下放到省级管理。

国家发改委相关负责人表示，在放开价格的同时，国家发改委将积极加强事中事后监管。一是加强价格监测分析预警，掌握相关商品和服务市场价格动态。一旦发现价格运行中的苗头性、倾向性、潜在性问题，采取有力措施，防范价格异动。二是加大市场价格监管和反垄断执法力度，建立健全市场价格行为规则和监管办法，依法查处各类价格违法行为，维护市场价格秩序。

【链接】新闻分析：完善铁路货运价格机制取得关键性进展

新华网北京2015年1月30日电（记者安蓓、樊曦）国家发改委30日宣布适当上调国家铁路货物统一运价，理顺价格水平，同时进一步完善铁路货运价格形成机制，允许铁路运输企业根据市场供求状况在上浮不超过10%、下浮不限的浮动范围内自主确定具体运价水平，同时进一步规范价外收费行为。

国家发改委价格司有关负责人说，这标志着完善铁路货运价格形成机制取得关键性进展，对促进铁路发展具有重要意义。

这位负责人说，此次调整铁路货物运价，重在完善运价形成机制，进一步增加运价弹性，为铁路运输企业提高经营管理水平和服务能力创造更宽松的政策环境和运作空间，有利于促进铁路投融资体制改革，进一步吸引社会资本投入铁路建设，增加运力供给，拉动投资需求回升；有利于促进铁路和其他运输方式发挥各自比较优势，构建合理分工、有序竞争、协调发展的综合运输体系；有利于促进生产性服务业发展和产业结构调整，保持国民经济持续健康发展。

"过去由政府定价，铁路运输企业整天眼睛向上看，琢磨着怎么找政府部门要政策。运价机制完善后，企业将更多考虑如何运用好国家给的政策空间，既要眼睛向内看，抓管理练'内功'，也要眼睛向外看，顺应市场变化，为社会提供更好的产品和服务。"这位负责人说。

长期以来，我国铁路货运价格实行政府定价，运价水平主要由政府依据运输成本制定，70%以上线路执行统一运价，其余线路实行特殊运价。近些年，随着货运市场竞争日益充分，原有的铁路货运价格形成机制已不适应形势发展变化，依成本定价不能灵敏反映运输市场竞争形势和供求关系波动，且运价水平总体偏低，既不利于发挥价格信号作用，吸引社会资本投入铁路建设、运营，加快铁路发展，也不利于引导社会运输资源合理配置，提高综合交通运输体系整体运行效率。

这位负责人说，此次调整的是铁路货运价格，不涉及旅客票价，不影响百姓出行支出。对于百姓生活成本的传导效应也有限。

"近年来，铁路货运增速放缓，铁路运量占整个社会运量的比例正逐步下降，铁路运量供不应求的状况出现明显变化，多数地方铁路运能和公路运能之间产生激烈竞争。在市场竞争充分的环境下，铁路货运价格虽然具备了上浮空间，但并不意味着会引发铁路货运价格的全面上涨。"国家信息中心经济预测部宏观室主任牛犁说，当前百姓主要生产和生活资料价格已全面放开，主要由市场决定而不是成本决定。事实上，近几年铁路货运价格逐年上调，均未对消费品价格带来明显影响。

2013年以来，我国铁路运价市场化改革有序推进。2014年4月，我国放开社会企业投资建设的准池铁路货物运价，实行市场调节，这是国内放开铁路货运价格的首次尝试。2014年12月，按照国务院常务会议部署，我国进一步放开了铁路散货快运价格、包裹运输价格，以及社会资本投资控股新建铁路货物运价、社会资本投资控股新建铁路客运专线旅客票价等4项具备竞争条件的铁路运输价格，指导地方放开铁路运输延伸服务收费，由相关经营者根据生产经营成本、市场供求和竞争状况、社会承受能力等自主确定具体价格水平。

此次改革在前期基础上，进一步规范价外收费行为，取消铁路运输企业收取的"大宗货物综合物流服务费"。"过去虽然铁路货运价格不算高，但有很多价外'私货'。现在堵后门开前门，在完善铁路货运价格形成机制的同时，对价外收费进行清理规范，总的来说，有利于社会负担的减轻。"发展改革委价格司有关负责人说。

据了解，在推进运价改革的同时，国家将通过指导铁路运输企业健全内部运作机制、规范企业经营行为、要求各级价格主管部门加强市场监督等措施，维护市场价格秩序，保护货运用户合法权益。

四、以简政放权更好地发挥地方的作用

简政放权，中央和各部委作出表率，还离不开地方的支持与配合。一方面，中央和各部委的很多权力下放到了地方，地方各级政府要用好权力，管好事情，做好监督。另一方面，地方原有的一些权力也要下放甚至取消，同样需要有"壮士断腕"的气魄和勇气。该管的要管好，该放的要放下。

简政放权不只是中央政府的事，地方政府要跟进。地方各级政府对国务院取消的行政审批项目，需放给市场和社会的，任何一级都不得截留。对下放给地方的项目，要做好承接、加强规范，把后续监管做到位，切实负起责任。同时，结合实际抓紧研究出台本级政府职能转变的具体措施，该取消和下放的行政审批事项，坚决取消和下放。各省级人民政府要增强全局意识，统筹抓好本省的职能转变工作。

在国务院机构职能转变动员电视电话会议上，李克强总理指出，要以简政放权更好地发挥地方的作用。我国地域辽阔，地区之间经济社会发展很不平衡，中央和地方两个积极性都要发挥好，该下放给地方的要坚决下放。

他举例说，四川芦山地震当天，我们在灾区现场察看灾情、进行协调部署后明确，中央政府和地方政府在抗震救灾中要各负其责，形成以地方为主、中央各部门和有关方面统一对口省里的一体化救援救灾应急机制，充分发挥地方党委和政府的作用。大量的具体救灾工作由地方和一线的同志承担，这有力有序地促进了抗震救灾。这样的大事急事经部署后都能交给地方为主去办去管，因此我们要相信地方也能办好管好其他很多事。反过来讲，国务院部门管得过多过细了，既管不了也管不好。各级政府要按照各自的事权分级管理，尤其是涉及改善民生的具体事项，要尽可能实行就近管理，不能什么事都到北京来批。

他强调，我们要充分发挥好地方政府贴近基层的优势，从有利于地方政府更好履职的要求出发，把一些确需审批但由地方实施更方便有效的投资审批事项，以及量大面广的生产经营活动审批事项，坚决下放给地方。

比如这次就把城市快速轨道交通、机场扩建等投资项目审批或核准权放给了地方。事权调整必然涉及财权，必须加快推进财政转移支付制度改革。最近我们研究一个省现代农业综合配套改革试验时了解到，仅中央部门到省的涉农资金就有约100个专项，多头管理、撒胡椒面、跑冒滴漏，弊端很多。我们要下决心较大幅度减少中央对地方专项转移支付项目，"合并专项，扩大一般"，将适合地方管理的专项转移支付项目审批和资金分配工作下放地方，为地方政府更好履行职能提供财力保障。同时，有权必有责，地方政府要切实负起统筹资金使用的责任，把钱用到中央要求的方向上来，用到科学发展上来。

这两年以来，各地普遍加快简政放权步伐，积极转变政府职能，依靠改革的办法把市场能办的放给市场，把政府该管的管住管好，凝心聚力，力求破除制约发展的体制机制障碍，激发经济发展的新活力。在经济下行压力持续较大之际，各地以简政放权为突破口和先手棋的各项改革举措增强了发展动力，产生了拉动民间投资、改善经济结构、促进社会就业的多重效果。通过简政放权地方这两年的实践，确实起到了充分发挥地方活力和积极性的作用。让我们看一些在地方的实例。

（一）天津"万企转型"在行动

天津市中小企业占全市经济的比重超过50%、税收占全市60%，但存在着空间布局分散、竞争力弱、经济效益低、生产经营粗放、污染严重等问题。2014年初，天津市决定开展万企转型升级活动，促进中小企业提质增效，力争做到"一样的土地不一样的效益，一样的土地不一样的产出，一样的土地不一样的实惠，一样的土地不一样的环境质量"。

天津市津南区小站镇大部分企业从事阀门生产，企业使用的是以煤炭为燃料的冲天炉，对周边环境有严重污染。为此，津南区与电力部门进行对接，签订了以电替煤的协议，对该地区76家阀门企业实施煤改电。天津大站集团阀门二厂，根据权威部门的检测结果，到2014年6月，该企业烟尘排放浓度为15.8，二氧化硫排放浓度为73，已远远低于国家限制标准。该集团总经理王富来表示："这就是转型升级的成果。"

据悉，天津市"万企转型升级"行动的内容和目标是：2014年启动首批确定的 1.2 万家中小企业，通过 3 年努力实现转型升级，企业整体效益提高 50% 以上，规模以上工业企业达到 6000 家以上；工业园区每公顷税收提高 50%，商务楼宇每平方米税收提高 50%；单位增加值能耗累计下降 15%，污染物排放明显下降。

天津市"万企转型升级"行动明确了 4 条路径：即改造提升一批、产业转型一批、关停重组一批，载体升级一批。全市成立了 11 个帮扶工作组，会同市政府督查室集中下区县开展指导、服务、督查工作。

天津中小企业发展促进局开发了"万企转型"综合信息管理平台。截至 2014 年中，天津市申报 2014 至 2016 年"万企转型升级"意向的企业共计 13653 家、工业园区 63 个、商务楼宇 124 个，总数达到 13840 家。列入 2014 年"万企转型升级"计划的有 4808 家。其中，列入改造提升一批的有 4161 家，列入产业转型一批的有 691 家，列入关停重组的有475 家。

（二）重庆两江新区用地改革拓空间

到 2014 年已是重庆两江新区进入开发建设的第四个年头。4 年来，两江新区基础设施建设突飞猛进，完成投资超过 1400 亿元，7 大直管区累计直接投入超过 500 亿元，累计开建道路 600 公里，一大批涉及新区长远发展的机场、铁路、港口、桥梁等基础性工程全面提速，凸显以改革推动发展的喜人成果。

两江新区积极探索土地"征转分离"改革试点。经国土资源部批准，2010 年以来，两江新区作为率先试点地区，积极推进土地征收与农用地转用审批方式的改革。通过规范管理，坚持合法征地，突出和谐拆迁，推进土地"征转分离"工作有序高效开展。2010 年至 2013 年，两江新区通过"征转分离"方式报批土地共计 10.77 万亩，为重大项目及时落地创造了条件。4 年来，累计招商签约项目 1395 个，合同投资额 5915 亿元，实际利用资金 4258 亿元。

低丘缓坡土地综合开发利用取得成效。2012 年，两江新区成为全国和重庆市首批低缓试点项目区，通过推动建设上山上坡，有效拓展了建设发展空间，破解了土地供需难题。同时，他们通过"占劣保优、占劣补优、保补结合"的方式切实保护耕地。两江新区低丘缓坡土地综合开发利用试点项目区由鱼复、水土、龙兴 3 个子项目区组成，总规模 7173.38 公顷，2012 年到 2016 年新增建设用地总规模为 5333 多公顷，全部位于允许建设区内。

两江新区还探索生产性服务业楼宇发展改革试点。为进一步提升两江新区范围内的土地利用价值，促进新区产城同步、城业共生发展，两江新区划定了 3 平方公里用于发展生产性服务业楼宇。他们在规划用地性质、土地出让合同用地性质、土地证载用途等方面进行改革创新，并从准入资质、土地出让、楼宇建设、预售、出售、出租、转让、使用，以及违约责任等方面进行约束并强化监管，使生产性服务业项目得以快速健康发展。目前，总部基地项目已经开建，部分项目已开始预售。

（三）山东省地税局推出 12 条服务新政促进民营经济加速转型

2014 年中，山东省地税局制定了《关于发挥税收职能作用支持民营经济加快发展的意见》，推出 12 条扶持举措，简政放权，提质增效，推进民营经济加速转型升级。

据山东广播电视台广播《山东新闻》报道，地税局推出的 12 条举措中，重点是增强税收优惠政策落实的针对性。其中要求，对符合条件的高新技术企业，按 15% 的税率征收企业所得税。符合条件的企业技术转让所得，免征或减半征收所得税。月营业额不超过 2 万元的企业，暂免征收营业税。中小企业参与企业的改组改制，转让企业产权和股权取得的收入免征营业税。小微企业从事国家非限制和禁止行业，按 20% 的税率征收所得税。年应纳税额低于 10 万元（含 10 万元）的小微企业，按 20% 的税率缴纳所得税。

措施还对安置军转干部、残疾人就业的企业给予税收减免。其中，安置军转干部、家属就业达到规定比例的企业，3 年内免征营业税。从事个体经营的军转干部和家属，3 年内免征营业税和个人所得税。安置残疾人比例符合规定的企业，免征土地使用税。持《就业失业登记证》人员从事个体经营的，3 年内按每人每年 9600 元的限额标准依次扣减其当年实际应缴纳的营业税、个人所得税等。

此外，扶持举措还涵盖如何提高税收优惠政策落实的自觉性，凡能下放的审批权限一律下放到市局或县（市、区）局管理。规范和完善国地税联合办证业务。新办税务登记实行即时受理、即时办证。推行"客户端"的申报方式。推行网上划缴税款。完善发票发放领用服务。大力推行网络发票。并加强涉税中介监管，规范进户执法。

（四）江苏省220个重大项目引领产业转型升级

2014年，江苏省计划安排省重大项目220个，其中实施项目200个，储备项目20个。按照全面深化改革的要求，这些重大项目的安排注重把握投资方向，优化投资结构，严把环境关、技术关、质量关，体现了转型升级、提质增效、改善民生的要求。

据了解，在着力于调整转型，更高层次实施产业项目方面，2014年江苏实施重大产业项目110个，较2013年增加5个，年度计划投资1870亿元，占比38%。

制造业方面，突出促进战略性新兴产业加快发展、传统产业高端升级和化解过剩产能。新增实施建湖艾雷奥特轻型通用飞机、海门招商局重工海工基地、南京先声抗肿瘤新药、常州新纶光电薄膜等一批战略性新兴产业项目。新增和加快实施镇江北汽汽车、南京依维柯工程专用车、江阴兴澄高端钢板深加工等传统产业领域结构调整、转型升级优势项目。

服务业方面，突出促进新兴服务业提速发展、高端服务业突破发展和传统服务业转型发展。新增实施无锡九如城康复中心、扬中西沙岛国际养生养老基地、太仓渤海华东电商物流基地、丹阳智能云仓储中心等项目。新增实施南京中新生态科技岛科创园、苏州昭亦生物硅谷等科技服务项目。

着力于民生改善，更富成效实施社会发展和生态文明项目。2014年实施重大民生项目20个，年度计划投资953亿元，包括社会事业项目4个、民生保障项目10个、生态环保项目6个。推进实施保障性住房、全民智慧医疗普及提升、基本养老、学前教育、农村公路提档升级、农村饮水安全等重心下移的体系性工程，加快推进基本公共服务均等化。加快实施"蓝天清水绿地"工程，新增实施园区循环化改造示范试点、燃煤电厂烟尘达标排放等节能减排和雾霾污染治理项目，推进实施生活污水处理、垃圾无害化处理等污废处理项目。

着力于增强发展后劲，更高质量储备前期项目。2014年重点推进20个储备项目，总投资3930亿元，平均单体投资规模196亿元。其中6个为新项目，分别是宁盐高速公路、张家港东华页岩气制烯烃、如东台湾中石化化工新材料、仪征大众汽车二期、镇江通用航空装备、镇江国机集团重装装备。

江苏省加快了投资体制改革步伐，深入推进简政放权，进一步落实了地方和企业投资自主权，激发了各类主体投资活力，健全了重大项目滚动发展的良性循环机制。

据悉，根据国家取消和下放行政审批事项工作部署，在借鉴兄弟省份行政审批制度改革经验的基础上，江苏省在全国发改系统率先推出了《取消和下放行政审批事项实施方案》，集中取消和下放了70项投资审批事项，并配套出台了《投资咨询管理办法》、《政府投资项目概算调整办法》等6个政策文件，从一个重要方面激发了市场活力，增强了基层动力，为全省经济社会发展营造了更优更好环境。同时，全省发改系统加强投资运行监测调度，拓展投资形势分析的广度和深度，重点跟踪新开工项目变动情况，及时把握投资运行中出现的新变化，定量预测投资运行的中期趋势，通过投资计划下达、专项资金安排、项目集中开工、前期工作推进等手段对投资增幅波动、投资结构变化实施干预和调控。

（五）广州海关公开74项"权力清单"

2014年，广州海关以《广州海关行政职权目录表》形式向社会公开海关权力清单，依法接受社会各界监督。南沙海关在加工贸易方面已先后取消加工贸易手册设立、外发加工等行政许可事项，有效实现简政放权，保障海关权力在阳光下运行。

据介绍，该权力清单共包含进出口申报管理、进出境旅客行李物品监管、加工贸易货物监管、进出口货物关税及海关代征税征收、知识产权海关保护、行政处罚等74项涉及广州海关的行政职权，涵盖海关监管、关税、加贸保税监管、稽查、缉私、统计等领域，与广大进出口企业和公民的切身利益密切相关。

海关将权力公开作为简政放权、转变职能，强化权力监督制约的重要举措。为了最大程度保障公众知情权与监督权，让权力在阳光下运行。广州海关全方位多角度将海关权力清单公之于众，在门户网站"信息公开"栏的"公开目录—主题分类—行政职权"项下公布《目录表》。南沙海关各业务现场均张贴公告，方便进出口企业和群众了解监督。此外，感兴趣的群众还可以通过拨打12360服务热线进行详细咨询。

据了解，2014年以来南沙海关在加工贸易方面已先后取消加工贸易手册设立、外发加工、深加工结转、余料结转、核销等行政许可事项；企业管理方面简化备案材料，将收发货人、报关企业注册登记资料分别由12项、16项减少至5项和6项，报关企业注册登记资料合并同步了"许可"和"注册"2个程序。上述措施有效实现简政放权，一线执法依法依规行使，海关权力在社会各界的监督下切实在阳光下运行。

（六）链接：简政放权中国最"强"音

● 面对改革之难，李克强知之甚深："现在触动利益往往比触及灵魂还难。"

● 面对改革重任，李克强意志坚决："不是说政府有错位的问题吗？那就把错装在政府身上的手换成市场的手。这是削权，是自我革命，会很痛，甚至有割腕的感觉，但这是发展的需要，是人民的愿望。我们要有壮士断腕的决心，言出必行，说到做到，决不明放暗不放、避重就轻，更不能搞变相游戏。"

● "再深的水我们也得蹚，因为别无选择"。

● "喊破嗓子不如甩开膀子。"

● 有人画了一张行政审批的"万里长征图"，办一个企业，上一个项目，要盖上百个公章，不仅如此，还被"吃拿卡要"。——2013年11月，李克强在地方政府职能转变和机构改革工作电视电话会议上说。

● 这章做得多结实啊！不知束缚了多少人……你们用1枚公章，取代了过去109枚审批公章，这相当于为百姓办事减少了108道手续，为他们大大节省了精力、降低了成本。——2014年9月，国务院总理李克强赴天津考察调研时说。

● 中国的经济要升级，出口产品也要升级。我们不能总是卖鞋袜、衣帽、玩具。

● 我们将进一步降低小微企业税费负担，各级政府都要帮助草根创业者解决融资难、融资贵和开拓市场等"成长中的烦恼"，让小微企业有大作为，带动更多人创业就业。

● 我们当然不希望企业"前仆后继"，而是希望"后浪推着前浪"、"前面发达后面跟上"。这些新增市场主体有相当大的热情，决不能因为政策不合理、改革不到位，让他们失望、绝望。

● 说句实在话，我们给中关村、上海自贸区的政策，其实就是简政放权的政策，很多都可以在更大范围、甚至是全国范围推广！但现在，我们总是弄一些"政策洼地"，让各地来"争"。其实很多政策完全可以是普惠性的！

……

【链接】国务院常务会议中的简政放权知多少

2014 年全年，李克强总理主持召开 41 次国务院常务会议，其中23 次部署了与"简政放权"相关的改革举措。

2014 年 1 月 8 日

国务院常务会议决定推出进一步深化行政审批制度改革三项措施，要求继续把简政放权作为"当头炮"。在 2013 年分三批取消和下放行政审批事项的基础上，重点围绕生产经营领域，再取消和下放省际普通货物水路运输许可等 70 项审批事项，使简政放权成为持续的改革行动。

2014 年 3 月 19 日

国务院常务会议确定全年政府工作 15 个方面共 55 项重点任务，

强调要坚持向深化改革要动力。大力推进简政放权、财税金融、国有企业、发展混合所有制经济、有序放宽市场准入等重点领域和关键环节改革。

2014 年 4 月 23 日

国务院常务会议确定进一步落实企业投资自主权的政策措施，进一步缩减投资核准范围，下放核准权限。会议指出，继续下好简政放权先手棋，实现放管结合、使两者相辅相成，营造公平竞争环境，规范市场秩序，在加强事中事后监管和完善监管体系中使简政放权顺利推进。加快推进探索负面清单管理模式和建立权力清单制度。

2014 年 5 月 14 日

国务院常务会议要求进一步深化改革开放，放宽市场准入，减少前置审批和资质认定项目，鼓励社会资本参与发展生产性服务业。简化审批程序，提高生产性服务业境外投资便利化程度。

2014 年 5 月 30 日

国务院常务会议确定进一步减少和规范涉企收费、减轻企业负担，决定对国务院已出台政策措施落实情况开展全面督查。会议认为，减少和规范涉企收费，看住向企业乱伸的手，是深化改革、简政放权、规范市场秩序的重要举措，提出要正税清费，建立涉企收费清单管理制度，清理规范行政审批前置服务，必须依法新设涉企行政事业性收费和政府性基金项目等措施。

2014 年 6 月 4 日

国务院常务会议确定进一步简政放权措施促进创业就业。确定取消和下放新一批共 52 项行政审批事项，减少部分职业资格许可和认定，围绕促进投资创业便利化将 36 项工商登记前置审批事项改为后置审批。

2014 年 6 月 11 日

国务院常务会议指出，规范税制、公平税负，有利于营造良好发展环境、激发市场活力和内生动力，对稳增长、保就业具有积极意义。会议决定，从 2014 年 7 月 1 日起简化合并增值税特定一般纳税人征收率，每年将为相关领域企业减轻税负约 240 亿元。

2014 年 7 月 2 日

国务院常务会议部署严肃整改审计查出问题，强调要进一步简政放权，将适合地方管理的事项连同项目确定权和相关资金分配权一并下放。

2014 年 7 月 9 日

国务院常务会议指出，2014 年以来国务院又取消和下放了一批行政审批项目，其中有些涉及法律法规修改，要及时跟进，使简政放权有法治保障。会议通过 5 部法律修正案草案和 21 部行政法规进行修改的决定草案。

2014 年 7 月 16 日

国务院常务会议听取国务院出台政策措施推进情况督查汇报并部署狠抓落实与整改。强调要继续突出抓好简政放权、放管结合，把取消下放行政审批事项的计划铆死、砸实。要全部取消非行政许可审批，并不得违规转入内部审批。有效防范寻租行为。

2014 年 7 月 23 日

国务院常务会议指出，在推进工商登记制度改革、废除企业年检制度、大力取消事前审批的同时，加快实施企业信息公示制度，从主要依靠行政审批管企业，转向更多依靠建立透明诚信的市场秩序规范企业，有利于进一步转变政府职能，推进简政放权、放管结合，营造公平竞争市场环境。

2014 年 7 月 30 日

国务院常务会议讨论《不动产登记暂行条例（征求意见稿）》，认为建立不动产统一登记制度是推进简政放权，整合部门职能职责、减少多头管理、逐步实现一个窗口对外，方便企业和群众、降低创业成本的有效举措。

2014 年 8 月 19 日

国务院常务会议决定推出进一步简政放权措施，使简政放权等改革成为持续激发市场活力、优化市场环境的"长效药"。会议强调，要持续把简政放权、放管结合作为政府自我革命的"先手棋"和宏观调控的"当头炮"，用硬措施打掉"拦路虎"，让市场主体"舒筋骨"。再取消和下放 87 项"含金量"高的审批事项。

2014 年 8 月 27 日

国务院常务会议听取政策措施落实第三方评估汇报。会议指出，近期国务院委托全国工商联等单位对简政放权等政策落实情况开展第三方评估。这些政策基本落实，积极效用正在显现，但也存在一些政策不完善、执行不到位、监管跟不上等问题。要继续推进简政放权、放管结合，重点解决"会批不会管"，"对审批迷恋、对监管迷茫"等问题。

2014 年 9 月 2 日

国务院常务会议部署加快发展体育产业时指出，要坚持改革创新，简政放权、放管结合，取消商业性和群众性体育赛事审批，放宽赛事转播权限制，最大限度为企业"松绑"。

2014 年 9 月 17 日

国务院常务会议部署进一步扶持小微企业发展推动大众创业万众创新，重点推出的新政策之一是加大进一步简政放权力度，加快清理不必要的证照和资质、资格审批，为小微企业降门槛、除障碍。

2014 年 9 月 29 日

国务院常务会议部署强化审计工作，指出要围绕稳增长、促改革、调结构、惠民生、防风险，把审计范围扩大到国家重大政策措施落实、重大项目落地、简政放权推进等方面，推动解决财政资金沉淀问题，把宝贵的资金用在刀刃上。

2014 年 10 月 8 日

国务院常务会议决定再次修订政府核准的投资项目目录，指出这是改革投融资体制，持续推进简政放权的重要体现。目录经此次修订后，中央层面政府核准的投资事项比 2013 年减少 40%。

2014 年 10 月 24 日

国务院常务会议决定创新重点领域投融资机制、为社会有效投资拓展更大空间。会议指出，创新投融资机制，在更多领域向社会投资特别是民间资本敞开大门，与其他简政放权措施形成组合拳，以改革举措打破不合理的垄断和市场壁垒，营造权利公平、机会公平、规则公平的投资环境。

2014 年 11 月 5 日

国务院常务会议决定削减前置审批、推行投资项目网上核准。从改革创新制度入手，以精简前置审批，规范中介服务，实行更加便捷、透明的投资项目核准为重点，把简政放权、放管结合向纵深推进，有利于根治"审批依赖症"，堵住利益输送"暗道"，放开企业手脚。

2014 年 11 月 15 日

国务院常务会议决定实施普遍性降费，进一步为企业特别是小微企业减负添力。其中包括自 2015 年 1 月 1 日起，取消或暂停征收包括企业、个体工商户注册登记费等 12 项收费：对小微企业免征组织机构代码证书费等 42 项行政事业性收费等内容，预计每年将减轻企业和个人负担 400 多亿元。保留的收费实行目录清单管理，实时对外公开。

2014 年 12 月 12 日

国务院常务会议确定了 2014 年第三批简政放权措施。再取消和下放 108 项主要涉及投资、经营、就业等审批事项，将 26 项工商登记前置审批改为后置审批，取消 68 项职业资格许可和认定，取消 10 项评比达标表彰项目。会议认为，简政放权是政府自身革命的"重头戏"。简政放权改革仍然任重道远，要防止"中梗阻"。

2014 年 12 月 31 日

国务院常务会议决定进一步简政放权，完善出口退税机制。下放审批权限，将对生产企业退税工作全部下放到所在县（区）审批，有条件的地方经批准后可将外贸企业退税审批一并下放。

第五章　创新活力篇：开启大众创业、万众创新新时代

顺应网络时代推动大众创业、万众创新的形势，构建面向人人的"众创空间"等创业服务平台，对于激发亿万群众创造活力，培育包括大学生在内的各类青年创新人才和创新团队，带动扩大就业，打造经济发展新的"发动机"，具有重要意义。①

新一届中央政府组成以来，我国经济负重前行、迎难而进，形势错综复杂、下行压力较大。在这样的背景下，中央政府不断下好简政放权"先手棋"，为营造企业发展的良好环境，为社会注入澎湃活力，不断开拓出经济社会发展和民生改善新空间。

2014年，是全面深化改革开局之年，也是中国经济攻坚克难的关键一年。

年初的政府工作报告为全年经济宏观调控制定了总体框架：经济增长 7.5% 左右，物价涨幅控制在 3.5% 左右，城镇新增就业 1000 万人以上，继续实施积极的财政政策和稳健的货币政策，并提出"保持经济运行处在合理区间"。

所谓"保持经济运行处在合理区间"，就是在稳增长、保就业的下限，和防通胀的上限之间。而经济增长的最终目的，就是让广大人民群众得到实惠，因此，就业目标就成为经济发展重要考察指数。

2014年前三季度，中国经济增速虽然放缓至 7.4%，但总体保持了平稳运行，并实现了稳中提质。其中，就业数字最为"亮眼"。充足的就业让党中央、国务院有足够的时间和空间把精力放在转变发展方式、调整经

---

① 摘自 2015 年 1 月 28 日国务院常务会议。

济结构上来。

2014 年前三季度，城镇新增就业 1082 万人，提前完成全年就业目标；三季度末城镇登记失业率为 4.07%，保持在 4.6% 的控制目标以内，全国居民人均可支配收入实际增长 8.2%，跑赢了 GDP。同时，通胀压力温和可控，9 月份、10 月份 CPI 徘徊在"1"时代，市场普遍预计四季度物价将继续处于低位，全年可控制在 3.5% 的通胀上限以内。

就业不降反升原因何在？"就业渠道的变化意味着中国经济发展动力的新变化。"国务院发展研究中心原副主任卢中原说。前三季度，第三产业增加值增长 7.9%，高于同期 GDP 和第二产业增速，服务业吸纳就业和支撑经济的作用更加明显。

改革红利的释放也是就业保持总体稳定重要因素。中国国际经济交流中心咨询研究部副部长王军表示，随着我国商事登记制度改革不断推进，社会投资创业的热情和活力大大激发，在新企业"井喷式增长"下，新增个体私营经济和小微企业成为就业重要渠道。

2014 年 11 月 19 日至 21 日，李克强总理来到浙江义乌、杭州考察。在义乌青岩刘村，了解到这里聚集了 2800 多家网店，吸纳了 1 万多人就业。李克强一连走进几家网店了解经营情况。

李克强说，经济发展很重要的是扩大就业，有就业就会有收入。今年我国经济下行压力较大，但就业逆势增长，正是得益于简政放权、商事制度改革等催生大量新的市场主体，特别是服务业快速发展，使经济每增长 1 个百分点可带动的新增就业人数由 2010 年的 112 万提高到目前的 170 多万。这就是为什么虽然经济增长有所放缓，新增就业仍能增长。要着力支持大众创业，使新业态、新模式加速成长，培育经济新动力，打造经济新的"发动机"。

当前，我国经济运行总体保持在合理区间，改革效应不断释放，新的增长动力正在生成。但国际国内经济下行压力大，各种矛盾交织。既要对我国发展长期向好的基本面充满信心，又要对困难和挑战有充分估计，注重用新视角把脉经济，以新思路拓展新局，在持续发展中扩大就业、增加收入、改善生态、提质增效。

作为发展中大国，我国必须坚持发展是第一要务，以经济建设为中心，紧紧抓住重要战略机遇期，打好发展"持久战"。发展不仅要保持合理的速度、继续做大，更要提高质量效益、着力做强，说到底就是要推动中国经济保持中高速增长、向中高端水平迈进。根本的还是要靠全面深化改革。一边推出简政放权、放管结合的进一步措施，做实行政审批、市场壁垒和各种"路障"的"减法"，一边做好市场空间、创业天地的"加法"，激发市场活力，形成更多机遇，让13亿人民的聪明智慧在大众创业、万众创新中充分涌流、大展身手，不仅创造更多社会财富，而且使千千万万的人在公平规范竞争中实现人生价值。

这一"减"一"加"中，去除了对创新的束缚，让创新活力更加充分释放，让改革的成果惠及更广大的人民群众，正是简政放权的目的所在。

就业是民生之本，创新是活力之源，党中央、国务院历来高度重视，也是国务院的重点工作之一。仅以2014年召开的历次国务院常务会议看，就有多次直接谈到简政放权、创新活力与大众就业、创业的关系。同时为就业、创业不断破除障碍、去除束缚、减轻压力。

2014年6月4日召开的国务院常务会议认为，简政放权是深化政府改革、加快转变政府职能的关键之举。在去年取得积极成效的基础上，按照《政府工作报告》确定的年内再取消和下放200项以上行政审批事项的部署，针对社会关切，继续下好改革先手棋，进一步推出新的有力举措，对于充分调动企业和社会创业创新创造的积极性，让政府更好归位、市场更大发力、群众更多受益，具有重要意义。

2014年9月17日召开的国务院常务会议指出，小微企业是发展的生力军、就业的主渠道、创新的重要源泉。在推进简政放权，尤其是实施商事制度等改革后，新设企业大幅增加。加大对小微企业、个体工商户特别是在改革中"呱呱坠地"新生者的扶持，让它们在公平竞争中搏击壮大，可形成示范效应，推动大众创业、万众创新，也能增添社会活力和发展内生动力，促进经济稳定增长和民生改善。

2014年11月15日召开的国务院常务会议强调，大力减轻企业特别是小微企业负担，降低大众创业成本，加快万众创新步伐，要在着力落实好定向减税政策的同时，实施普遍性降费。会议决定，凡没有法律法规依据或未经批准设立的行政事业性收费和政府性基金项目，一律取消；对收费标准超成本的要切实降低；对确需保留的补偿非普遍性公共服务成本的收费，严格实行收支两条线管理。同时，减免涉及小微企业、养老、医疗和高校毕业生就业等的收费和基金。

会议还要求，要进一步提高收费政策的透明度，对保留的行政事业性收费、政府性基金和实施政府定价或指导价的经营服务性收费，实行目录清单管理，实时对外公开，清单外的收费一律取消。在取消、减免有关收费和基金后，相关部门、单位依法履职和事业发展所需经费由同级财政统筹安排。中央财政要加强监督，确保各级财政经费到位，防止以经费不足为由再出现乱收费。

一、负面清单、权力清单、责任清单——三张清单拓宽创新空间

本届政府成立以来，三份"清单"着眼于转变政府职能，简政放权先行、制度建设跟进。"负面清单"从经济改革切入，瞄准政府与市场的关系，打破许可制，拓宽创新空间；"权力清单"和"责任清单"从行政体制改革入手，界定政府权力边界。

（一）负面清单：法无禁止皆可为

2013年7月10日至11日，第五轮中美战略与经济对话在美国华盛顿举行，双方同意以准入前国民待遇和负面清单为基础进行投资协定实质性谈判。

当时，很多人还不知道、甚至没听说过所谓"负面清单"。而此后不久，"负面清单"越来越被人们所认知，甚至成为当今中国一大"热词"。

先解释一下什么是准入前国民待遇。

在国际投资法中，国民待遇是一项以条约为基础的义务，其含义是给予外国投资者及投资的待遇不低于在相似情形下给予本国投资者及投资的待遇。

在传统投资协定采取的控制模式中，国民待遇适用于投资建立之后的阶段。而准入前国民待遇则将国民待遇延伸至投资发生和建立前的阶段，

这是开放投资体制中的自由模式与上述传统模式最重要的区别。

然而，虽然给予外资准入前国民待遇是对投资自由化的进一步承诺，但也并非意味着丧失对外资的监督权，因为所有已签订的准入前国民待遇都是有条件的。

这就涉及到另外一个概念：负面清单，也就是否定清单。

从一些在自贸区协定下所签订的准入前国民待遇条款中可以发现，缔约国对提供这种待遇往往都有所保留。目的是强化本国对外资的现有监管，并为未来实施新的监管提供更大的灵活性。

其中，最重要的一种保留形式就是"以否定列表形式保留的不符合措施"。

基于北美自由贸易协定开创的模式，不符合措施是一系列对国民待遇、最惠国待遇以及其他义务的例外措施，需要按照规定格式列表，成为协定的一部分。

否定清单一旦建立，缔约国在实施相关政策措施时就会受到约束。而列入否定清单的内容，则真正体现了缔约国在外资准入方面的实际限制程度和偏好。

准入前国民待遇和负面清单的外资管理模式已逐渐成为国际投资规则发展的新趋势，世界上至少有 77 个国家采用了此种模式。

商务部新闻发言人沈丹阳就此发表谈话时表示，我们同意采用这种模式是适应国际发展趋势的需要，与我国正在推进的行政审批制度改革的方向是一致的，有利于为各类所有制企业创造公平竞争的市场环境，激发市场主体活力，促进经济发展。

2014 年 9 月 27 日，在以全面深化改革为重要议题的十八届三中全会召开前夕，中国政府网全文公布了《中国（上海）自由贸易试验区总体方案》。

中国（上海）自由贸易试验区，是党中央、国务院在新形势下推进改革开放的重大举措，对于加快政府职能转变、积极探索管理模式创新、促进贸易和投资便利化，为全面深化改革和扩大开放探索新思路、新途径，积累新经验，都具有重要意义。

该《方案》提出，要坚持先行先试，以开放促改革、促发展，率先建立符合国际化和法制化要求的跨境投资和贸易规则体系，成为我国进一步融入经济全球化的重要载体，力争经过两至三年的改革试验，建设具有国际水准的投资贸易便利、货币兑换自由、监管高效便捷、法制环境规范的自由贸易试验区。

《方案》明确了试验区建设的主要任务措施。一是加快政府职能转变。积极探索建立与国际高标准投资和贸易规则体系相适应的行政管理体系，推进政府管理由注重事先审批转为注重事中、事后监管。提高行政透明度，完善投资者权益有效保障机制，实现各类投资主体的公平竞争。二是扩大投资领域开放。选择金融、航运、商贸、文化等服务领域扩大开放。探索建立负面清单管理模式，逐步形成与国际接轨的外商投资管理制度。改革境外投资管理方式，支持试验区内各类投资主体开展多种形式的境外投资。三是推进贸易发展方式转变。积极培育贸易新型业态和功能，推动贸易转型升级。深化国际贸易结算中心试点，鼓励企业统筹开展国际国内贸易，实现内外贸一体化发展。提升国际航运服务能级。四是深化金融领域开放创新。加快金融制度创新，建立与自由贸易试验区相适应的外汇管理体制，促进跨境融资便利化。推动金融服务业对符合条件的民营资本和外资金融机构全面开放，鼓励金融市场产品创新。五是完善法制保障。各部门要支持试验区深化改革试点，及时解决试点过程中的制度保障问题。上海市要通过地方立法，建立与试点要求相适应的试验区管理制度。

为适应建立高水平投资和贸易服务体系的需要，《方案》要求营造相应的监管和税收制度环境。通过创新监管模式，推进实施"一线放开"，坚决实施"二线安全高效管住"，促进二线监管与一线监管相衔接，强化监管协作，推动试验区内货物、服务等各类要素自由流动。同时，在维护现行税制公平、统一、规范的前提下，以培育功能为导向，探索与试验区相配套的促进投资与贸易的税收政策。

有外媒评论说，选择在中共十八届三中全会前夕公布这一重大方案，彰显了中国政府矢志改革的信心和决心，从中更可解读中国下一步改革的思路与方向。其中，"负面清单"管理作为一项引人注目的制度变革得以针对外商投资"试水"。

上海自贸区率先试点的国内首份负面清单，一推出就受到各方高度关注。负面清单列出了 18 个门类 1069 个小类，其中对约 190 个小类有管理措施，也就是说，超过 80% 的外商投资项目将由核准制改为备案制，放权力度前所未有。

分析人士认为，该管理模式一经推广，将成为中国经济转型升级的一大"抓手"，同时也将对政府宏观调控和经济管理提出巨大考验。从"正面清单"到"负面清单"，一字之差，却是政府管理思维的巨大转变。"负面清单"就是法无禁止即合法，也就是说仅仅规定企业"不能做什么"，与限定企业"只能做什么"的管理模式相比，无疑会让市场发挥更大作用。同时，这种转变也符合中国改革开放循序渐进和与国际规则接轨的思路。专家指出，"负面清单"是在中国综合实力已不同以往、抵抗经济变动冲击的能力大大增强的基础上，减少直接管制而更多采用间接管理，同时降低经济运行成本。

实际上，在外商投资之外的一些领域，中国的政府管理模式已经实行了从"正面清单"到"负面清单"的转变，只是并未冠以上述名称。如进出口贸易人民币结算，最初就是授权特定地区、获得资格的企业开展此项业务，后来就是除了部分重点监管企业之外，其余全国全部放开。

在上海市政府参事室主任王新奎看来，"负面清单"管理与本届政府正在推进的行政审批制度改革方向一致。他认为，目前对企业投资准入实行的审批制度至少有三方面问题：资源错配，谁拿到政府批条，谁就容易获得银行贷款；宏观调控边际效率下滑，很多过剩产能其实是"批"出来的；还有腐败频发。

过去还有一些人士担心，由于涉及到金融、航运等服务业的开放，中国实施"负面清单"管理的时机可能还不成熟，因为这些服务业与国外存在不小差距，扩大开放预计会带来一定的冲击。

针对这一担心，在 2014 年 8 月 26 日，商务部部长高虎城向全国人大常委会作说明时表示，为在自由贸易试验区内加强风险管控，政府除及时制定和调整负面清单、完善国家安全审查制度外，还将通过反垄断审查、金融审慎监管、城市布局规划、环境和生态保护要求、劳动者权益保护、技术法规和标准等手段，构建风险防御体系。

还有一些专家认为，深化改革扩大开放，不能仅仅在上海一地针对外商投资试点"负面清单"管理模式。这一模式也可以被推广到全国范围内的所有内外资企业。因为自由贸易试验区是一项国家战略而非地方战略，试验区内更多是制度创新而非政策优惠，国务院也已要求自由贸易试验区内要形成"可复制、可推广"的经验。同时，"负面清单"管理是经济管理的重要变革，不能仅仅局限于外资，对本国企业更应该如此，因为市场秩序不管对内资外资都应该是公平的、非歧视性的。

2014年9月29日，商务部部长高虎城参加中国（上海）自由贸易试验区挂牌仪式期间接受记者采访时表示，选择上海试点是考虑到开放基础、区位优势等原因，试验区将从扩大服务业开放、行政管理体制改革等方面影响中国对外开放格局。

对于国务院发布的试验区总体方案，高虎城认为主要体现了三个特点：一是体现主动的、内在的开放。二是以制度创新为核心。比如试验区探索的负面清单管理模式，将清单以外的投资领域由核准制改备案制，是我国行政管理体制改革中的重大突破。三是具有较强的示范性。上海自贸试验区在人民币资本项目可兑换、金融市场利率市场化等方面先行先试，为全国进一步深化改革积累经验。

高虎城指出，建设自由贸易试验区将从三方面对我国开放格局带来影响：一是进一步扩大服务业开放，将围绕上海"四个中心"建设形成新的开放举措。二是形成新的行政管理体制，如大幅度减少行政审批事项，同时强化事中事后监管。三是进一步实现扩大开放的法制保障和制度保障。全国人大常委会已作出决定，授权国务院在上海自贸试验区暂停实施相关法律规定的审批事项。上海市也要通过地方立法，建立与试点要求相适应的试验区管理制度。

（二）权力清单：法无授权不可为

2006年元月，《人民日报》一篇关于"权力清单"的通讯引起了社会广泛关注。

2005年，河北省以省商务厅、省国土资源厅、邯郸市政府为试点，大刀阔斧地推进行政权力公开透明运行改革，依法清理行政权力项目，公开政务运作流程。明晰每个单位、每个职位的权责，给权力划定边界。要

【链接】负面清单在海外

很难考证，究竟哪个国家的哪位先驱最先提出了这一词汇，但从其应用范围可见，负面清单是海外、尤其是发达国家一种常见的管理方法。

在许多国家的医疗管理政策中都有"负面清单"的条目。德国的处方管理当中就明确规定有些药物属于不能报销的负面清单范围，一旦上了这一清单，在本国各个辖区都严格执行。在加拿大，处方管理当中除了负面清单，还有"有条件清单"，它相对于负面清单要宽泛一点，可以根据特定条件放宽报销范围。

在税收管理方面，印度就以负面清单作为税制改革的一个重要抓手。据《印度时报》报道，印度在2012年的国家预算中引入了负面清单管理。这样做的最大好处是能够扩大税基，把以往被忽略的许多服务业纳入缴税行列，最终使本国过渡到商品—服务税（GST）的新税收体系中。在2013年的预算案中，印度政府又对负面清单管理进行了简化和明确化，使之不断完善。

在金融管理方面，像瑞士金融监管部门就在官方网站上设有"负面清单"一项，指的是那些未得到监管部门批准从事一定业务的金融机构的名单。有了这项名单，可以帮助投资者擦亮双眼，在做出投资选择时多一些理性的参考。

在环境保护方面，澳大利亚政府网站显示，2011年夏，负面清单和正面清单指引同时被列在"低碳农业倡议"的显著位置，成为澳大利亚政府应对气候变化方案中的重要组成部分。

负面清单还常常被用在国际贸易领域。印度和巴基斯坦之间的贸易就有一份详尽的负面清单，从食品饮料到音像制品，只要上了这份清单，就不允许在两国间从事贸易。当然，清单会随着时间和形势变化而随时调整。

公开行政权力，先得知道一个单位、一个岗位到底有多少权力。厅长、市长到底有多少权力？处长、科长到底有多少权力？每项权力的运作程序是什么？一系列动作，引起了社会各界的关注。

探索政务公开透明运行机制，从源头上预防腐败"权力不透明，就容易导致暗箱操作，就会产生腐败！"河北省委副书记、省纪委书记张毅产生如此感叹，是因为2004年暴露出的一起案件。

河北省原外经贸厅副厅长李友灿在一年多时间里，利用审批进口汽车配额的权力，收受贿赂高达4744万多元，创下了当时内地贪官贪污数额的最高纪录。就凭手中掌握的1149台进口汽车的配额，李友灿为什么敢张开这样贪婪的大口？张毅告诉记者，就是因为权力不透明。河北省商务厅是一个刚由几家单位组建的新部门，事后查处李友灿贪污案时，很多人不知道李友灿还管着进口汽车配额，即便有人知道他管着此事，也不知道具体是怎么审批的。加上李友灿本人也故意将权力神秘化，在具体操办时只有他和为数极少的几个亲信了解。几个人一"捏咕"，就算完事了。

李友灿一案，引起了河北省委、省政府领导的深思：多年来，我党一直致力于反腐败，一直要求政务公开，为什么还会出现李友灿这样的事？到底该如何建立健全教育、制度、监督并重的惩治和预防腐败体系？怎样加大从源头上预防和解决腐败问题的力度？河北省委、省政府认为："阳光是腐败的天敌，公开是腐败的克星。无论是站在从源头上防治腐败的角度考虑，还是从提高党的执政能力建设上考虑，都应该探索权力公开透明运行机制，进一步加大权力公开的力度。"

2005年2月，经过省委常委会两次研究讨论，河北省委、省政府批转了省纪委、省监察厅《关于开展推进行政权力公开透明运行试点工作的意见》，决定今年先在邯郸市政府、省商务厅、省国土资源厅进行试点。

一场被称为"对权力机关进行自我革命"的活动，由此启幕。"先搞权力清理，明晰每个单位、每个职位的权责，进行一场自我革命。"河北省行政权力公开透明运行工作领导小组向三个省级试点单位提出了要求。

"有清理这有清理那的，还没听说过有清理权力的！"在人们有期待、有疑惑的议论声中，各试点单位埋头于《行政许可法》等各种法规典籍和政策条文，加班加点地对各项行政权力进行全面清理。

以邯郸市为例，市直 64 个部门先自行清理，汇总后向市政府法制办申报了 2781 项行政权力，其中涉及行政许可权、非行政许可权、行政处罚权、征税权、行政事业性收费权，牵涉部门职能交叉的有 60 多项。市法制办至少查阅了 4000 部法律法规，经过初审和再审，并报省政府法制办最后审定，最后保留行政权力 2272 项，其中市政府本级，也就是市长的行政权力有 92 项，并不像人们通常认为的"全市大小事，什么都可以管"。

"有清理这有清理那的，还没听说过有清理权力的！"——2005 年发生在河北的感叹，2014 年开始在全国范围内轰轰烈烈地展开。

为深入推进行政审批制度改革，2014 年 2 月份，国务院决定，向社会公开国务院各部门目前保留的行政审批事项清单，以锁定各部门行政审批项目"底数"，接受社会监督，并听取社会对进一步取消和下放行政审批事项的意见。为此，国务院办公厅还印发通知，对各部门公开行政审批事项等工作进行部署。

通知指出，各部门要于近日在门户网站公开本部门目前保留的行政审批事项清单。公开内容包括：项目编码、审批部门、项目名称、设定依据、审批对象，以及收集社会各界对进一步取消和下放行政审批项目意见的具体方式等。各部门分别公开后的一定期限内，国务院审改办要在中国机构编制网公开各部门行政审批项目汇总清单。中央政府门户网站也将适时公开汇总清单。

通知强调，各部门不得在公布的清单外实施其他行政审批，不得对已经取消和下放的审批项目以其他名目搞变相审批，坚决杜绝随意新设、边减边增、明减暗增等问题。对违反规定的将严肃追究相关单位和人员责任。同时，对国务院此前决定取消和下放的行政审批事项要落实到位，及时清理修改有关规章和规范性文件，切实加强事中事后监管。

通知要求，各部门要按照党中央、国务院关于行政审批制度改革精神，认真收集并研究清单公开后各方面提出的意见，进一步梳理本部门目前保留的行政审批事项，对取消或下放后有利于激发市场主体创造活力、增强经济发展内生动力的行政审批事项，进一步加大取消或下放力度。要改革管理方式，向"负面清单"管理方向迈进，清单之外的事项由市场主体依法自主决定、由社会自律管理或由地方政府及其部门依法审批。

对此，社会舆论给予广泛好评，一些专家认为，这是中央政府首次"晒"出权力清单、亮出"权力家底"，更是推动政府职能转变、深化行政审批制度改革的重大举措。

"权力"一词，对于普通公众而言，既熟悉，又很抽象。其实，行政审批就是政府部门权力的直接体现，而此次国务院各部门公开这个目录，就是要把中央政府的权力以清单的形式向社会公开，在阳光下"晒一晒"。

长久以来，在行政审批制度改革过程中存在"家底不清"的问题，简政放权常常是这边减、那边增，取消和下放行政审批事项甚至变成"数字游戏"。有专家表示，公开权力清单是建立阳光政府的重要步骤，亮出"清单"，就是要把权力关进制度的笼子，让公众知道政府的权力边界，监督权力真正在阳光下运行。此外，明确的权力清单也使推进多年的行政审批制度改革进一步摸清了底数，进而锁定改革的目标。

2014年6月4日召开的国务院常务会议上，在讨论进一步简政放权等有关事项时，李克强总理重申他在2014年"两会"记者会上所做的承诺：年内将再取消和下放200项以上行政审批事项。

"不能让老百姓觉得，我们的工作就是在文件上'画个圈'就不管了。"李克强说，"目前市场确实存在不完善、不透明、监管不到位等问题，必须要持久不懈地推进政府职能转变，使其真正见到实效。"

中央编办负责人在汇报时介绍，确定本轮取消和下放行政审批事项时，他们共梳理了社会各界通过网络平台等形式提出的2500多条建议，汇总了网民投票建议取消下放的100项前置审批事项，反馈给相关部门作为参考依据。

李克强点头表示称赞。他说，本次取消下放的行政审批事项，大量会直接影响到微观经济的行为，这对于进一步激发市场活力和政府自身改革都有重要意义。

李克强强调，"'放'是放活，而不是放任；'管'要管好，而不是管死。"

讨论中，李克强举起手中的一份材料，请参会者"认真读一读"："这里面列出的有些审批事项，设立8年来，竟连一次申请都没受理过。说起来都好笑！"

他说，由于受计划经济思想的惯性影响，我们一些部门长期以来管经济的思路都"很微观、很具体"，浪费了大量决策精力。他点出材料中某项中外合作项目的审批事项说："类似合作纯属商业行为，既不涉及国家主权，也不涉及国家安全，为什么一定要审批？如果政府把大量精力都放到这上面，真正的事中事后监管肯定就没精力管了。"

总理的话音刚落，相关部门负责人抢过话说："我们是主动向中编办提出取消这项前置审批事项的。事实上，我们最希望能一次放到位，放彻底。简政放权最怕不持续、一阵风，断断续续'挤牙膏'。"

李克强笑道："你说得很好！那你们就先带个头，主动自我革命，真正壮士断腕！"

有一些企业就反映，以前凡是涉及"走出去"的项目涉及的审批，如果是中央企业，至少要盖50—70个章；如果是地方企业，则需要盖70—100个章。很多时候，等不到审批下来，商机早已丧失。这些企业表示，在一些商务谈判或商机把握上，企业往往比相关部门更了解市场，在判断上可以更加及时、准确。企业本身为了生存、发展考虑，不会做"赔本赚吆喝"的事，只要不涉及国家安全和核心利益，大可以把审批权力下放到地方，甚至交由企业自主决定，改"审批制"为"备案制"。

在这次国务院常务会议上讨论研究取消职业资格许可和认定时，李克强指着一项即将被取消的职业资格，询问商务部国际贸易谈判代表兼副部长钟山："'国际商务专业人员'是做什么的？钟山，你有这个资格许可吗？"

钟山摇了摇头，会场顿时响起一片笑声。总理也乐了："你可是我们的国际贸易谈判代表啊！连你都没有资格，这个资格许可不是莫名其妙吗？"

李克强指出，今后准入性的职业资格许可认定，必须有法律法规的依据，没有法律法规依据的一律取消。

就在这次国务院常务会上，再次做出一批简政放权的决定：

一是取消和下放新一批共52项行政审批事项，其中"享受小微企业所得税优惠核准"等关系投资创业的34项审批事项；"高等学校博士学科点专项科研基金审批"等涉及事业单位、社会组织业务的 10 项审批事项；涉及资质资格的 8 项审批事项。

二是在保持资质资格水平不降的前提下，减少部分职业资格许可和认定。先期取消一批准入类专业技术职业资格。今后，凡没有法律法规依据和各地区、各部门自行设置的各类职业资格，不再实施许可和认定。逐步建立由行业协会、学会等社会组织开展水平评价的职业资格制度。

三是围绕促进投资创业便利化、优化营商环境，将废弃电器电子产品回收处理许可、农业机械维修技术合格证书核发、自费出国留学中介服务机构资格认定、设立内资演出经纪机构审批等 36 项工商登记前置审批事项改为后置审批。此外，会议决定，下一步要继续清理和压缩现有前置审批事项，将其中的大多数改为后置审批。

实际上，随着改革的推进，"晒"出权力清单的将不仅仅是中央政府部门。2014 年 2 月，李克强总理在省部级主要领导干部学习贯彻十八届三中全会精神全面深化改革专题研讨班上作报告时指出，要"逐步建立各级政府的权力清单制度"。

如浙江省宣布 2014 年起将全面推行政府权力清单制度，安徽省试点实施省级政府机关行政职权清理试点改革，并要求试点单位晒出"权力运行图"。此外，一些地方和部门已经在向"负面清单"管理方向迈进。

2014 年 9 月 10 日，国务院新闻办公室举行发布会，国务院行政审批制度改革工作领导小组办公室新闻发言人李章泽向媒体公布了新一届国务院组成一年多来，简政放权、转变政府职能工作取得的四方面重要阶段性成果。

他宣布，地方 1/3 以上省份都已公布了政府部门的权力清单。2014 年 3 月 17 日，中国机构编制网公布了 1235 项行政审批事项。1235 项是国务院 60 个部门的审批权，事实上这个单子就是各部委的权力清单，并且在不断调整、不断减少。此后，国务院又取消和下放了两批行政审批事项。他说，对政府部门权力实行清单管理模式，是行政体制改革的重要方向。

在政府各部委，简政放权、公布权力清单、释放经济活力也成为 2014 年工作的重点。

如国家发改委就表示，发改委将进一步缩减企业投资的核准范围，落实企业的投资自主权。一是修订核准目录，缩小核准范围。今年发改委按照国务院的要求，在2013年基础上再次修订核准目录，初步测算，需要报中央层面核准的审批项目，在去年基础上将再减少40%。二是加快制度供给，落实企业投资自主权。三是建立健全纵横联动协管机制，探索和加强事中事后监管，将权力和责任同步下放，调控和监管同步强化。

2013年5月，发改委把"城市快速轨道交通项目核准权限"下放给地方。截至目前，重庆、厦门、昆明、哈尔滨等14个城市，按照国务院批准的建设规划，批复城市轨道交通建设项目25个，线路总长度超过500公里，涉及总投资3300多亿元。

交通部门也加大简政放权力度，下好"先手棋"，大力推进行政审批制度改革。2014年，交通运输部出台《关于加快转变政府职能深化行政审批制度改革的意见》，取消下放26项行政审批项目，将12项工商登记改为后置，建立管理权力清单制度，加强事中事后监管。

国家铁路局自成立以来，加大职能转变、简政放权力度，2013年以来共取消铁路审批项目14项，占改革前原铁道部审批项目的56%。认真落实《国务院关于改革铁路投融资体制加快推进铁路建设的意见》，制定《铁路运输企业准入许可办法》，规范地方政府和社会资本投资建设经营铁路准入制度。

同时，民航系统改革开放取得新进展，大力推进简政放权，新取消下放行政审批事项24个。

（三）责任清单：法定职责必须为

2014年9月10日，第八届夏季达沃斯论坛在天津召开。李克强总理在致辞时表示，中国全面深化改革未有穷期，政府带头自我革命，"开弓没有回头箭"。我们将深化行政管理体制改革，力争用更短的时间完成取消和下放行政审批事项的五年任务，释放市场潜能和发展动力。

李克强说，如果说简政放权是激励市场活力、鼓励大众创业的"先手棋"，那么制度建设就是"连环炮"。一方面，要拿出完整的"权力清单"，政府应该干什么，"法无授权不可为"，这样才能防止公权滥用，减少寻租现象，使政府真正履行为人民、为大众服务的职责。另一方面，要给出"负面清单"，政府要让企业明了不该干什么，可以干什么，"法无禁止皆可为"，以形成公开透明、预期稳定的制度安排，促进企业创新活力充分迸发。还有一方面，就是要理出"责任清单"，政府该怎么管市场，"法定职责必须为"，以建立诚信经营、公平竞争的市场环境，激发企业动力，鼓励创新创造。

李克强指出，政府要加强事中事后监管，当好市场秩序的"裁判员"和改革创新的"守护神"。"只有拔掉杂草，稻谷才能长得茂盛"。宽容违法者，就是对守法者的不公，甚至会导致"劣币驱逐良币"的现象。对假冒伪劣、坑蒙拐骗、窃取商业机密等行为，不管是国内企业还是国外企业，都要一视同仁依法加以惩治。保护知识产权，就是保护发明创造的火种、维护创新者的权益。对严重侵犯知识产权的行为，更要依法惩处，包括实行巨额赔偿惩罚，使违法者付出难以承受的代价，为创新助力。

对李克强总理的这番论述，《光明日报》刊载了《权力清单、责任清单、负面清单：三张清单看改革》的文章，其中，国家行政学院政治学教研部副主任孙晓莉认为，三张清单十分形象地对政府和市场、政府和社会的关系进行了界定。她表示，"责任清单"要解决的是 3 个层次的问题：一是管什么？明确政府的责任，那就是要种好"责任田"，当好"服务员"；二是怎么管？要创新完善政府管理方式；三是管不好怎么办？要有问责追究的制度。针对目前实践运行当中产生和发现的一些问题和现象，"责任清单"可以起到很好的纠偏作用。

在国家发改委宏观经济研究院教授常修泽看来，三张清单三位一体，具有清晰的改革逻辑。"负面清单"从经济改革切入，瞄准政府与市场关系，打破许可制，扩大了企业创新空间。"权力清单"和"责任清单"从行政体制改革切入，瞄准规范政府权力，做出明细界定，是自上而下的削权。

中央党校教授辛鸣表示，三张清单从限制权力、拓宽创新的活力到明确各自主体的责任，一环扣一环，为创业、创新营造了良好的空间，形成了良好的氛围，并提供了很好的助力。三张清单背后的逻辑，其实就是激发活力、鼓励创新、推动发展的逻辑。

有专家认为，其实权力清单也可以看成是责任清单和服务清单。因为对政府而言，与权力相对应的就是责任，而权力也不可以没有限制，否则必然导致腐败。公布权力和责任清单，其目的是给行政职权打造一个透明的"制度笼子"，为行政机关依法行政明确依据，为企业和公民办事提供便利。通俗讲，权力清单就是要求政府部门亮家底，向社会公开自身的行政管理权限和权力运行状况，以便让权力接受监督。

以权力清单推进行政权力公开透明运行，只是确保权力正确有效行使的第一步，接下来要看领导执行得如何，权力用来做了什么、做得怎么样，为群众办了多少实事，解决了多少难事。因此，还要强化行政权力行使结果的监督，不仅要把权力行使结果及时告知当事人，而且要以适当方式向社会或在一定范围内公开，广泛接受监督。

有权必有责，权责必相等。无论是政府还是个人，只有承担权力所赋予的责任时，才能确保正确行使权力。现在政府中出现的个别腐败分子，社会上各种逃避监管、扰乱市场的行为种种，归根到底在于没有建立与权力相适应的责任追究体系。因此，必须要建立与权力相统一的责任清单，针对不同岗位明确各自责任，分级细化责任归属、确定具体责任承担者，做到责罚措施具体化，责罚时严格化。只有这样形成全方位、经常化、立体式的监督和责任追究机制，将责任义务跟手中的权力有机结合起来，权力清单才能真正体现公开的价值，取得公开的效果，真正做到一切权力归属于人民。

因此，三张清单三位一体。从源头上减少审批环节、降低审批门槛、激发市场活力，让能做的人都能够有参与的渠道和可能，这实际是对政府管理效能、公共服务能力提出了更高的要求。这不仅要提高事前审批的效率，更要求在事中、事后监管中采取行之有效的办法。同时，要保证改革的成果锁得住、不反弹，还要健全政府职责体系。

所谓构建政府职责体系，就是一个层级一个层级、一个部门一个部门、一项一项把政府的行政审批、提供公共服务方面的职责和监管方面的职责等一一理清楚，分解到位，立法确认。各级政府都应在宪法和法律的框架下做该做的，放不该做的，最终形成符合中国国情和现代政府发展规律的政府职责体系。

二、来自一线的改革红利报告

政府简政放权不断迈出新步伐，为"稳增长、调结构、促改革"发挥积极作用，激发市场和社会活力的成效显现。自2013年3月到2014年3月，仅简政放权就减轻企业负担1500多亿元，并使得"全国新注册企业增长27.6%，民间投资比重上升到63%"。而中央国家机关"三公"经费减少35%，31个省份本级公务接待费减少26%。

党的十八届三中全会提出，全面正确履行政府职能，进一步简政放权，深化行政审批制度改革。在2013年简政放权取得实效的基础上，2014年年初中央政府承诺：再取消和下放行政审批事项200项以上。

言出必诺。一年间，简政放权"重头戏"始终唱得不松劲、不懈怠，改革红利得以再积蓄、再释放，为新常态下的中国经济创造新机遇、注入新动力。

长期以来，行政审批制度在不少领域给企业树起了一道道"栅栏"，阻碍了市场活力和增长。全面深化改革要求进一步转变政府职能，简政放权才能激发市场的活力和增长的动力，这是中国发展的最大"红利"。简政放权作为深化行政审批制度改革的"当头炮"，在增强市场活力和增长动力方面发挥了巨大的作用，是中国发展的最大"红利"。

2013年5月，在国务院机构职能转变动员电视电话会议上谈到简政放权给全社会带来红利时，李克强总理强调，要以简政放权释放就业创业创新活力。我们稳增长、促发展从根本上讲是为了扩大就业。今年前几个月，在经济增长放缓的情况下，就业形势保持了稳定。但就业的压力依然存在，特别是大学生就业难问题突出。今年高校毕业生达699万，是历史上最多的一年，解决好他们的就业问题是一项重要任务。而扩大就业仅靠大企业、国有单位是有限的，必须大力发展中小微企业、多种所有制经济。目前中小微企业就业已占城镇就业80%以上，成为我国吸纳就业的主体。但现在创办中小微企业还有不少限制，既影响发展也不利于就业。

他还特别谈到："前不久，我看到了一组数据，今年一季度，全国新登记注册的企业同比下降6.7%，而有些地方率先试行工商登记改革，取消前置审批，新登记注册企业增幅高达40%—50%，其中多数为中小微企业。这两次已取消和下放的133项行政审批等事项，很多都是有利于促进中小微企业发展的，下一步还要加快企业工商登记等制度改革，为人民群众增加更广的就业门路和更多就业机会，激发社会的创造力。"

李克强说，就业创业难，也与政府部门的资质资格要求多、认定多、考试多、证书多有相当大的关系。据统计，目前国务院部门许可的个人资格有110项，各级政府部门颁发的资质资格证书有229种，名目繁多的资质资格认定，事实上抬高了就业门槛，一纸证书漫长的认定过程挡住了不少人的就业创业之路。我国人力资源十分丰富，人才的创业创新蕴藏着新的人口红利，而过多和费时过长的行政审批恰恰制约了我们这一最大优势的发挥。要通过转变职能、减少审批环节，继续清理不必要的资质资格许可和认定，注意发挥和落实行业协会的作用与责任，在不降低资质资格水平的前提下，降低就业创业门槛，营造就业创业的公平环境，调动创新创造的积极性。

（一）带动就业快速增长

随着我国经济进入新常态，经济增速由高速增长转为中高速增长的过程中，各地不再以GDP论英雄。但经济增长要保持在合理的区间，同时保障人民群众利益和社会稳定，就业指标就成为考核各级政府的一条"硬杠杠"。

长期以来，我国就业市场由于各种"证"、"照"的限制，阻碍了我国由人口红利向人才红利的转变，加大了就业的难度。以饱受诟病的职业资格许可认证制度为例，据不完全统计，到2013年，全国各地区、各部门设置的职业资格达到了1100多项。

国家行政学院经济学教研部主任张占斌认为，职业资格许可和认定出现过于繁乱的情况，一些并无实际意义的职业资格证书反而人为设置了门槛，不利于就业。

2014年以来，国务院多次部署减少职业资格许可和认定。12月12日的国务院常务会议再一次部署，取消景观设计师等68项职业资格许可和认定，促进职业资格规范管理，推动市场化职业水平评价。取消这些职业资格降低了部分职业的就业门槛和准入限制，减轻了用人单位和各类人才的负担，释放了各类人才创新创造的活力。

2014年前3个季度，中国国内生产总值同比增长7.4%。同时，城镇新增就业1082万人，超额完成全年任务目标；居民消费价格指数同比上涨2.1%，城镇和农村居民人均收入分别增长6.9%和9.7%，各项主要经济指标处于合理区间。

何以在经济增速放缓情况下就业不降反升？答案就是，新常态下，中国政府大力简政放权，市场活力进一步释放。简言之，就是要放开市场这只"看不见的手"，用好政府这只"看得见的手"。

在释放改革红利，增加全社会经济活力带动就业方面，李克强总理在会议、考察中多次提及，并给予明确指示。

2014年7月24日至25日，李克强总理在山东省考察强调，要贯彻党的十八大和十八届二中、三中全会精神，继续简政放权，打通抓落实的"最先一公里"和"最后一公里"，消除"中梗阻"，避免截留改革红利，让千千万万愿意创业的人更方便拿到市场"入场券"。同时也要完善监管，创造公平环境，让市场活起来。他强调，要应用现代信息技术，为政府管理提供更及时、充分、准确的信息，使政府服务和监管更加到位。

改革红利进一步释放使经济增速放缓情况下全国就业形势保持总体稳定。2014年以来，我国持续推进简政放权，减少行政审批事项，实施注册资本登记制度改革。作为吸纳就业主渠道的个体私营经济得到了蓬勃的发展，市场主体在快速增长。

据工商总局统计，2014年前三季度，全国新注册企业同比增长52.44%，新登记注册市场主体达920.24万户。新设立的企业大多属于小微企业和服务业，带动了上千万人就业，而且成长性强，是中国经济增长新的支撑力量。

在新企业"井喷式增长"下，新增个体私营经济已成为就业主渠道。截至2014年9月底，全国个体私营经济从业人员达2.4亿人，比上年底增加2165.73万人。

有专家就表示，简政放权对于激活当前市场主体的作用，主要表现在以下几个方面：第一，简政放权意味着降低了市场主体进入市场的门槛，激发更多居民的创业热情，实现更多、更优质就业；第二，简政放权意味着政府管控的领域范围在缩小，市场主体可以进入的领域在扩大，就是所谓的政府按照"权力清单"行政，做到"法无授权不可为"，同样也能调动市场主体的积极性，为居民大量进入市场创造条件；第三，简政放权的直接后果是市场主体数量"井喷"，将推动市场加强公平性、法制性等方面的建设，实现最大创新激励的效果，也就是建立真正的市场经济——让市场在资源配置中发挥决定性作用的市场经济，让政府更好发挥作用的市场经济。

2014年10月11日，李克强总理在汉堡出席中欧论坛汉堡峰会第六届会议并发表题为《树立互利共赢的新标杆》的主旨演讲时指出："今年以来，中国政府继续带头自我革命，大幅度简政放权，推进市场化改革，让更多的人、更多的企业展现创造创新的活力。2014年3月，全面推行了工商登记制度改革，半年多来新设立的市场主体"井喷式"增长，同比增幅超过60%。这些新设立的企业大多属于小微企业和服务业，带动了上千万人就业，而且成长性强，是中国经济增长新的支撑力量。我们不仅降低市场准入门槛，采取"雪中送炭"的政策支持这些新设企业，还加强事中事后监管、创造公平竞争的市场环境，织密社会保障安全网、让创业创新者无后顾之忧，培植企业健康成长的沃土。"

3天后的10月14日，李克强总理出席第三届莫斯科国际创新发展论坛并发表题为《以创新实现共同发展包容发展》的演讲。李克强指出，我们正在致力于建设"创新型政府"，首要的事情就是简政放权，这实际上是给市场让出空间，降低市场准入门槛。1年多来，中央政府各部门取消和下放了600多项行政审批事项。2014年3月工商登记制度改革后，新设立企业"井喷式"增长。我们强力推进改革，就是要减少对创新活动的干预，让想创业、能创新的人都有机会、可作为，形成"大众创业、万众创新"的局面。这样可以把人口红利转化为人才红利，让改革成为富民的改革，让创新成为惠民的创新，实现人的全面发展、社会公平发展、经济可持续发展。

（二）民间活力持续迸发

富阳市是浙江省县域权力清单制度的试点，自 2008 年以来，通过摸清权力"家底"，政府自我"割肉"，列出行政权力清单，使职权配置更加优化、职权边界更加清晰、职权运行更加公开、职权监管更加到位。

2014 年夏，《浙江日报》记者赴富阳蹲点采访，亲身感受到权力清单制度带来的变化。

在富阳市鹿山街道新祥村，村民吴国平开心地站在自家刚盖的新房子前。"要是按照以往的审批手续，至少要到今年 7 月才能进场施工。"他说，实际上，他在今年 3 月初就开始建房了，工期大大提前。

但吴国平对此并不感到意外。因为，他早就了解了申请宅基地的整个流程：以前申请宅基地，不仅要向村里或乡镇（街道）提出申请，还要跑市建设局办施工许可，跑市规划局办规划许可，跑市国土局办建设用地许可，需要重复提交材料，很不方便；现在，富阳市已经将部分涉农审批权限下放到乡镇，农民申请宅基地，只需到乡镇政府就能办完审批手续。

吴国平之所以这么顺利地办完手续，源于富阳市推出的政府权力清单，"晒出"审批权力等信息，一目了然地告知百姓办什么事、找什么部门、准备什么材料等。

现在，在富阳，只要问起权力清单，无论是城市还是农村居民，大多表示知道。权力清单，说白了，就是详详细细地列出政府的每一项权力，给政府权力套上缰绳，将权力关进制度的笼子，把政府"闲不住的手"收回来，真正让市场在资源配置中发挥决定性作用。

三张清单给百姓、企业带来实实在在的利益，看似简单，其实真正做起来才知道其中的不易。

富阳市政府法制办的工作人员说，在开展权力清单试点之前，说实话，一个县到底拥有多少权力，一个行政部门又掌握着哪些权力，谁也说不清楚。需要花大力气，要从堆积如山的各种法律法规、红头文件中，找到相应的权力依据。几十年来，出于社会治理，还有推动地方经济发展的需要，几乎每一个领域，都设置了相关的政府部门。这些部门的权力依据也是复杂多样：有的来自全国人大的立法；有的来自国务院条例；有的来自中央部门的文件；有的来自省人大的立法。鉴于杭州市可以制定地方性法规，富阳市又是杭州市下辖县级市，所以，富阳市的权力来源中，还有来自杭州市人大的立法。

自2004年我国提出建设法治政府的目标以来，各级政府一直在不断探索。从2005年河北邯郸首次公布市长权力清单，到2008年浙江富阳市试点权力清单，再到2013年初北京市西城区政府制定权力清单，都是行政权力为自身设限的有力探索。在我国经济社会发展的转型期，通过清权、减权和制权形成的政府权力清单，将为政府依法行政奠定明确基础，使"清单之外无职权"的理念深入人心，进而打碎束缚市场活力的枷锁，极大释放市场活力。

如浙江省通过完整地晒出57个省级部门的权力清单，向群众亮明"底细"。根据这份清单，1.23万项行政权力被"砍"至4236项，精简幅度超六成。浙江在全国省级部门中率先亮家底、定边界，是权力瘦身的有效尝试，也是我国推进依法行政、建设法治政府进程的有力注脚。

以富阳市为样本更能说明三张清单的意义。如《浙江日报》记者在调查中发现，富阳市城管局原有800多项行政权力，现在已削减到200多项，减去了一些不符合实际的"僵尸权力"。

富阳市城管局政策法规科负责人举例说，《杭州市城市市容和环境卫生管理条例》规定，在阳台上乱晒物品，影响市容，要被处罚，但"影响市容"这一条很难界定。而且这一规定也不符合当地老百姓的生活习惯，实际上很难执行，于是在这次清理政府权力时，就把这一条规定暂时"冻结"起来。

再比如，《杭州市燃气管理条例》中的一条规定，市民使用不合格燃气器具的要被处罚，在家里倒卧煤气瓶或者用火烤煤气瓶也要被处罚。但实际情况是，市民自己根本没能力知道自己买的燃气器具合格不合格，如果买了不合格燃气器具，自己已经是受害者，还要被处罚。况且，在家里倒卧煤气瓶或者用火烤煤气瓶，查处起来非常困难，如果真的有人这么干，基本上已经构成刑事案件，远非行政处罚这么简单。对这些当初决策者"拍脑袋"作出的规定，不仅不合理，而且不具有可操作性，自然属于此次被剔除的内容。

富阳市委市政府在推行"权力清单"试点时就清醒地认识到，列出"清单"只是一种方法，并非最终目的。如何保证权力运行的公开和透明，更为重要。在富阳的每个行政部门，都会有一份"权力运行流程图"，每项许可和审批权力的背面都有一幅"流程图"，每个步骤所需的材料、时间、经办负责人等信息一应俱全，办事的民众可以据此全程监督行政行为。是职权目录和流程图公开后，使权力运行的各个环节置于阳光之下，每个责任人都会被监督。也就是说，公开不是目的，权力清单的背后是政府的责任清单，清理了权力清单后，依法履责才是重点。

在富阳市编委办有一份"职责清单"，上面清楚地划分了各部门相关职责边界。伴随着"职责清单"的出现，富阳市的行政机构也出现重大变化。长久以来，食品安全一直是老百姓关注的话题，然而因为多头管理，"九龙治水"，导致这一问题久拖未决。《浙江日报》记者在富阳采访时，正值富阳市市场监管局成立不久，这个局整合了几乎所有市场监管的职能和机构，将食品药品监督管理局、工商行政管理局、市食品安全委员会办公室的职责和市质量技术监督局的食品安全监管职责整合划入。有了"职责清单"，对行政权力运行进行全程、实时、多方监控，就成为可能。富阳市纪委相关负责人表示，由于权力的相关责任主体已经确定，目前富阳市纪委正在健全问责制度，让"职责清单"到部门、到人，一旦行权违规，便会启动问责，处理到人。

在富阳，还有一件"突发事件"反映出通过"职责清单"的划定，带来的是部门之间协同作战能力的增强。

2014年5月，一辆装载四氯乙烷的槽罐车，在行至320国道桐庐富春江镇时，发生侧翻泄漏，约8吨四氯乙烷流入溪沟，富春江部分水体受到污染。

得知这一消息后，富阳市政府立即启动突发环境事件应急预案，成立应急处置指挥部，下设应急处置组、水质监测组、舆情发布组、市场监管组、应急物资保障组。

短短十几分钟后，5万多条短信就发出，告知市民，在上午12时，自来水将暂停供应，提醒市民抓紧时间储备水。上午10时30分，全富阳市几乎所有的居民都知道了这一情况。

　　等市民赶到超市，超市里已经堆满了瓶装水。此前应急物资保障组已经动员超市，紧急采购了大批瓶装水；大部分市民家中，已经用水桶、脸盆，储备了足够的水。

　　中午 12 时，自来水厂停止供水，富阳市民的生活和往常一样，波澜不惊。下午 3 时，自来水厂恢复供水……一场危机就这么悄然度过。

　　后来，富阳市环保局副局长董亚奇告诉记者："正因为职责清晰了，各部门根据'职责清单'上的职责边界各司其责，迅速及时地保证市民饮用水源的供应和安全，运作非常有序。"

　　在广西壮族自治区河池市，2014 年该市把深化行政审批制度改革，作为进一步加快简政放权、推动政府职能转变的突破口，亮出政府的"权力家底"，厘清了哪些事情应该交给市场，哪些权力应该由政府来运行。截至 2014 年 8 月底，市本级行政审批项目仅剩 513 项，较之 2010 年的 651 项，减少了两成多。此外，已有含市工商局在内的 59 家具有行政审批职能的市级部门在网上晒出"权力清单"，里面办理的各审批项目所需的申请材料清单、办理流程图、收费标准、申请书示范文本、办结时限，以及咨询和投诉电话等内容。有市民感叹，以前去工商局申办新设公司，得先花 5 至 7 天跑审计事务所、银行等单位办理验资报告等材料。如今，这些事都省了，拿着备好的材料直接申办，7 天就可以成立公司，比法定办结时限少 8 天。

　　2014 年 8 月起，这个市还开始试行投资项目并联审批模式，并探索网上审批形式，让办事群众在网上就可以下载申请表格、查询事项办理进度。这一制度实行后，市本级行政许可审批项目办事时限，比法定时限总体压缩了 55%；非行政许可审批项目办事时限，也比法定时限总体压缩了 56%。

　　河池市相关负责人表示，在打造服务型政府进程中，通过晒"权力清单"，有力促进了行政审批制度改革，进一步激发了市场活力。2013 年以来，市本级取消行政审批事项 11 项，取消 29 个收费项目，注销 7 个单位收费许可证，直接减轻企业和个人负担约 180 万元。降低 23 个收费标准，减少收费 50 多万元；免征 8 个收费项目，免征收费总额约 35 万元。2014 年前 7 月，全市新登记市场主体 8538 户，其中新登记企业 1384 户，个体工商户 6919 户，农民专业合作社 235 户；新登记企业的注册资本总额达 46.9 亿元，同比增长 135%。

在山东省潍坊滨海开发区，"负面清单"的实行让百姓得到了实惠。

据山东广播电视台新闻中心《山东新闻联播》报道，2014 年，一个投资 8 亿元的"新结构环保胶体电池"项目想落户潍坊滨海开发区，却被拒之门外，原因是当地刚刚出台了一份"负面清单"。

潍坊滨海开发区经济开发局监管科张欣斐向记者介绍："这就是负面清单，明确规定高毒剧毒、易制毒、污染、高耗能、产能过剩类等 10 类项目是投资禁区，对照这份负面清单，我们发现这个项目属于重金属污染类。"

这份清单看似做"排除法"，却是引导市场做"加法"。因为它对投资的限制由过去的 56 大类压缩到 10 大类，守住发展底线，又最大限度地增加了企业发展空间。

潍坊市滨海开发区有关负责人指出："负面清单的核心是'放宽限制，非禁即入'，只要不违反国家法律法规，符合国家产业政策，符合我们当地产业链要求，有利于滨海发展的，我们都欢迎来投资开发，实行宽进严管。"

企业要发展好，政府还得管得少。为此，滨海开发区出台一份"权力清单"，把各行政部门的 15 类 1600 多项管理内容一再精简，仅保留了行政处罚、监督检查、行政征收、行政强制 4 类 216 项内容。这 216 项权力，主要是维持社会秩序和市场稳定的硬性权力，每一项权力都以明白纸形式明确标明负责部门、权力名称、实施法律依据，甚至细化到承办科室和分管领导，让权力在阳光下运行。

政府权力减少了，服务却增加了。潍坊市滨海开发区的一张服务清单上，列明了包括项目备案登记、财税经济等 8 类 499 项服务，人们可以按照自身的服务要求依次找到服务事项名称、服务对象及服务内容，每个服务事项还有咨询电话，可以直接咨询。有了服务清单，有些业务企业甚至足不出厂，对照清单一个电话就能解决问题。三张清单制度实施一个月来，潍坊滨海开发区环境不断优化，落户项目增加 80%，政府效率提高了 1 倍。

在 2014 年的"两会"上，全国政协常委、全国工商联副主席、亿达集团董事局主席孙荫环委员表示，让市场配置资源发挥更大作用，所释放的改革红利将是巨大的，这将进一步激发民间投资活力。

他认为，从正面清单到负面清单，最大的不同就是让经济发展从"政府主导"变为"市场主导"。正面清单由政府划定企业可以经营的范畴，企业容易被捆住手脚；如果实行负面清单管理，企业只需要知道政府规定禁止或限制进入的领域，活动空间和自主配置资源的范围将大大增强。

"做企业的人都会有这样的感受：知道什么是不允许的，比知道哪些是允许的，更能帮助投资者开展业务，更能提高投资效率。'正面清单'不可能把所有的领域所有的行业都囊括进去，容易造成资源错配、效率衰减和寻租现象；'负面清单'则可以有效地规避这些问题，而且也适用于未来新出现的经济类别和服务活动，可以有效地保证市场准入，激发市场潜能"，孙荫环说。

他表示，实施负面清单管理模式，是执政理念和治理思路的巨大进步，可以进一步优化产业投资环境，提升行政效率和资本效率。目前，在基础设施、金融、能源、通讯、教育与医疗等行业，民营投资很少，制定负面清单，可以有效地打破垄断。此外，清单带来的变化还将体现加快政府职能转变、激发民间投资活力等多个方面。为此他还在"两会"上提出一系列建议：

——清单不要太长。据了解，美国在进行多边谈判的时候所列出的负面清单只有一页纸，日本也只有两页纸。我们在制定负面清单时，应该对以前的法律法规进行一次认真清理，尽可能减少上单名录，为民间资本和民营企业留足发展空间。太长的负面清单意味着开放领域过小，就会失去应有的意义。

——切实做到"非禁即入"。负面清单的制定和落实，不仅是技术问题，更是观念转变的问题。清单制定者应该从根本上转变行政思路，在民间资本的市场准入上，真正做到"非禁即入"。实施负面清单管理，还需要项目核准、行政管理、公共财政、金融支持等方方面面的配套改革及时跟进，才能达到预期效果。

——建立"违单投诉"机制。负面清单最好由第三方机构评估制定，并通过人大立法，以条例、法律的形式发布。在实施过程中，如有"违单"现象发生，应该允许"投诉"。

【链接】国务院常务会议专门研究支持"众创空间"措施

2015年1月28日，国务院总理李克强主持召开国务院常务会议，部署加快铁路、核电、建材生产线等中国装备"走出去"，推进国际产能合作、提升合作层次；确定支持发展"众创空间"的政策措施，为创业创新搭建新平台。

会议指出，顺应网络时代推动大众创业、万众创新的形势，构建面向人人的"众创空间"等创业服务平台，对于激发亿万群众创造活力，培育包括大学生在内的各类青年创新人才和创新团队，带动扩大就业，打造经济发展新的"发动机"，具有重要意义。一要在创客空间、创新工场等孵化模式的基础上，大力发展市场化、专业化、集成化、网络化的"众创空间"，实现创新与创业、线上与线下、孵化与投资相结合，为小微创新企业成长和个人创业提供低成本、便利化、全要素的开放式综合服务平台。二要加大政策扶持。适应"众创空间"等新型孵化机构集中办公等特点，简化登记手续，为创业企业工商注册提供便利。支持有条件的地方对"众创空间"的房租、宽带网络、公共软件等给予适当补贴，或通过盘活闲置厂房等资源提供成本较低的场所。三要完善创业投融资机制。发挥政府创投引导基金和财税政策作用，对种子期、初创期科技型中小企业给予支持，培育发展天使投资。完善互联网股权众筹融资机制，发展区域性股权交易市场，鼓励金融机构开发科技融资担保、知识产权质押等产品和服务。四要打造良好创业创新生态环境。健全创业辅导指导制度，支持举办创业训练营、创业创新大赛等活动，培育创客文化，让创业创新蔚然成风。

【链接】创业者的黄金时代——国务院扶持"众创空间"为创业创新再添力

一系列为小微企业等创业创新者减税降负举措之后，国务院又将推动大众创业、万众创新的扶持政策瞄准互联网时代的新型创业孵化器。28日召开的国务院常务会议，"构建面向人人的'众创空间'等创业服务平台"的表述让人眼前一亮。

此次会议提出，要在创客空间、创新工厂等孵化模式的基础上，大力发展市场化、专业化、集成化、网络化的"众创空间"，实现创新与创业、线上与线下、孵化与投资相结合，为小微创新企业成长和个人创业提供低成本、便利化、全要素的开放式综合服务平台。

"'众创空间'，代表着一种互联网时代的新型孵化服务器。国务院此次发布支持'众创空间'发展的扶持政策，实际上是为了给创业创新者搭建更好的服务平台，营造更好的创业创新氛围，创业者赶上了黄金时代。"中关村管委会创业处处长杨彦茹对记者说。

今年初，李克强总理在广东考察时曾参观了深圳柴火创客空间，让很多人对这一新兴创业孵化器印象深刻。实际上，这种新型模式在很多城市已经开始探索。在中关村创业一条街，人气很旺的车库咖啡、3W咖啡等聚集了众多草根创业者。比起传统咖啡馆，这里更像是创业者和学生的办公室，搭载着年轻人创业的梦想。

"创客空间、创业咖啡、创新工厂，甚至科技媒体等，都是'众创空间'的具体表现形式。"杨彦茹说，在中关村目前已有30多家这种创新型孵化器，最主要的特征是开放，消除了各种障碍，打破了各种框框，既能为创业者提供办公空间和投资人，也提供思想交流碰撞的空间，让创业创新者能充分释放活力。

清控科创控股股份有限公司董事长秦君说，此次国务院明确了扶持"众创空间"等新型孵化器发展的具体政策，将带动更多社会资本支持创新创业，极大降低创业成本，推动创新创业要素整合，为产业转型升级注入新的要素，打造经济发展的新驱动力。

国务院常务会议明确，要加大对"众创空间"的政策扶持。一方面是简化登记手续，为创业企业工商注册提供便利。同时支持有条件的地方对"众创空间"的房租、宽带网络、公共软件等给予适当补贴，或通过盘活闲置厂房等资源提供成本较低的场所。

另一方面，会议明确要发挥政府创投引导基金和财税政策作用，对种子期、初创期科技型中小企业给予支持，培育发展天使投资，并完善互联网股权众筹融资机制。

杨彦茹说，简化办公地注册等工商登记手续，无疑进一步降低了创业门槛。目前改革先行先试的中关村正探索工商登记"四证合一"，并认证了一大批集中办公区，不要求每家公司都有门牌号，一张桌子也可以是一家企业。

她透露，作为全国的改革试点，中关村还在探索构建包括知名大企业、高校院所、新型创业服务器、创业金融、创业文化等在内的完整创业创新生态系统，如同自然界的生态系统，政府营造好阳光、雨露、土壤等生态环境，企业自然释放出创造激情，快速成长。仅在2014年，中关村就新创办科技型企业超过1.3万家。

在秦君看来，早期创业项目，尤其是创新项目，风险较高，缺乏资金。天使投资不仅为早期创业项目提供资金，更是创业项目的"伯乐"，为创业团队提供资源对接、创业辅导等服务。此次国务院明确要发挥政府创投引导基金和财税政策作用，政府资金和政策的介入有助于分担风险，推动天使投资的发展，进而为小微企业和创业者提供更好融资服务。

据介绍，中关村是我国创新创业最发达的地方，目前已形成一批科技企业家、大企业高管、专业服务人士等为主体的天使投资人，2014年我国60%的天使投资案例和60%的资金都发生在中关村。

国务院支持社会力量举办创业培训营、创业创新大赛等活动，也让秦君为之振奋。"创业训练营，一方面向新创业者传授创业基本理念，帮助创业者少走弯路，另一方面也是一种思想交流，弘扬了创客文化，形成良好的创业创新生态环境。"

业内人士表示，国务院的一系列扶持政策，无疑将带动更多社会资本参与"众创空间"建设和发展，形成更多的社会化、市场化、专业化的服务平台，完善创业服务生态，活跃创业氛围，加快形成全社会共同支持创业创新的局面。（韩洁，2015年1月28日）

【链接】做好"加减法"，让创业创新蔚然成风

国务院总理李克强2015年1月28日主持召开国务院常务会议，确定支持发展"众创空间"的政策措施，为创业创新搭建新平台。会议指出，顺应网络时代推动大众创业、万众创新的形势，构建面向人人的"众创空间"等创业服务平台，激发亿万群众创造活力，培育包括大学生在内的各类青年创新人才和创新团队，带动扩大就业，打造经济发展新的"发动机"。

"让创业创新在普罗大众中蔚然成风"。其实无需刻意强调，梳理过去一年以来总理的考察足迹与讲话，就足见中央政府对于创业创新的重视。

在天津举办的2014夏季达沃斯论坛上，总理说要在960万平方公里土地上掀起大众创业、草根创业新浪潮；2015年的第一次基层考察，总理将目的地选择为深圳，这个在创业创新方面有着优良基因的城市，且第一站就选择了几位年轻人创办的柴火创客空间……在某种程度上，此次常务会议布置的具体政策或不乏源自此次一线考察的启示。

对民众创业需求与创业障碍有着最直观与深入的把握，方能在政策层面对症下药。不同群体的就业，需要不同的就业促进政策。譬如对于大学生而言，创业最缺乏的可能就是资金。这次会议提出的要在创客空间、创业咖啡、创新工场等孵化模式的基础上，大力发展市场化、专业化、集成化、网络化的"众创空间"为小微创新企业成长和

个人创业提供开放式综合服务平台，应该说是较为符合大学生人群的就业需求。

不过，就业是一项综合工程，对于大学生这个特殊群体，创业更需要多元化的支持。这方面，2014年初的一次会议上，在听取大学生的创业故事后，李克强总理就说，我们已经有了大学生就业促进计划，我看还要有大学生创业促进计划。有政府政策支持和创业者的努力，就会有更多大学生成功创业。大学生创业促进计划，是否已经成形？相关部门不妨考虑一下。

创业必然需要经验支持，强化社会性的就业培训，提升社会的整体创业能力与创业氛围，无疑是重要一环。会议提出要营造良好氛围，支持社会力量兴办创业培训营等活动，培育创客文化，是谓重要举措。特别是对于那些农民工群体而言，就业培训更显必要。

如果说开辟创业平台与完善创业服务，是政府构建创业春天所做的"加法"，那么，在另一层面，还需要继续做"减法"。简政放权的推进，进一步降低了创业门槛，简化了创业手续。但在税收、融资等方面，仍需要更大力度的优惠政策。正如李克强总理在去年夏季达沃斯论坛上所强调的，"要破除一切束缚发展的体制机制障碍，让每个有创业愿望的人都有自主创业的空间。"

常务会议布置的措施，堪称善意满满，但仍需在落实上保障足够的分量。在一些地方，对于民间创业，还需清除一些观念上的障碍。比如，在财政补贴资金的分配上，一些地方更愿意把钱投到"见效快"的大公司或是国企上，而忽视对于民间与个体中小企业的支持；还有一些地方，对于中小企业甚至还存有偏见与歧视，习惯性"伸手"，试图分一杯羹。这些都是在政策落实过程中，需要着力规避与解决的问题，也是做好支持创业的"减法"的题中之义。归结到一点，就是要更多的尊重市场，从市场规律的角度为创业创新提供支持，激发全民的创业热情。如此，创业创新自会蔚然成风。（川昌，2015年1月29日）

三、为企业松绑，为市场助力

先从习近平总书记的一封信说起。

2014 年 7 月 8 日，中共中央总书记、国家主席、中央军委主席习近平给福建 30 位企业家回信表示，"30 年前，福建 55 位企业负责人大胆发出给企业'松绑'放权的呼吁，很快在全国上下形成共识，成就了经济体制改革的一段佳话，我对此印象犹深"。他希望广大企业家继续发扬"敢为天下先、爱拼才会赢"的闯劲，为国家经济社会持续健康发展发挥更大作用。

2014 年是福建 55 位厂长经理呼吁为企业"松绑"放权 30 周年。5 月 18 日，福建 30 位企业家以《敢于担当勇于作为》为题致信习近平总书记，习近平收到后随即回信。

1984 年 3 月 24 日，《福建日报》以《五十五名厂长、经理呼吁——请给我们"松绑"》为题，在一版头条全文公布呼吁信，并配发了导语——在福州参加省厂长（经理）研究会成立大会的 55 名厂长、经理，3 月 22 日写信给省委领导同志，题目是"请给我们'松绑'"。情词恳切，使人读后有一种再不改革、再不放权，就真是不能前进了的感觉。时任《福建日报》副总编辑徐明新表示，这段导语是由时任福建省委书记项南亲自撰写的。

1984年3月30日,《人民日报》在二版头条位置全文转载了这封呼吁信,并配发了编者按语。第二天,《福建日报》即对编者按语作了刊发。紧接着,《经济日报》、新华社等全国主要新闻媒体都进行了刊播。同年4月15日,55位厂长经理的代表还受邀到国家体改委、中央党校等单位进行了汇报座谈。

在那个对改革有着极大渴求的年代,"松绑"放权的影响,很快从八闽遍及全国,成为具有里程碑意义的标志性事件。《福建日报》对"松绑"放权的报道高潮持续了两年多。这期间,刊发报道不下百篇。

据《福建日报》报道,在闽工作长达17年之久的习近平,不论是在闽工作期间,还是到京任中央领导后,都多次对"松绑"放权行动给予高度评价。在2001年3月24日召开的企业家活动日暨表彰大会上,时任福建省省长习近平说:"福建企业家素来有'敢为天下先'、'爱拼才会赢'的开拓创新精神。当年55家厂长经理提出给企业'松绑'放权的呼吁,就是这种精神的体现。"

2014年7月8日,习近平给当年的55位企业家回信。30年前企业的呼吁,30年后再次在神州大地上唱响。

2014年,全球主要成熟经济体中,只有美国经济显示出更快的增长潜力,但一季度仍遭遇了大幅度萎缩。欧洲和日本经济正在艰难复苏,与通货紧缩作斗争,整个宏观环境对拉动经济增长不利。受全球经济增长乏力、国内经济结构调整等多重因素影响,我国经济增速放缓,2014年上半年,我国经济同比增长7.4%。其中一季度经济增速为7.4%,比上季度回落 0.3 个百分点，创出 6 个季度来的新低。一些企业经营感受到较大的压力。7 月 14 日，在经济形势企业负责人座谈会上，面对来自中国通用技术集团、中建总公司、交通银行、格力集团、东方希望集团、搜狐公司等全国各大行业的大企业代表，李克强指出，企业是经济的基本细胞，是市场主体。企业兴则经济兴。营造企业发展的良好环境，政府责无旁贷。要继续下好简政放权"先手棋"，为企业松绑。各级政府都要尽快出台实施公开透明的权力清单制度，坚持放管结合，切实取消不必要的审批，严厉打击假冒伪劣、侵犯知识产权等违法违规行为，推进公平公正的监管执法，让市场主体敢说话、说真话。完善支持实体经济的各项政策，多措并举、对症下药，有效降低融资和交易成本，减轻企业特别是小微企业负担，促进比较充分的竞争，保护公平竞争。向民间资本更多敞开准入大门，使企业有更多投资选择、更大发展舞台，让 13 亿勤劳智慧中国人的创造力充分迸发。

他强调，实现经济持续稳定增长、向中高端水平迈进，归根到底要靠企业。当前经济平稳运行，但仍面临很多风险和挑战，下行压力和困难在一段时期内会持续存在，要有清醒认识和应对准备。面对世界经济纷繁复杂、全球竞争日趋激烈的局面，企业不能坐等观望，而要抢抓机遇、敢闯敢试、主动转型。当前一些企业逆势增长，充分说明抓紧促改革、调结构、推动转型升级才是摆脱困境的根本出路。各类企业都要着力改革创新，运用新技术，发展新产业，培育新业态，在闯市场中不能仅靠价格竞争、更要靠质量取胜，在市场搏击中强筋健骨，提升竞争能力，努力冲出传统发展方式的"重围"，实现提质增效的"新生"，在稳增长、促改革、调结构、惠民生中作出新贡献。

在 2014 年 8 月 19 日召开的国务院常务会议上，李克强总理指出，要持续把简政放权、放管结合作为政府自我革命的"先手棋"和宏观调控的"当头炮"，深挖潜力，不断向纵深推进，用硬措施打掉"拦路虎"，让市场主体"舒筋骨"，为创业兴业开路、为企业发展松绑、为扩大就业助力，为经济社会发展增添新动力，以促改革稳增长。会议决定，在各部门晒出权力清单、开展社会评议的基础上，顺应群众期盼，有针对性地推出行政审批制度改革新措施。

一是便利企业投资经营，再取消和下放 87 项"含金量"高的审批事项，其中取消 68 项，做到能取消的尽量取消、不下放，避免遗留尾巴。同时尽快彻底废止非行政许可审批。二是降低准入门槛，将营利性医疗机构设置审批、养老机构设立许可等 90 项工商登记前置审批事项改为后置审批，实行先照后证，强化事中事后监管。三是减轻企业负担，再取消 19 个评比达标表彰项目，并进一步加大清理力度，建立目录管理制度，凡未列入目录的一律不得开展。四是再取消一批部门和行业协会自行设置、专业性不强、法律法规依据不足的职业资格许可和认定事项，使就业创业创新不为繁多的"证书"所累，让各类人才放手拼搏。会议强调，要加强改革工作统筹协调，在放的同时着力创新事中事后监管，营造公平法治的市场竞争环境，尽政府应尽职责，使简政放权等改革成为持续激发市场活力、优化市场环境的"长效药"。

对此，社会上也不禁发出疑问：在经济增速下行压力下，没有"强刺激"，能否"稳增长"？答案就是，改革出活力，改革出动力，面对中国经济正处于深层次矛盾凸显和"三期叠加"的新阶段，"强力改革"和"精准调控"正在成为促进经济平稳增长的"推进器"。通过简政放权等一系列改革，企业的"紧箍咒"松了、准入门槛低了，市场活力也冲出"闸门"开始喷涌。

数据最能说明问题：2014 年 1—8 月，新登记注册市场主体 800 多万户，城镇新增就业 970 多万人，与上年同期相比增加了 10 多万人。2014 年上半年，新登记注册服务业企业增幅达 70% 以上。美国铝业公司董事长克劳斯表示，改革让很多跨国企业对中国商业环境有更大的信心。马凯集团是中国本土投行。该公司董事长李震说，他们有很多跨国投资并购项目，以前签了意向书就要回国审批，全流程下来要半年时间，有时无奈坐失商机，"现在项目如果规模在 10 亿元以下，企业可先把项目做了再回国报批，公司境外投资量增加了 3 倍"。

2014 年上半年的精准定向调控，体现在激活力、补短板、强实体三个方面。其中，"激活力"重在通过简政放权，把该放的权放到位，让市场主体真正放开手脚。上半年取消和下放了 145 项关系企业生产经营和社会关注度高的行政审批等事项。3 月份工商登记制度改革后，新登记企业实现快速增长，增幅近 70%，不仅成为新的经济增长点，也有力带动了创业就业。"补短板"主要是加强薄弱环节建设，把该做的事做好，重点增加棚户区改造和中西部铁路、城市地下管线等基础设施这些社会急需的公共产品供给。以棚户区改造为重点的保障房工程加快推进，上半年全国保障房已开工 530 万套，达到年度目标任务的 76%，完成投资 7200 亿元。全年全国铁路新线增加至 7000 公里以上，投资规模约达 8000 亿元，中西部地区约占 80%。"强实体"就是强调要把该给的政策给足，灵活运用财政、货币政策工具，重点支持实体经济发展。上半年，国家两次定向调降存款准备金率，增加再贷款和专项金融债规模，并进一步扩大结构性减税范围，支持"三农"、小微企业和服务业发展，夯实经济发展基础。

在 9 月 10 日的 2014 夏季达沃斯论坛开幕式上，李克强在回答论坛主席施瓦布提问时表示，创新可以说是发展的动力源泉，而创新的主体是企业。中国政府要在以下几个方面加大力度推动创新。

首先，还是要给企业创新松绑，也就是说要营造一个宽松的创新环境，政府要继续加大简政放权的力度。如果我们能够鼓励可以说是世界最庞大劳动大军中的相当一部分人，或者大部分人勇于去创业的话，在激烈的市场竞争中必然会激发他们创新。同时，政府可以腾出更多的精力营造一个开放、透明、公平竞争的市场，这就会使各类企业，包括跨国公司在华企业加大对创新的投入。因为只有创新，才能够引领市场，才能够得到消费者的青睐。

第二，政府要给创新助力。政府的公共财政可以说是取之于民，用之于民。推动创新实际上有利于企业的从业者增加收入，也有利于提高企业加大研发投入的能力。我们现在正在推进的营业税改增值税的改革，其政策取向就是给服务业，特别是研发企业减税，让他们有更多的力量投入研发。我们还要发展像创投基金、风险投资、创业创新保险等新兴业态来支持创新。中国政府推动营改增的改革，在很大程度上还是为了发展研发企业。坦率地给大家报账，此项改革已经减税 2500 亿人民币。我们现在的财政收入增幅放缓，在这种情况下掏出这笔钱来实属不易，但是为了创新，值得。

第三，要加大知识产权保护力度。保护知识产权实际上是保护创新的

【链接】李克强：用政府权力"减法"换取创新创业"乘法"

"中国经济要转型升级，向中高端迈进，关键是要发挥千千万万中国人的智慧，把'人'的积极性更加充分地调动起来。"2014年12月3日的国务院常务会议上，李克强总理说。

当天的会议部署在更大范围推广中关村试点政策，加快推进国家自主创新示范区建设。李克强强调，中关村试点政策的实质是通过政府的简政放权，调动千千万万人的积极性和创造性。

他说："我们要通过政府放权让利的'减法'，来调动社会创新创造热情的'乘法'。"

当前扩大中关村试点政策"适逢其时"，有利于打造中国经济新的"发动机"

李克强说，当前扩大中关村试点政策"适逢其时"，有利于鼓励大众创业、万众创新，打造中国经济新的"发动机"。

他说，本届政府成立以来，大量工作都在围绕就业、创业和创新展开。通过简政放权推进创业创新，不仅有利于带动中小企业、小微企业发展，也会催生更多成长性企业发展。

"推动大众创业、鼓励科技创新，不仅可以满足消费者多样化的市场需求，也有利于提升我国关键技术的竞争力，促进更多的大企业适应国际竞争的激烈挑战。"李克强说。

关键要发挥千千万万中国人的智慧，把"人"的积极性更加充分地调动起来

4年前，正是在李克强的直接推动下，中关村试点政策破茧而出。在一次考察中，时任国务院副总理的李克强要求，相关部门要全力支持中关村先行先试，开展鼓励科技创新的政策措施。旋即，科技成果处置收益权改革、股权激励个人所得税政策试点等"1+6"系列先行先试政策，掀起了中关村新一轮改革的浪潮。

　　3日的常务会议上，李克强说，试点政策实施4年来，中关村国家自主创新示范区取得了明显成效，在北京经济结构调整和转型过程中发挥了突出作用。更重要的是，改革充分调动了科研人员，也就是"人"的积极性。

　　"我们过去管得太死了！大专院校和科研机构的科技人员一旦有了科技成果，奖金就要和所有职工一起分。表面看，这样似乎显示了公平，但实际上却抑制了科研人员的积极性，反而没了效率。"总理感慨道。他说，改革开放之初，中关村只是一小步的改革尝试，就催生了今天的联想集团；如今在更大范围推广中关村试点政策，意义绝不仅仅是优惠那么点税收，更主要的是创新体制机制。

不要像"钓鱼"一样再搞那么多指标、评审和审批了，我的建议就是"加快"

　　指着文件中"稳步推进"等字样，李克强明确要求"要进一步解放思想"。

　　"推进国家自主创新示范区，不要像'钓鱼'一样再搞那么多指标、评审和审批了，我的建议就是'加快'！"他说，"东中西部，科技高新区集中的地方，让他们都可以享受政策红利，让愿意创新的人拥有广阔的空间，让愿意创新的企业尽快壮大起来。"

　　总理说，国家自主创新示范区建设的过程，本身是中央政府放权、让利的过程，如果考察论证的过程过于繁琐，那说白了，就是"权放得不够"。他说，我们要进一步转变观念，把权力更多用在事中事后的监督监管上来。

　　"中央放下来的权，决不能截留在高新区里，要真正落在企业、落在个人头上。当然，税务部门也要监督企业，绝不能偷税漏税。政府的观念要改一改了，不能再用'家长'心态管理企业了！"他说。

科技人员主要是靠"头脑"出去创业，没人会拿你的设备

　　李克强指出，许多高新区原本就有与中关村相似的优惠政策：对

技术骨干和管理骨干给予期权等激励政策。但这些优惠政策经常有一个限制前提：企业必须具备一定的规模，而且一定要是"国有高新技术企业"。

"按照过去的规定，如果是几个合伙人办的股份制企业，就享受不了这些优惠政策。但现在，我们要推进大众创业、万众创新，为什么不能对不同所有制一视同仁呢？"

总理说，在科研机构改革之初，曾经有人担心，改革很可能会造成高等院校、科研机构"国有资产流失"。

"后来我们看到了，这种情况没有出现！科技人员主要是靠'头脑'出去创业，没人拿你的设备！"李克强说，"我们要相信科技人员，激励他们释放更多的创造力。说不定哪一天，这些创业者中间就能诞生中国的盖茨和乔布斯！"

我们给中关村、上海自贸区的政策，其实就是简政放权的政策，很多都可以在更大范围、甚至全国范围推广

在强调"加快"的同时，李克强要求有关部门也要认真研究，将诸多鼓励科技创新和产业化的改革政策，在更大范围复制推广。

"说句实在话，我们给中关村、上海自贸区的政策，其实就是简政放权的政策，很多都可以在更大范围、甚至是全国范围推广！"李克强说，"但现在，我们总是弄一些'政策洼地'，让各地来'争'。其实很多政策完全可以是普惠性的！"

总理强调，改革走到今天，不能再搞这一块、那一块的区域分割。看不准的改革可以试点，然而一旦成熟就要加快推广复制，该普惠的就要普惠。

"政府部门要加快转变职能！"李克强说，"在推广普惠性政策后，更多的精力要放在加强指导监督、加强事中事后监管上来。让中国经济更有质量、更重效益。让大众创业、万众创新成为中国经济新的支撑。"（肖楠，2014 年 12 月 3 日）

【链接】中关村率先形成大众创业万众创新局面

2014 全年新创办科技型企业超过 1.3 万家，是上年的 2 倍多；企业实现总收入 3.57 万亿元，比上年增长 17.2%。取得上述成就的中关村示范区，依然在持续引领中国创新创业的潮流。今天（2 月 4 日），在科技部的指导和支持下，中关村在全国率先发布"创业中国引领工程"和"互联网跨界融合创新示范工程"，推动大众创业和跨界创新。

创业引领：一年新办科企同比增一倍多

"在中关村，一个牌子掉下来砸到 10 个人身上，以前有 9 个是大学生，现在有 9 个是创业者。"说这话的，是 golfsense 和 wifipix 两家公司的创始人闫文闻。四五年前，闫文闻从外地来北京创业，做了帮助矫正高尔夫打球姿势的穿戴设备，是国内最早做穿戴设备的创业者，后来又相继做了室内定位等项目。如今，他已经投入到另一个项目中。

这样的连续创业者在中关村比比皆是。数据显示，中关村连续创业者比例高达四成。近年来，随着中关村创业生态系统的持续构建和优化，一批有梦想、有才华、有技术的青年学生投身创业，清华、北大等高校成为培育创业者的大本营；以"90 后"为代表的创业者、连续创业者、领军企业骨干创业者、海外创业者已成为中关村新的四支创业大军；天使投资人、创新型孵化器及创客组织形成中关村创业新生态。2014 全年中关村新创办并有实际经营活动的科技型企业超过 1.3 万家，是上一年度的两倍多，中关村新创办科技型企业呈现"井喷式"增长，中关村已经在全国率先形成了"大众创业、万众创新"的新局面，引领中国创业进入新时代。

看举措：实施"育苗"等七方面举措

此次实施创业中国中关村引领工程，中关村将进一步优化有利于创新创业的生态系统，持续转变政府职能，依靠市场机制和产业化创新，不断培育新技术、新产品、新服务、新业态和新商业模式，形成新的经济增长点，构建"高精尖"经济结构。

具体来说，引领工程将从以下七个方面着手：一是高校院所"育苗"工程，推动高校院所成为培育青年创业者的大本营，充分释放高校创新创业潜力。二是领军企业摇篮工程，支持领军企业成为孵化创业企业的"超级航母"，打造一批新兴产业孵化平台。三是创客筑梦工程，为创客组织营造蓬勃发展的环境，培育创客文化。四是创业人才集聚工程，在全球范围内吸引优秀人才，建立聚集高端创业人才的生态圈。五是创业金融升级工程，推动中关村天使投资发展，不断完善创业金融服务体系。六是创业服务提升工程，大力发展市场化、专业化、集成化、网络化的"众创空间"，推动中关村创业服务业快速发展。七是创业文化示范工程，营造"鼓励创新、宽容失败"的创业氛围，大力弘扬中关村创新创业文化。

为保障引领工程的顺利实施，中关村从创业人才、创业企业、创业金融、创业服务机构和创业文化的角度推出了5类19项支持措施，下一步将继续发挥中关村创新平台的优势和作用，完善部市会商工作机制，研究制定促进科技创业的改革试点政策，持续突破阻碍科技创新创业的体制机制。

说目标："众创空间"将超过500家

通过实施创业中国中关村引领工程，到2020年，中关村将形成创业要素集聚化、孵化主体多元化、创业服务专业化、创业活动持续化、运营模式市场化、创业资源开放化的发展格局，持续产生具有"改变世界"梦想的创业者和拥有"颠覆性"技术创新、商业模式创新的企业，使中关村成为全球原创思想的发源地和高科技创业者实现梦想的首选地。

具体来说，引领工程提到，到2020年，形成以领军企业创业者、高校院所科技人员及学生、连续创业者、90后创业者、海归创业者为代表的高端创业人群，中关村科技创业者超过20万人。以创新型孵化器为代表的"众创空间"超过 500 家，其中创新型孵化器超过 80 家，在海外设立的创业服务机构超过 50 家，青年创业工业超过 20 家，创业社区超过 10 个。

创新示范：收入利润税收增速均超 17%

在网站上购买一个微波炉，不用立刻付款，凭借自己过去的消费经历，就能在京东打一张电子"白条"延期付款；小米智能手环记录了每天的运动量，春雨家庭医生则根据这些指标给出运动和饮食建议……这些都是传统电商、金融、医疗健康行业与互联网结合后的巨大市场前景。

作为我国战略性新兴产业的策源地，近年来，中关村在持续引领我们国家未来技术和产业发展的方向，具体体现在：一是在互联网和大数据时代，互联网和大数据在不断推动行业的转型升级。百度改变了人们过去获取知识的方式和渠道，百度投资的去哪儿网颠覆了传统旅游业，58 同城改变了传统生活服务业等。二是技术创新和商业模式的紧密结合不断催生新兴产业。中关村总是率先出现新兴产业，如第三方支付，互联网金融、智慧医疗等等。三是制造业服务化的趋势突显。中关村经济结构特点就是微笑曲线两端，即研发设计和营销服务，中间的制造环节由其他企业代工。

小米是最典型的。空气净化器、路由器、电视……所有这些生活中常见的电器，搭载一款小米智能操作系统后，就能变成一系列智能化的家居产品。这个系统的功能改进，也不再是工程师闭门造车，而是通过互联网汇集成千上万用户的智慧，"众筹"研发。凭借这样的"互联网思维"，小米已经涉足智能手机、电视、路由器、机顶盒等多种智能设备领域。同时，小米还有一个特点，就是占据"微笑曲线两端"，即研发设计和营销服务，而中间环节则交由代工厂完成。刚刚过去的 2014 年，约 8000 名员工的小米科技全年实现收入 743 亿元，平均每 11 个人就实现一亿元的收入。

在中关村，像小米这样，以极少的人力撬动全球市场、资金和制造资源的公司还有很多。2014 年，中关村实现亿元收入所需从业人员56 人，较 2013 年少 6 人，较 2008 年足足少了 36 人。市统计局、国家统计局北京调查总队发布的数据显示，2014 年，中关村示范区实现总收入 3.57 万亿元，比上年增长 17.2%；实现利润总额 2832.3 亿元，比上年增长 25.1%；实缴税费 1867.3 亿元，比上年增长 23.9%。明显高于同期全市规模以上工业和第三产业营收增速，占全市规模以上工业和第三产业营业收入合计的 28.3%，对全市经济形成较强带动力。

除了拥有前沿技术，用互联网思维和模式改造传统产业、创造新兴产业，往往是他们的"杀手锏"。

中关村互联网联姻十大传统产业

《国家高新区互联网跨界融合创新中关村示范工程》显示，中关村将主要从以下方面支持跨界创新。一是实施十大中关村"互联网+"产业创新工程。包括智能制造、互联网金融、电子商务与智慧物流、智慧建设与智能建筑、智慧交通、智慧能源环保、智慧医疗健康服务、智慧农业、智能硬件与智慧生活、互联网教育与文化传播创新工程，加快互联网、物联传感网、云计算、大数据、人工智能等信息技术与各行业的融合发展。二是开展六大创新主体跨行业跨区域创新行动。重点开展企业技术创新突破、行业智能装备推广、网络互联互通与信息安全支撑、产业链协同创新合作、新模式新业态培育、跨界融合人才培养与创业促进行动。三是陆续出台一批促进跨界融合创新的支持措施。组建由科技部火炬中心、中关村示范区、国家高新区以及部分跨界融合企业、产业联盟组成的互联网跨界融合创新工程联席会，组织中关村与其他高新区开展对接合作。

示范工程还将通过支持发展数字化车间和智能工厂，支持互联网金融机构合作建设互联网金融信用信息平台，鼓励在产品设计、制造、销售、采购、管理等生产经营各环节的跨企业跨区域协同合作与交易等具体方式来完成。

> **新兴"高精尖"产业的发源地**
>
> 通过实施互联网跨界创新示范工程，到 2020 年，使中关村成为全球互联网经济前沿技术、解决方案、新兴"高精尖"产业的发源地和离岸高端互联网服务的输出地，互联网跨界融合新兴产业与全球同步发展。实现国家高新区产业整体向高端化、服务化、集聚化、融合化、低碳化发展，经济发展方式完成向质量效率型集约增长转变。

火种，是激发创新的热情。我们对侵犯知识产权的案件处理一定会依法进行，要让创新者感到创新是有价值的，不能允许被别人非法窃取。

四、修订政府核准的投资项目目录

2014 年 11 月 18 日，国务院向社会公布了《政府核准的投资项目目录（2014 年本）》。这是 2013 年以来我国第二次对《政府核准的投资项目目录》进行修订。两次修订后，中央层面核准的项目数量合计减少约 76%。

《目录（2014 年本）》共取消、下放 38 项核准权限，其中，取消核准改为备案 15 项、下放地方政府核准 23 项。

取消核准改为备案管理的 15 项包括了钢铁、有色、水泥、化肥、造船设施项目以及城市供水等城建项目等。

下放的核准事项方面，火电站、热电站、抽水蓄能电站、新建港区、通用机场、扩建军民合用机场、扩建一次炼油、铁矿开发、新建乙烯等项目，以及部分水电站、电网工程、飞机制造等项目核准权力下放至省级政府或者地方政府。

此次修订之后，国家发改委核报国务院核准和发改委核准后报国务院备案的事项还有 13 项，包括核电站项目、特大型主题公园项目等。

外商投资和境外投资项目核准也是此次修订的亮点。根据目录，此次我国将《外商投资产业指导目录》中有中方控股（含相对控股）要求的总投资（含增资）小于 10 亿美元的鼓励类项目全部下放地方政府核准，总投资（含增资）小于 1 亿美元的限制类项目和全部房地产项目下放省级政府核准。

在企业境外投资项目方面，除涉及敏感国家和地区、敏感行业外，全部取消核准改为备案管理。也就是说，除了要投资到没有建交的、受到国际制裁的、正处战乱的国家和受到管制的特殊行业等要按照规定核准，其他所有的项目不论投资规模大小和行业，全部取消核准。如果按照现在的规定测算，对比 2013 年，我国大概 99% 的境外投资项目都将取消核准，企业对外投资的便利性大大提高。

大幅减少政府核准的投资项目目录，特别是将钢铁、水泥、电解铝、造船等项目改为备案管理，会否让这些本已过剩的产能进一步加剧？社会上也有这样的担心。

实际上，经过艰难的产业政策调整，我国的国家重要项目的战略布局已基本完成，国家遏制产能过剩行业新增产能的措施成效开始显现，倒逼过剩产能退出的市场环境已经初步形成，取消核准后将投资决策权下放给企业，反而有利于推动产业转型升级。因为就企业层面来讲，产能过剩行业的生产经营基本上是微利甚至亏损，企业扩大产能的意愿明显减弱，投资更多集中于转型升级、提高竞争力的项目上来。还有一部分企业处于停产或半停产的状态，通过市场机制倒逼不具备竞争力的企业退出市场的环境逐渐形成。

据统计，2014 年 1 至 9 月，钢铁、水泥、电解铝、平板玻璃等产能过剩行业的固定资产投资同比分别下降 5%、14.4%、31%、6%。从投资结构看，基本上用于续进项目，主要投向结构调整、节能减排和产品深加工项目。

同时，此次国务院还明确，对于产能过剩项目，要严格执行《国务院关于化解产能严重过剩矛盾的指导意见》，各地方、各部门不得以其他任何名义、任何方式备案新增产能项目，各相关部门和机构不得办理土地（海域）供应、能评、环评审批和新增授信支持等业务，并合力推进化解产能严重过剩矛盾各项工作。国务院此次强调，法律、行政法规和国家制定的发展规划、产业政策、总量控制目标、技术政策、准入标准、用地政策、环保政策、信贷政策等是企业开展项目前期工作的重要依据，是项目核准机关和国土资源、环境保护、城乡规划、行业管理等部门以及金融机构对项目进行审查的依据。

此次修订目录中，考虑到充分发挥省级政府在政策把握以及技术力量方面的优势，明确有的项目只能下放到省级政府核准，有的项目则下放到地方政府。

中国（海南）改革发展研究院院长迟福林评价说，当前我国经济转型的关键是用法律界定政府与市场的边界，这对政府经济管理方式提出新的要求。政府取消下放企业投资项目核准，能交给市场的都交给市场，同时完善现有政策法规框架，加强事中事后监管，这是对政府依法执政能力的提升和考验。

在国务院重新核准投资项目目录后，各省、市、自治区也相继修订本级政府的投资项目目录。如山东省修订后的核准目录，包括农林水利、能源、交通运输、信息产业、外商投资、境外投资等45类93项。从核准权限看，国家核准事项34项；省级政府投资主管部门核准事项33项；市、县级政府投资主管部门核准事项26项。

对于国家取消核准的14项投资项目，山东也相应全部取消。国家明确下放到省级政府核准的有15项；对于国家下放到地方政府核准的8项项目，除跨市域并需要省级协调的项目，山东拟全部下放到市、县级政府投资主管部门核准。除国家取消和下放的核准事项外，在山东2013本核准目录现有的核准事项中，拟再下放和取消4项。其中下放3项，分别是垃圾焚烧发电项目、危险废物和医疗废物处置设施项目、220千伏电压等级的交流电项目，核准权限下放市级政府投资主管部门核准；取消企业投资余气余压发电项目核准，改为备案。

对于外商投资项目，山东修订目录拟将中方控股的鼓励类项目市级核准权限，由3亿美元提高到10亿美元，保持县级核准权限1亿美元不变。这样，除国家核准目录中规定不予下放的行业领域和限制类项目外，省级不再保留外商投资鼓励类项目核准权限。

《河北省政府核准投资项目实施办法》明确，项目核准机关应在正式受理申报材料后20个工作日内作出是否予以核准的决定，或向上级项目核准机关提出审核意见。

实施办法规定，实行核准制的投资项目范围和项目核准机关的核准权限，由《河北省政府核准的投资项目目录》确定。项目核准机关对企业提交的项目申请报告，主要从维护经济安全、合理开发利用资源、保护生态环境、优化重大布局、保障公共利益、防止出现垄断等方面依法进行审查，作出是否予以核准的决定，并加强监督管理。项目的市场前景、经济效益、资金来源、产品技术方案等均由企业自主决策、自担风险，项目核准机关不得干预企业的投资自主权。

在核准程序上，本省企业投资建设分别由国家发展和改革委员会、国务院行业管理部门核准的项目，应由省发展改革部门、省政府行业管理部门提出初审意见后，分别向国家发展和改革委员会、国务院行业管理部门报送项目申请报告。

项目核准机关应在正式受理申报材料后 20 个工作日内作出是否予以核准的决定，或向上级项目核准机关提出审核意见。20 个工作日内不能作出决定的，经本机关负责人批准，可以延长 10 个工作日，并将延长期限的理由告知项目单位。对于同意核准的项目，项目核准机关应出具项目核准文件并依法将核准决定向社会公开；对于不同意核准的项目，项目核准机关应出具不予核准决定书，说明不予核准的理由。项目核准文件自印发之日起有效期 2 年。

新修订后的《甘肃省政府核准的投资项目目录（2015 年本）》共 87 项，较 2014 年本核准的 102 项减少 15%，其中，取消核准改为备案管理事项 15 项，下放市州负责核准事项 9 项。甘肃省政府要求各地、各有关部门要切实抓好核准事项的承接工作，改进完善管理办法，认真履行核准职责，坚决防止由于承接不到位出现管理真空，造成项目审批、核准延误，影响全省项目建设。对国家下放到省级和地方政府核准的事项，省直相关部门要积极与上级对口部门衔接沟通，及时制定承接方案，明确责任、时限和程序，严格规范运行，确保逐一承接到位、实现无缝对接。要建立健全横向到边、纵向到底的监管网络和科学有效的监管机制，坚持监管重心与核准、备案权限同步下移，坚决纠正重审批、轻监管和以审代管的问题，依法加强对投资活动的监管，切实做到放管并重，把该放的权力放开放到位、把该管的事情管住管好。

2015 年新年伊始，国务院再次将开年的"当头炮"对准审批制度改革。全年首次国务院常务会议上，就确定规范和改进行政审批的各项措施。

会议认为，针对群众反映较多的审批"沉疴"，着力规范和改进行政审批行为，治理"审批难"，是在不断取消和下放审批事项、解决"审批多"基础上，政府自我革命的进一步深化，是推进转变政府职能、简政放权、放管结合的关键一环，有利于提高行政效能，促进行政权力法治化，防止权力寻租，营造便利创业创新的营商环境，激发社会活力和创造力。

按照依法行政、公开公正、便民高效、严格问责的原则，会议确定，一是推行"一口受理"。承担行政审批职能的部门全面实行"一个窗口"对外统一受理，申请量大的要安排专门场所，对每一个审批事项都要编制服务指南，列明申请条件、基本流程、示范文本等，不让地方、企业和群众摸不清门、跑累了腿。二是实行"限时办理"。建立受理单制度和办理时限承诺制，各部门受理申请要出具受理单，依法依规明确办结时限，不得以任何理由自行延长审批时限，防止审批事项久拖不决。探索对多部门审批事项实行一个部门牵头、其他部门协同的"一条龙"审批或并联审批，让审批提速。三是严格"规范办理"。各部门要对承担的每项审批事项制定工作细则，明确审查内容、要点和标准等，严禁擅自抬高或降低审批门槛，避免随意裁量。四是坚持"透明办理"。除涉及国家秘密、商业秘密或个人隐私外，所有审批的受理、进展、结果等信息都要公开。各部门要切实履行对申请人的告知义务，及时提供咨询服务。强化内部督查和社会监督，建立申请人评议制度。杜绝暗箱操作，给群众一个"明白"。五是推进"网上办理"。各部门要积极推行网上预受理、预审查，加强国务院部门间、中央和地方间信息资源共享，尽可能让地方、企业减少为审批奔波，切实方便群众。用便捷、高效、透明的行政审批打造政府服务品牌。

就在国务院常务会议的同一天，国家发改委、中央编办发文要求，今后一律不得将企业经营自主权事项作为企业投资项目核准前置条件，取消18项企业投资项目核准前置条件。

两部门指出，企业投资项目，除关系国家安全和生态安全、涉及全国重大生产力布局、战略性资源开发和重大公共利益等项目外，一律由企业依法依规自主决策。

同时，企业投资建设实行核准制的项目，政府仅从维护经济安全、合理开发利用资源、保护生态环境、优化重大布局、保障公共利益、防止出现垄断等"外部性"方面进行核准。对外商投资项目，还要从市场准入、资金项目管理等方面进行核准。项目的市场前景、经济效益、资金来源和产品技术方案等"内部性"条件，均由企业自主决策、自担风险，项目核准机关不得干预企业投资自主权，不得将属于企业经营自主权的事项作为企业投资项目核准的前置条件。

取消的18项企业投资项目核准的前置条件包括银行贷款承诺、融资意向书、资金信用证明、股东出资承诺、可行性研究报告审查意见、规划设计方案审查意见等。

2015年1月8日，国家发改委召开新年第一次例行新闻发布会，介绍项目核准制度改革的有关情况，即《精简审批事项规范中介服务实行企业投资项目网上并联核准制度的工作方案》以及《关于一律不得将企业经营自主权事项作为企业投资项目核准前置条件的通知》。有专家评论说，在简政放权的大潮中，发改委是被"削权"最多的部门之一。据统计，2014年以来发改委下放的权力比过去10年总数还多。而2015年简政放权仍是关键。

实际上，投资项目核准制度的改革启动于2013年底，当时国务院要求在投资审批制度改革的问题上能够率先推进，为整个行政审批制度改革提供经验和基础。国家发改委也做了大量的调研，成立专门的工作小组，对存在的问题也进行了全面的梳理。改革要坚持问题导向，针对存在的问题，通过改革加以解决。在2015年第一次国务院常务会议上指出，在解决审批多的基础上，要着力解决审批难的问题。在企业投资项目核准的问题上，为什么难？这个问题必须搞清楚。应该说，国务院通过连续两年的修订核准目录，放权的频率很高，放权的力度也很大。通过两次修订目录，中央层面的核准项目的数量可以减少76%左右。

在放权的频率高、力度大的基础上，对于保留的这些核准事项或者叫审批事项，如何进行规范、进行改进，解决审批难的问题，这是当前我们改革的重点任务。

　　那么，目前存在的问题是什么？归纳起来讲，就是前置手续繁杂、效率低下，依附于行政审批的中介服务不规范、收费不合理。具体来说，从2004年7月，国务院发布关于投资体制改革的决定以后，10多年来，已经取消了对企业投资项目的审批制，改为实行核准制和备案制。实行核准制的范围由核准目录来确定，目录之外的都实行备案制管理。

　　核准只需要办理一道手续，但在核准之前，要办理的前置条件还非常多，可以把这些前置条件分为两大类：一类是法律、行政法规、部门规章、规范性文件规定的前置审批事项。大概有30多项，涉及20个部门。也就是说，有些部门是不仅办一道审批，还办理多项审批。还有一类前置条件，叫前置手续，就是没有法律法规甚至部门规章的规定，核准机关还要求企业提供的前置手续或者审查性文件。

　　可以想象，30多项前置审批加上20多项前置手续，大数是50项，按行政许可法的要求，每一项20天，可以延长30天，举一个极端的例子来说，50乘以20就是1000天，如果50乘以30就是1500天！此外，还有一些依附于行政审批的中介服务，很多都是强制性的中介服务，再把这些时间算上，可以想像核准的前置时间有多么长。相关人士作过分析测算，实际上中介服务的时间比行政机关审批的时间还要长。怎么解决这些问题？只有通过改革。

　　根据发展改革委制定的这一《工作方案》，其中明确了六项工作任务，有责任主体，也有主要的时间节点。

　　首先是清理，清理的原则也很明确，叫做"五个一律"：

　　一是属于企业经营自主权的事项一律不再作为前置条件。

　　二是对法律法规没有明确前置条件的一律不再作为前置审批。虽然法律行政法规规定了项目建设必须要符合哪些条件。但是并没有明确说是核准的前置条件，实际也可以理解为是开工、生产经营的前置条件。但是长期以来，核准机关把这些法律法规规定的要求作为了核准的前置条件。

　　三是法律法规明确规定为前置条件的，除确有必要以外，要通过修改法律法规，一律不再作为前置条件。如果法律和行政法规确实明确有些事项是作为核准的前置条件，但也要根据改革的要求，通过修改法律法规不再作为前置的条件。

四是核准机关能够用征求相关部门意见的方式解决的事项，或者通过后续监管解决的事项，一律不再作为前置审批。

五是关于中介服务，除了特殊需要并且具有法律法规依据的以外，有关部门一律不得设置强制性中介服务，不得指定中介机构。

在如何保证政府的必要监管方面，国家发改委有关负责人介绍，按照项目核准制度改革的总体要求，也就是说，精简审批事项、网上并联办理、强化协同监管的总体要求，国家发改委将会同有关部门依托国家电子政务外网，加快建设投资项目在线审批的监管平台。并提出一个"联通"、一个"贯通"。

一个联通，就是横向联通，要联通发改委、城乡规划、国土资源、环境保护、安全监管、金融监管、行业管理等部门。另一个是纵向贯通，是指各级政府实现投资项目信息的互联互通，资源共享、在线并联审批、纵横协同监管。通过开展这项工作，要使在线审批监管平台具有五方面的功能：

第一，项目身份的标识功能。第二，项目信息在线报告功能。就是支持建立企业和中介机构的信用档案，有关信息将依法向社会公开，并纳入国家统一的社会信用信息平台。第三，信息服务功能。除涉密的项目外，所有核准备案进展情况都要及时向社会进行公开，企业可凭项目代码实施查询受理情况、办理进程和审批的结果。第四，政策发布功能。支持行业主管部门及时发布区域性、行业性发展规划和宏观政策、产业发展的信息、国土环保等方面的信息，引导企业的投资行为。第五，电子监察功能。实现对项目审批的全程跟踪，及时预警和开展责任追究。

据悉，要完成以上任务，还需"三步走"。第一步，到2015年6月，实现中央层面的横向联通，各有关部门根据新的核准制度要求，建立健全本部门在线审批监管平台，与中央平台进行联接，实现中央层面的横向联通、信息共享。第二步，2015年底，实现全国范围的纵向贯通。有关部门按照统一接口标准，分别建立本系统的在线审批监管平台，并与中央平台适时联通，加快实现网上办理。这是国务院常务会议提出的时限要求。第三步，在前两个阶段工作的基础上，继续推进和深化平台建设，实现纵横联动协同监管。

【链接】政府对投资项目的审批制、核准制和
备案制是如何区分的

2004 年以前，不管是政府投资项目，还是企业投资项目，都实行审批制。审批制在我国产业布局初期发挥了一定的积极作用，但随着市场经济的发展，审批制的一些弊端开始显现。

在审批环节上，要经过项目建议书、可行性研究报告、初步设计和开工报告的审批，严重影响了企业投资效率和效益；在审批内容上，既包括维护经济安全、合理开发利用资源、保护生态环境、优化重大布局、保障公共利益、防止出现垄断等"外部性"条件，也包括项目市场前景、经济效益、资金来源和产品技术方案等"内部性"条件，政府实际上代替企业行使投资决策权，职能"越位"却不承担决策失误。2004 年，《国务院关于投资体制改革的决定》出台，对于企业不使用政府投资建设的项目，一律不再实行审批制，区别不同情况实行核准制和备案制。对使用国家资金的项目以及政府投资项目，仍实行审批制度。

——核准制。国务院公布《政府核准的投资项目目录》，对核准范围和权限作出规定。企业投资建设实行核准制的项目，仅需向政府提交项目申请报告，政府主要从"外部性"条件方面进行核准。对于外商投资项目，政府还要从市场准入、资本项目管理等方面进行核准。

——备案制。对于《政府核准的投资项目目录》以外的企业投资项目，实行备案制，除国家另有规定外，由企业按照属地原则向地方政府投资主管部门备案。备案制的具体实施办法由省级人民政府自行制定。国务院投资主管部门要对备案工作加强指导和监督，防止以备案的名义变相审批。

——审批制。对于政府投资项目，采用直接投资和资本金注入方式的，从投资决策角度只审批项目建议书和可行性研究报告，除特殊情况外不再审批开工报告，同时应严格政府投资项目的初步设计、概

算审批工作；采用投资补助、转贷和贷款贴息方式的，只审批资金申请报告。

政府投资主要用于关系国家安全和市场不能有效配置资源的经济和社会领域，包括加强公益性和公共基础设施建设，保护和改善生态环境，促进欠发达地区的经济和社会发展，推进科技进步和高新技术产业化。

【链接】国务院关于发布政府核准的投资项目目录（2014年本）的通知

国发〔2014〕53号

各省、自治区、直辖市人民政府，国务院各部委、各直属机构：

为进一步深化投资体制改革和行政审批制度改革，加大简政放权力度，切实转变政府投资管理职能，使市场在资源配置中起决定性作用，确立企业投资主体地位，更好发挥政府作用，加强和改进宏观调控，现发布《政府核准的投资项目目录（2014年本）》，并就有关事项通知如下：

一、企业投资建设本目录内的固定资产投资项目，须按照规定报送有关项目核准机关核准。企业投资建设本目录外的项目，实行备案管理。事业单位、社会团体等投资建设的项目，按照本目录执行。

原油、天然气开发项目由具有开采权的企业自行决定，并报国务院行业管理部门备案。具有开采权的相关企业应依据相关法律法规，坚持统筹规划，合理开发利用资源，避免资源无序开采。

二、法律、行政法规和国家制定的发展规划、产业政策、总量控制目标、技术政策、准入标准、用地政策、环保政策、信贷政策等是企业开展项目前期工作的重要依据，是项目核准机关和国土资源、环境保护、城乡规划、行业管理等部门以及金融机构对项目进行审查的依据。环境保护部门应根据项目对环境的影响程度实行分级分类管理，对环境影响大、环境风险高的项目严格环评审批，并强化事中事后监管。

三、对于钢铁、电解铝、水泥、平板玻璃、船舶等产能严重过剩行业的项目，要严格执行《国务院关于化解产能严重过剩矛盾的指导意见》（国发〔2013〕41号），各地方、各部门不得以其他任何名义、任何方式备案新增产能项目，各相关部门和机构不得办理土地（海域）供应、能评、环评审批和新增授信支持等相关业务，并合力推进化解产能严重过剩矛盾各项工作。

四、项目核准机关要改进完善管理办法，切实提高行政效能，认真履行核准职责，严格按照规定权限、程序和时限等要求进行审查。监管重心要与核准、备案权限同步下移，地方政府要切实履行监管职责。有关部门要密切配合，按照职责分工，相应改进管理办法，依法加强对投资活动的监管。对不符合法律法规规定以及未按规定权限和程序核准或者备案的项目，有关部门不得办理相关手续，金融机构不得提供信贷支持。

五、按照规定由国务院核准的项目，由发展改革委审核后报国务院核准。按照规定报国务院备案的项目，由发展改革委核准后报国务院备案。核报国务院核准的项目、国务院投资主管部门核准的项目，事前须征求国务院行业管理部门的意见。由地方政府核准的项目，省级政府可以根据本地实际情况具体划分地方各级政府的核准权限。由省级政府核准的项目，核准权限不得下放。

六、法律、行政法规和国家有专门规定的，按照有关规定执行。商务主管部门按国家有关规定对外商投资企业的设立和变更、国内企业在境外投资开办企业（金融企业除外）进行审核或备案管理。

七、本目录自发布之日起执行，《政府核准的投资项目目录（2013年本）》即行废止。

国务院
2014年10月31日

【链接】政府核准的投资项目目录（2014年本）

一、农业水利

农业：涉及开荒的项目由省级政府核准。

水库：在跨界河流、跨省（区、市）河流上建设的项目由国务院投资主管部门核准，其中库容10亿立方米及以上或者涉及移民1万人及以上的项目由国务院核准。其余项目由地方政府核准。

其他水事工程：涉及跨界河流、跨省（区、市）水资源配置调整的项目由国务院投资主管部门核准，其余项目由地方政府核准。

二、能源

水电站：在跨界河流、跨省（区、市）河流上建设的单站总装机容量50万千瓦及以上项目由国务院投资主管部门核准，其中单站总装机容量300万千瓦及以上或者涉及移民1万人及以上的项目由国务院核准。其余项目由地方政府核准。

抽水蓄能电站：由省级政府核准。

火电站：由省级政府核准，其中燃煤火电项目应在国家依据总量控制制定的建设规划内核准。

热电站：由地方政府核准，其中抽凝式燃煤热电项目由省级政府在国家依据总量控制制定的建设规划内核准。

风电站：由地方政府在国家依据总量控制制定的建设规划及年度开发指导规模内核准。

核电站：由国务院核准。

电网工程：跨境、跨省（区、市）±500千伏及以上直流项目，跨境、跨省（区、市）500千伏、750千伏、1000千伏交流项目，由国务院投资主管部门核准，其中±800千伏及以上直流项目和1000千伏交流项目报国务院备案；其余项目由地方政府核准，其中±800千伏及以上直流项目和1000千伏交流项目应按照国家制定的规划核准。

煤矿：国家规划矿区内新增年生产能力120万吨及以上煤炭开发

项目由国务院行业管理部门核准，其中新增年生产能力 500 万吨及以上的项目报国务院备案，国家规划矿区内的其余煤炭开发项目由省级政府核准；其余一般煤炭开发项目由地方政府核准。国家规定禁止新建的煤与瓦斯突出、高瓦斯和中小型煤炭开发项目，不得核准。

煤制燃料：年产超过 20 亿立方米的煤制天然气项目，年产超过 100 万吨的煤制油项目由国务院投资主管部门核准。

液化石油气接收、存储设施（不含油气田、炼油厂的配套项目）：由省级政府核准。

进口液化天然气接收、储运设施：新建（含异地扩建）项目由国务院行业管理部门核准，其中新建接收储运能力 300 万吨及以上的项目报国务院备案。其余项目由省级政府核准。

输油管网（不含油田集输管网）：跨境、跨省（区、市）干线管网项目由国务院投资主管部门核准，其中跨境项目报国务院备案。其余项目由省级政府核准。

输气管网（不含油气田集输管网）：跨境、跨省（区、市）干线管网项目由国务院投资主管部门核准，其中跨境项目报国务院备案。其余项目由省级政府核准。

炼油：新建炼油及扩建一次炼油项目由国务院投资主管部门核准，其中列入国务院批准的国家能源发展规划、石化产业规划布局方案的扩建项目由省级政府核准。

变性燃料乙醇：由省级政府核准。

三、交通运输

新建（含增建）铁路：跨省（区、市）项目和国家铁路网中的干线项目由国务院投资主管部门核准，国家铁路网中的其余项目由中国铁路总公司自行决定并报国务院投资主管部门备案；其余地方铁路项目由省级政府按照国家批准的规划核准。

公路：国家高速公路网项目由国务院投资主管部门核准，普通国道网项目由省级政府核准；地方高速公路项目由省级政府按照规划核准，其余项目由地方政府核准。

独立公（铁）路桥梁、隧道：跨境、跨 10 万吨级及以上航道海域、跨大江大河（现状或规划为一级及以上通航段）的项目由国务院投资主管部门核准，其中跨境项目报国务院备案；国家铁路网中的其余项目由中国铁路总公司自行决定并报国务院投资主管部门备案；其余项目由地方政府核准。

煤炭、矿石、油气专用泊位：在沿海（含长江南京及以下）新建年吞吐能力 1000 万吨及以上项目由国务院投资主管部门核准，其余项目由省级政府核准。

集装箱专用码头：在沿海（含长江南京及以下）建设的年吞吐能力 100 万标准箱及以上项目由国务院投资主管部门核准，其余项目由省级政府核准。

内河航运：跨省（区、市）高等级航道的千吨级及以上航电枢纽项目由国务院投资主管部门核准，其余项目由地方政府核准。

民航：新建运输机场项目由国务院核准，新建通用机场项目、扩建军民合用机场项目由省级政府核准。

四、信息产业

电信：国际通信基础设施项目由国务院投资主管部门核准；国内干线传输网（含广播电视网）以及其他涉及信息安全的电信基础设施项目，由国务院行业管理部门核准。

五、原材料

稀土、铁矿、有色矿山开发：稀土矿山开发项目，由国务院行业管理部门核准；其余项目由省级政府核准。

石化：新建乙烯项目由省级政府按照国务院批准的石化产业规划布局方案核准。

化工：年产超过 50 万吨的煤经甲醇制烯烃项目、年产超过 100 万吨的煤制甲醇项目，由国务院投资主管部门核准；新建对二甲苯

（PX）项目、新建二苯基甲烷二异氰酸酯（MDI）项目由省级政府按照国务院批准的石化产业规划布局方案核准。

稀土：冶炼分离项目由国务院行业管理部门核准，稀土深加工项目由省级政府核准。

黄金：采选矿项目由省级政府核准。

六、机械制造

汽车：按照国务院批准的《汽车产业发展政策》执行。

七、轻工

烟草：卷烟、烟用二醋酸纤维素及丝束项目由国务院行业管理部门核准。

八、高新技术

民用航空航天：干线支线飞机、6吨/9座及以上通用飞机和3吨及以上直升机制造、民用卫星制造、民用遥感卫星地面站建设项目，由国务院投资主管部门核准；6吨/9座以下通用飞机和3吨以下直升机制造项目由省级政府核准。

九、城建

城市快速轨道交通项目：由省级政府按照国家批准的规划核准。

城市道路桥梁、隧道：跨10万吨级及以上航道海域、跨大江大河（现状或规划为一级及以上通航段）的项目由国务院投资主管部门核准。

其他城建项目：由地方政府自行确定实行核准或者备案。

十、社会事业

主题公园：特大型项目由国务院核准，大型项目由国务院投资主管部门核准，中小型项目由省级政府核准。

旅游：国家级风景名胜区、国家自然保护区、全国重点文物保护单位区域内总投资5000万元及以上旅游开发和资源保护项目，世界自然和文化遗产保护区内总投资3000万元及以上项目，由省级政府核准。

其他社会事业项目：除国务院已明确改为备案管理的项目外，按照隶属关系由国务院行业管理部门、地方政府自行确定实行核准或者备案。

十一、外商投资

《外商投资产业指导目录》中有中方控股（含相对控股）要求的总投资（含增资）10亿美元及以上鼓励类项目，总投资（含增资）1亿美元及以上限制类（不含房地产）项目，由国务院投资主管部门核准，其中总投资（含增资）20亿美元及以上项目报国务院备案。《外商投资产业指导目录》限制类中的房地产项目和总投资（含增资）小于1亿美元的其他限制类项目，由省级政府核准。《外商投资产业指导目录》中有中方控股（含相对控股）要求的总投资（含增资）小于10亿美元的鼓励类项目，由地方政府核准。

前款规定之外的属于本目录第一至十条所列项目，按照本目录第一至十条的规定核准。

十二、境外投资

涉及敏感国家和地区、敏感行业的项目，由国务院投资主管部门核准。

前款规定之外的中央管理企业投资项目和地方企业投资3亿美元及以上项目报国务院投资主管部门备案。

结　语

2015 年 1 月 7 日，新年伊始。国务院第一次常务会议，再次聚焦简政放权。

李克强总理开宗明义指出，简政放权改革要给政府削权，把不该有的审批事项坚决取消、下放到位；同时，对于那些确实需要保留的审批事项，还要规范流程，构建一个"行政权力的法治化系统"。

"不规范的行政审批流程容易产生寻租现象，滋生腐败土壤。所谓规范的审批流程，其核心理念就是'法律面前人人平等'。"李克强总理说，"你有再大的关系、再大的'实力'，也要和其他人一样，决不能绕过法律规定，破坏法治。"

"一口受理"、"限时办理"、"规范办理"、"透明办理"、"网上办理"，一系列简政放权新措施对审批流程进行再造，重点治理"审批难"。

简政放权是激发市场活力、厘清政府和市场边界的"先手棋"。但从实践来看，审批事项越放越少，并不完全意味着办事越来越容易。如果说前两年新一届政府在简政放权改革主要从"量"入手，大量减少审批事项、环节的话，那么今年伊始第一次国务院常务会议透露的信号，意味着简政放权改革将进一步走向深入，要在"质"上取得突破。

有人说，以简政放权为抓手，2014 年中国无论经济还是社会生活，均以"史无前例"的速度和魄力挣脱了越来越多限制发展的"枷锁"，为新一轮改革创造了条件。新的一年，各项改革措施密集出台。1 月份，国家发改委宣布放开 24 项商品和服务价格，其中包括非保障性住房物业服务、住宅小区停车服务等与百姓生活密切相关领域的价格。这既是简政放权的具体举措，也是我国推动价格领域改革的延续。

　　回首 2014，"改革"成为贯穿全年的高频词，我国走过全面深化改革"元年"。展望 2015，改革依然任重道远，我国正走入全面深化改革的关键之年。打造量增质优的中国经济"升级版"，开启大众创业、万众创新新时代，需要我们不断向前……